教育部人文社会科学研究青年基金资助
伊犁师范大学学术著作出版基金资助

经济学学术前沿书系

ZHONGGUO HUOBI ZHENGCE DE
ZICHAN FUZHAIBIAO QUDAO CHUANDAO JIZHI YANJIU

中国货币政策的资产负债表渠道传导机制研究

李虹含　汪存华　著

经济日报出版社

图书在版编目（CIP）数据

中国货币政策的资产负债表渠道传导机制研究 / 李虹含，汪存华著. —北京：经济日报出版社，2021.3

ISBN 978-7-5196-0779-1

Ⅰ.①中… Ⅱ.①李… ②汪… Ⅲ.①货币政策-研究-中国 Ⅳ.①F822.0

中国版本图书馆CIP数据核字（2021）第017498号

中国货币政策的资产负债表渠道传导机制研究

作　　者	李虹含　汪存华
责任编辑	陈　悦
责任校对	温　海
出版发行	经济日报出版社
地　　址	北京市西城区白纸坊东街2号A座综合楼710（邮政编码：100054）
电　　话	010-63567684（总编室）
	010-63584556（财经编辑部）
	010-63567687（企业与企业家史编辑部）
	010-63567683（经济与管理学术编辑部）
	010-63538621　63567692（发行部）
网　　址	www.edpbook.com.cn
E-mail	edpbook@126.com
经　　销	全国新华书店
印　　刷	北京九州迅驰传媒文化有限公司
开　　本	710×1000 mm　1/16
印　　张	18
字　　数	293千字
版　　次	2021年3月第1版
印　　次	2021年3月第1次印刷
书　　号	ISBN 978-7-5196-0779-1
定　　价	48.00元

前　言

你可见过千生万代不动的巍峨雪山？你可看过透如蓝天的冷水湖泊？你可策马奔腾红尘作伴在草原广阔？你可知晓贫穷却明亮的眼睛？你可握过那世界上最温暖真诚的双手？你可知道善良的少数民族群众身上会发着光？你可知道他们的笑就像天边的顶冰花？

是的，我以前不知道。

但现在我逐渐懂得。

我在霍尔果斯挂职两年时间了，学术上面有许多已经逐渐忘记，甚至荒废。

因为生活地经常变化的原因，无论是从郑州到武汉，还是武汉到北京，或者再到新疆，乌鲁木齐、霍尔果斯……甚至偏远的山区，林地，草原，湖泊。

祖国的大好河山尽收眼底。

感谢、感恩、感激华夏银行李民吉董事长和各位领导给予的锻炼机会和平台，能够让我在祖国的西大门驻守边疆，屯垦卫国。

也感谢我的家人，我的太太，我的外婆，我的父母、岳父母、三舅，姐姐姐夫、三叔三婶以及舅舅舅妈，二姨、二姨夫、小姨小姨夫和所有弟弟妹妹，所有亲属对我的支持让我有更多充裕的时间来到祖国的边疆锻炼和工作。

在这里，我终于明白什么是贫困。

我包联的贫困户买买提·热孜宛和迪加买·巴吾列提等，家里连一张床都没有。根据自治区的要求，我进行了“三上工作”：吃饭上桌、睡觉上床、洗手上厕所。

而仅仅是简单的一项工作，每一个人我就要先帮他们解决人居环境整治（厕所建设问题、床的问题、吃什么的问题），而这从零开始到一的工作，就需要耗费大量的精力。

在这些基层工作的革命实践当中，“为人民服务”“服务群众”不仅仅是一句口号。无论是哪一个岗位，都是在为祖国，为人民工作，党性修养、为国效力并不是简单随口说说，它体现在任何一个待人接物、对事对工作的细节上。每一个对少数民族老乡的微笑和握手，每一次跟少数民族群众宣讲政策，每一件认认真真完成的支边任务……都是对党、对国家忠诚的表现。

另外，我在这里从事了许多离岸金融业务的实践，霍尔果斯是口岸城市，我又兼任了口岸管委会的金融副主任，主管这里的离岸金融创新工作。

在 2019 年末，我曾陪同市长到阿拉木图进行了出国考察，国际关系的复杂多变，文化差异的无法弥合，民族问题的长久存在，使得金融业务工作在这里开展亦受影响。

学会在夹缝当中成长，在困难当中成熟，在挑战面前进步是这次锻炼非常深刻的体验。

我的援疆和十九省市对口援疆的差异在于，中组部每个市、县仅派一位同志挂职，而对口支援霍尔果斯的连云港、苏州每次援疆有三四十人组成一个工作组。在与当地领导、干部、同志、群众接触和磨合的过程当中，我需要单枪匹马地战斗。

当我茕茕孑立、形影相吊地背着书包从三千多公里外的北京到了祖国的西大门霍尔果斯开始工作时，我从来没有感觉自己是孤单的。因为我的背后站着华夏银行、站着北京市委组织部，站着北京的期望。尽管北京援疆指挥部在南疆和田，距此一千余公里，我一个人仍然有信心、有恒心完成党组织交给我的任务。

您每次在背后的支持、关注，殷殷注视和期待的目光，是我前行的力量。

在祖国的西大门新疆伊犁哈萨克自治州霍尔果斯市，向各位领导、老师、亲人敬礼！

再拜康安，阖家吉祥！

愿山河风雨无恙，
愿故人沧桑不改，
愿你有菩萨心肠，
愿你有金刚手段，
愿你走过万水千山，

归来仍是芙蓉面。
且留豪气满青天，
愿无岁月可回看。

李虹含
2021 年 1 月 11 日星期四
庚子年【鼠年】
己丑月 己未日

本书获得教育部人文社会科学研究青年基金项目“创新生态系统视角下知识管理、社会资本互动对企业创新能力提升的影响机制研究”（课题编号：19YJC630220）、伊犁师范大学“一带一路”发展研究院重点项目《“一带一路”背景下人民币国际化对策研究》（课题编号：YDYL2019ZD004）及中国新疆与周边国家合作发展研究中心课题《中哈霍尔果斯国际边境合作中心创新发展战略研究》（编号：2018ZBGJZD001）的资助。

本书受伊犁师范大学 2020 年度校级重点课题：《大数据背景下突发冲击的社会治理精细化研究——以武汉市在新冠肺炎疫情下的策略为例》和伊犁师范大学“一带一路”发展研究院重点课题，项目编号：YDYL2019ZD001，项目名称：《霍尔果斯口岸经济发展与创新模式研究》资助。

特别感谢李民吉董事长、张健华行长、郝建民书记、宋继清老师、任永光老师、朱新蓉老师、谷秀娟老师及各位领导老师对我成长过程中的帮助和支持！

摘 要

始于2007年年底的全球性金融危机，不仅使传统货币理论和政策的一些基本命题丧失了解释力，而且货币政策目标、调控工具、传导机制的西方化、宏观化及其有效性也受到挑战和质疑。如何通过中国化、微观化提高货币政策调控有效性的问题提到了研究和实践的议事日程上。本书从金融加速器存在性的理论前提——货币政策传导的资产负债表渠道入手，探讨微观经济主体对货币政策调控的响应程度，据以为提高货币政策传导的有效性提供新的科学决策依据。

全球性金融危机验证了 Bernanke et al.（1996，1999）的金融加速器效应，即金融推动泡沫增长，也加速着泡沫破灭，金融加速了经济周期交替。此后，美国的多轮量化宽松货币政策、回流制造业的产业政策，欧洲的无限制购债计划，日本的超量化宽松货币政策等政策措施对各微观实体经济的提振效果均有限。因此，货币政策传导的资产负债表渠道是否存在并有效等问题的研究迫在眉睫。在国内，李克强总理2013年反复强调“激活信贷存量，用好增量”“加强虚拟经济对实体经济的支持力度”；中国人民银行周小川行长也强调：“重视微观主体对货币政策的反应，畅通货币政策微观传导渠道。”中国货币政策传导的微观路径究竟是否存在或通畅？货币政策实施对微观经济主体——企业、银行、居民、中央银行，和主权国家资产负债表的影响程度怎样？如何畅通货币政策的微观传导路径，以提高货币政策调控的有效性？这是本书试图去探究的问题。

本书的研究沿着三条线索展开：一是货币政策传导的资产负债表渠道理论与文献综述；二是微观经济主体对货币政策实施的响应与机制的实证检验和分析；三是将货币政策调控下微观经济主体间的联动效应进行仿真模拟。本文各章节的内容既自成体系又相互关联，按照行文内在逻辑主要分为以下三个部分：

第一部分为本书的理论基础，由导论部分的文献综述和后文的理论阐释部分构成，为实证分析提供理论依据。其一，对国民资产负债表分析方法、货币政策传导的资产负债表渠道理论、微观经济主体与货币政策传导关联性的已有研究成果进行梳理总结；其二，从 Kashyap & Stein（1993）的假设出发，论证了中国存在货币政策传导的企业资产负债表渠道；其三，阐述了银行资产负债表渠道的基本理论——Bernanke & Blinder（1988）的 CC－LM 理论和银行异质性理论；其四，归纳了货币政策与居民财富效应的研究线索与理论脉络；其五，对货币政策与主权债务风险间的关系进行规范分析，并对中国国家资产负债表的现状进行描述；最后，从央行资产负债表的角度探讨了中央银行在实施货币政策过程中的资产负债表再平衡机制。

第二部分为本书的实证，分别检验了货币政策传导的企业、银行、居民、国家资产负债表渠道是否存在及有效的问题。第一，以全球金融危机以来中国 A 股上市公司 13 个行业 2577 家企业的货币资金和投资现金流净值面板数据为基础，实证检验中国货币政策传导的企业资产负债表渠道是否有效的问题；第二，对中国货币政策传导的银行资产负债表渠道进行研究，将样本银行分别按资本充足率、流动性比率、净资产收益率、资产规模大小进行分类，分别研究特性不同的商业银行对数量型和价格型货币政策冲击的反应；第三，使用状态空间模型和向量自回归模型检验中国城镇居民资产财富效应的稳定性，得到住房资产的财富效应相对稳定的结论，然后检验了货币政策传导的房地产价格财富效应的存在性；第四，对中国国家资产负债表的债务风险使用模糊评级法进行了预估，构建了加入货币政策变量的评估体系，同时根据 Reinhart & Sbrancia（2011）和李扬等（2013）的模型设定，探讨了经济增长率、名义利率、通货膨胀率、汇率波动幅度对债务负担率的决定作用；最后，评价了金融危机后各经济体的量化宽松货币政策实施机制和政策效果，同时对中国人民银行货币政策实施过程当中，其资产负债表的变化状况进行了分析。

第三部分为货币政策与微观经济主体间的联动效应的仿真模拟。通过构造动态随机一般均衡模型将企业、居民、银行、政府、中央银行五个微观主体的宏观经济方程纳入到货币政策调控体系框架当中，进行仿真模拟实验，讨论货币政策工具对产出、投资、消费、政府支出、利率等经济变量的调控效果。研究结果表明，中国数量型和价格型货币政策工具对微观经济主体的调控基本有效，在运用过程中需要灵活地选择两种货币政策工具，重视微观经济主体的市场需求，通过价格型工具更有效地提高调控的前瞻性、针对性和协同性。

本书的基本结论是：

1. 关注货币政策传导的微观基础。货币政策调控的有效性需要重点关注货币政策传导中微观经济主体资产负债表的变化与调整，根据各微观经济主体资产负债表的状况评价其对货币政策的响应程度，以增强货币政策调控决策的科学性和针对性。

2. 将货币政策传导的资产负债表渠道纳入到调控体系中。由于资产负债表作为微观经济主体市场活动最直观的反映，因此可以通过货币政策实施使微观主体的资产负债表呈现稳定与优良状态，也体现了货币政策对微观经济主体市场活动适时、适度的有效干预。

3. 价格型货币政策工具对微观经济主体资产负债表的调节优于数量型工具。本文的实证检验结果表明：数量型货币政策仅对企业资产负债表的影响较大，而价格型货币政策对银行、居民和国家资产负债表的影响均较大；价格型货币政策工具有效性愈益显著，仍亟待进一步强化，以顺利完成转型。

4. 提升货币政策制定和实施的前瞻性、针对性和协同性。一方面灵活运用货币政策工具，强化流动性管理，使微观经济主体的运行能够得到金融杠杆的有效支撑。另一方面采取主动性的货币政策措施，推动货币政策实施产生与未来趋势叠加的正向效果，完善价格型调控机制。与此同时，注重货币政策宏观化与微观化的联动效应，提升调控的协同效应。

本书的主要创新如下：

1. 从理论层面对各微观经济主体货币政策传导的资产负债表渠道进行了梳理和综述。尝试使用国民资产负债表分析方法，分部门研究货币政策对各微观经济主体的影响与传导机制，进一步审视微观经济主体资产负债表传导渠道的有效性。

2. 从实证层面用中国化、微观化的角度研究了货币政策对企业、银行、居民、中央银行、国家资产负债表的影响与传导机制。国内外已有的关于货币政策传导机制与效应的研究成果基本集中于利率、信贷、资产价格等渠道，从微观角度通过建立模型、运用实证方法对资产负债表渠道的分析仍不多见，本书从企业、银行、居民、国家、中央银行资产负债表的角度进行了补充论述。

本书的不足之处在于：分析各微观经济主体资产负债表的过程当中，囿于数据的可得性，企业、居民、政府资产负债表中有许多科目与货币政策的关系仍待进一步探讨；另外，将各微观经济主体和经济指标的调控管理纳入到适合中国国情的货币政策规则当中也是本书未来的研究方向之一。

关键词：货币政策传导；资产负债表渠道；微观经济主体；财务指标；联动效应

Abstract

The global financial crisis, originated in 2007, not only weakened the explanatory power, but also challenged the validity of goals, tools and transmission mechanism of monetary policy. Hence, how to improve the effectiveness of the monetary policy regulation through adjustment according to China's specific condition and from a more microscopic view is on the schedule of both study and practice. This book starts with the balance sheet channel of monetary policy transmission, which is the theoretical basis of the existence of the financial accelerator, then probes into the degree of the response of the microscopic economic entities to the monetary policy regulation, and accordingly provides the basis for decision making to improve the effectiveness of the monetary policy transmission.

The global financial crisis verified the financial accelerator effect of Bernanke (1996, 1999), that is to say finance boosts the bubble, and accelerates the bubble bursts, and finance accelerates the turnover of the economic cycle. Afterwards, there are several rounds of American quantitative easing monetary policy and the industrial policy of manufacturing industry reflux, Europe's OMT plan, Japan's quantitative easing monetary policy, and these kinds of monetary policy almost do nothing about the economy of the country . Therefore, whether the balance sheet channel of the monetary policy transmission does exist or not needs an urgent study. In China, Prime Minister Li Keqiang reiterated that " We will activate the stock of credit and make a good use of increment", The support of the virtual economy to the real economy must be strengthened. ", the Central Bank Governor Zhou Xiaochuan also stressed that "We should pay attention to the response of the microscopic entities to the monetary policy and smooth the transmission path of the monetary policy" . Whether our country's microscopic transmission channel of monetary policy exist or not and is it smooth or not? What is the degree of the influence of the monetary policy implementing on the enterprises, banks, citizens, the central bank, and the sovereign balance sheets? How to smooth the microscopic transmission path, in order to improve the effectiveness of the regulation? These questions are to be discussed in this book.

The study of this book will be expanded along with three clues: the first is the summary of the theories and literature of the microscopic entities transmission channel of monetary policy; the second is the empirical test and analysis of the monetary policy transmission and the response of the microscopic entities; the third is the research on the simulation adjustment of microscopic economic entities to the shock of monetary policy. The contents of research are self – contained and interrelated of this book, which can be divided into three parts according to the internal logic of writing.

The first part is the theoretical elaboration of the paper, the literature review and the introduction of the theory part, which provides the theoretical basis for the empirical analysis later. First of all, the content summarizes the existing research of analytical method of household balance sheet, the balance sheet theory of monetary policy transmission, and the connections between microeconomic entities and the monetary policy. Second, the content starts with the Kashyap & Stein (1993) hypothesis, and it theoretically verified the existence of enterprise balance sheet channel of monetary policy transmission in China. Third, the content introduces the fundamental theories of the bank balance sheet transmission channel ——the CC – LM Theory of Bernanke & Blinder (1988) and the Bank Heterogeneity Theory. Fourth, the content reviews the literature logic and the current research of monetary policy and the citizen wealth effect. Fifth, the content focuses on the relationship between monetary policy and sovereign debt risk, and it also describes the current situation of China's sovereign debt. Last but not the least, the content discusses the central bank balance sheet rebalancing mechanism when carrying out monetary policy, from the perspective of centre bank balance sheet.

The second part is the empirical test of the first five chapters, and it studies the question whether the enterprise, bank, household, sovereign, and the central bank balance sheet transmission channel exists and as well as its effectiveness. First of all, the content tests whether the enterprise balance sheet effect of the monetary policy transmission exists, based on the panel data of money funds and net value of the investment cash flow from 2577 listed companies in Chinese A stock market from 13 industries since the world financial crisis, and then comes to a conclusion that our country's balance sheet channel exists but is not smooth. Second, the content studies on the monetary policy transmission through the bank balance sheet channel, and it also studies the various responses of the banks with different characteristics to the impact of quantitative and price - based instruments, by means of categorizing the banks by the capital adequacy ratio, liquidity ratio, return on net assets, and capital scale. Third, the content tests the stability of wealth effect of China's urban citizen asset, using the State Space Model and the VAR model, and it comes to the result that the wealth effect of the real estate is relatively stable. According to the points above, it tests the effectiveness of the wealth effect transmission of the real estate prices of the monetary policy, and the results of the empirical test are used to analyze the problems in the transmission process. Fourth, the content uses the fuzzy rating method to evaluate the sovereign debt risk of China's national balance sheet, including the construction of internal indicators, external monitoring index and risk assessment index system, which joined the monetary policy variable, according to Reinhart & Sbrancia (2011) and Li Yang (2013) model set. In this model, the decisive role of the debt burden ratio is economic growth rate, the nominal interest rate, inflation rate, exchange rate fluctuation; The fifth part of the content examines implementation mechanism and effect of the major economies' quantitative easing monetary policy, at the same time, the balance sheet of the People's Bank of China's changes after the implementation of monetary policy are also analysized.

The third parts of the content mainly study the linkage effects of monetary policy and the microscopic economic entities. It constructs a dynamic stochastic general equilibrium model of five sector into the monetary policy framework regulation system includes enterprises, banks, government, residents, the central bank to do the simulation experiment, discussing the effect of monetary policy on output, investment tool, consumption, government spending, interest rate and other economic variables. The results show that, our quantity and price based monetary policy instruments are fundamental validity in controlling the microscopic economic entities. In the use of the two kinds of tools of monetary policy, should pay more attention to the microscopic economic entities. The regulation of the people's bank of-China should be more forward - looking, targeted and cooperative.

The main views of this thesis are as follows:

First of all, we should pay closely attention to the micro - foundation of the monetary policy transmission. Conventional monetary policy instruments need to pay more attention to the changes and responses of the microeconomic entities' balance sheets through monetary policy transmission. And we should carry out fine turn of monetary policy timely and appropriately according to the changes of microeconomic entities' balance sheets, to improve the effectiveness of the micro – transmission channels.

Second, the balance sheet channel of monetary policy transmission should be brought into the macro – control system. As the most visualized expression of the economic activities of the microeconomic entities, the contents and structure of balance sheet should be adjusted properly by monetary policy to be stable and optimum, so as to accomplish the timely, moderate effective intervention in objectives and tasks of monetary policy in the micro – level.

Third, the monetary policy of price – based regulation is mainly better than quantitative regulation. Quantitative instruments have a larger impact on the enterprise balance sheet, and the price – based instruments have a better effectiveness on the bank, household, and sovereign balance sheet. The using of price – based instruments is more and more remarkable, but remains to be further strengthened, to complete the transition.

Fourth, the forward – looking, targeted and cooperative of the monetary policy formulation and implementation should be promoted. On the one hand, the flexible uses of the tools of monetary policy strengthen the liquidity management and the effective support of the microeconomic entities to achieve the goal of financial leverage. On the other hand, the central bank initiatively implements the monetary policy measures to promote the implementation of monetary policy as well as positive effect future trend superposition, and improve the price control mechanism. In the meantime, pay attention to the macro and micro linkage effect of monetary policy, enhance the cooperative regulation.

The main innovations of this thesis are as follows:

First of all, it summaries the balance sheet channel of monetary policy transmission of different microeconomic entities in theory. It tries to analyze the impact and transmission mechanism that the monetary policies have on microeconomic entities in the sight of different sectors, using the national balance sheet analysis method, and looks further into the effectiveness of the microscopic transmission channel of monetary policy.

Meanwhile, it studies the impact and transmission mechanism that monetary policies have on the balance sheets of enterprises, banks, households, the central bank and the sovereign country by empirical research, according to China's specific condition and from a more microscopic view. The existing research achievements about monetary policy transmission mechanism and effects both domestic and overseas are mostly focusing on the channels such as interest ratio, credit, asset price and so on. There is few analyzing the balance sheet channel using empirical approach and through building up models from a microscopic view, so this thesis supplements the discussion from the angle of enterprises, banks, households, the central bank and the sovereign country balance sheet.

The shortage of this thesis lies in that: in the process of analyzing the balance sheet of every microeconomic entity, there are still many subjects that are probably linked to the monetary policy to be discussed, which is not owing to the poor availability of statistics. Besides, how to bring the management of varies microeconomic entities and economic indicators into the monetary policy regulation which is suitable for China's national conditions, is also one of the directions for further study.

Key words: The transmission of monetary policy; The balance sheet channel; Microscopic economic entities; Financial index; Linkage effect

目　录

导　论

一、研究背景与意义

（一）研究背景

始于2007年年底的全球性金融危机，不仅使传统货币理论和政策的一些基本命题丧失了解释力，而且货币政策目标、调控工具、传导机制等的适用性显著下降，学界和业界都聚焦于对传统货币理论和政策在当代金融环境下解释力和适应性的质疑、检验和完善，以利于深入探讨货币政策框架的重构问题。

有鉴于此，货币政策传导及实施效应当中尚未被普遍关注的“交易信息”“微观主体信息”等隐性指标应当加以研究和梳理。由于，CPI、PPI等显性指标作为货币政策调控决策依据的局限性愈益突出，进一步拓展货币政策调控决策信息来源和依据的研究迫在眉睫，它直接关系着货币政策体系机制重大变革的成败。

20世纪90年代日本经济泡沫破灭之后，日本政府陷入流动性陷阱，使用扩张性货币政策仍无法摆脱经济下滑局面。美联储的量化宽松货币政策以及直接向金融机构注资等救市行动，并没有给实体经济带来真正意义上的复苏。问题在于，这种仅从宏观意义上的货币供给方考虑的政策抉择方式没有注意到微观意义上的货币需求方——企业、居民、金融机构等部门对货币当局货币政策调控的响应程度。我国金融危机期间的货币政策调控也经历了大紧大松、大起大落的态势，但微观经济体的实际运行与中国货币政策的调控意图却并不显著相关。中国人民银行行长周小川（2010）指出：高度重视货币政策传导的微观基础，提高经济主体对货币政策的敏感性，确保货币政策及时有效传导①。

货币政策的资产负债传导渠道从Bernanke & Gertler（1989）所作的开

① 周小川：《“十一五”时期中国金融业改革发展的成就》，载《中国金融》，2010年第24期：第10－14页。

创性工作开始就受到了金融学界的广泛关注①。货币政策对企业资产负债表、居民资产负债表、金融机构资产负债表以及中央银行资产负债表的影响，也引起了广大学者的兴趣。特别是2007年的美国次债危机迄今，各国纷纷采取刺激性政策以利于提振经济，但各种工具的效果却迥然不同。货币政策对实体经济的消费、投资等变量的影响也亟待关注。从国家统计局公布的M2同比增长率（季）和工业企业总资产贡献率（季）的波动对比情况来看（见图0－1），M2和工业企业总资产贡献率之间存在同向变动的趋势，通常如果货币供应量M2增加，则企业的贷款和投资增加，从而企业总资产增加，促使产量和销售增加，最终企业利润增加，但是这种关系却略显滞后甚至不明显。因此，货币政策的松紧调节对企业投资决策的干扰作用如何？是否能够通过微观路径影响到企业现金流调整，进而导致企业资产负债表变化等问题提到了研究的议事日程上。

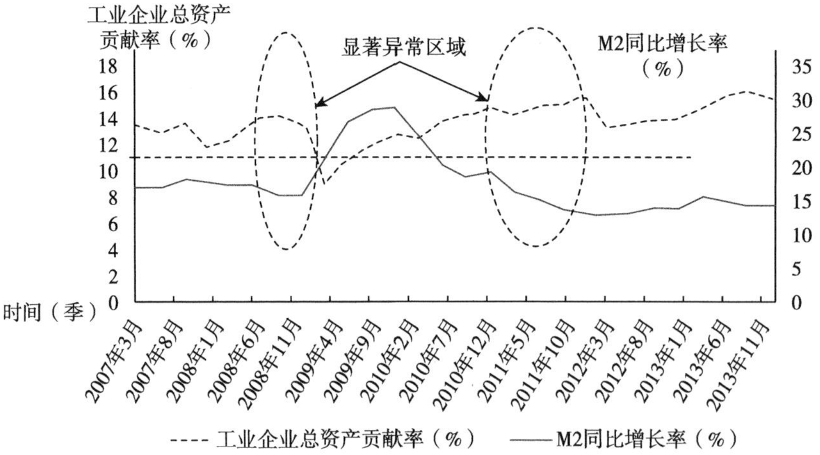

图0－1　M2同比增长率（季度）与工业企业总资产贡献率（季度）的对比

资料来源：国家统计局网站。

二十世纪七八十年代后，新理论的出现加深了学界对银行体系在货币政策传导过程中所发挥作用的认知，它与信息经济学一起共同催生了货币政策信贷传导体系中资产负债表理论的产生。传统货币政策理论假设信贷市场完全竞争，但现实却并非如此。在大多数地区和国家银行体系往往在金融活动中占据垄断地位，这孕育了并未完全依靠市场力量形成的宏观利

---

① Bernanke, Ben S. and M. Gertler, *Agency Costs, Net Worth, and Business Fluctuations* [J], American Economic Review, 1989, 79 (1): 14－31.

率变量，同时也暗示了金融市场具备不完全竞争市场的特征。信息不对称也使得银行无法掌握到与借款方无差别的贷款投向细节信息，造成资金需求方的融资成本提高，这种信息不对称所带来的差异叫作外部融资溢价。外部融资溢价使得规模不同的银行在面对紧缩货币政策时贷款供给的变动与传统货币政策理论的推断存在差别。

同样，改革开放以来中国居民生活水平得到了长足提高，但各种民生问题也不一而足，尤其是资产价格对中国居民资产负债表的影响较大，大量国人无力购房；而频频发布的各种房价调控条文，以及中国人民银行实施的各种货币政策也在积极响应政府的调控号召，希望能够有效地平抑增长过快的房地产价格。但无论是货币政策，还是各种类似“国五条”①“房产税”等行政手段似乎都未能使中国房价有效降温。中国住房价格从 1998 年实物分配货币化改革时开始连续上涨 25 年，从全国住房价格平均水平来看，中国住房价格年均增长率 7.85%，以 1998 年为基期，上涨了 2.6 倍，考虑到城际间的差异，部分地区的住房价格上涨幅度更高。因此，本书试图对货币政策如何影响居民资产负债表的问题，特别是货币政策对住房资产价格的调控作用加以探讨。

另外，2008 年来不断出现的主权国家债务危机也使货币政策如何调节主权国家债务风险提到了议事日程当中；欧美日等中央银行通过改变自身资产负债表状况意图实施量化宽松货币政策刺激经济复苏；中国人民银行的资产负债表也自 21 世纪以来发生了巨大变化，各微观经济主体的资产负债表与货币政策间都存在千丝万缕的联系。本书将从微观经济主体——企业、银行、居民、政府、中央银行五个角度来分析货币政策对其资产负债表的影响和调整机制。

（二）研究意义

1. 现实意义

从实践来看，我国中央银行还是以信贷调控为主，信贷传导是我国货币政策的主要传导渠道。2003 年起经济增速开始加快，随后出现了投资过热、消费价格指数持续上扬、货币信贷增长过快、资产价格飙升等现象，中央银行通过采取提高存贷款利率和法定存款准备金等紧缩性货币政策来抑制经济过热、回收流动性，虽然一些主要的经济指标有所下降，但是仍没有达到预

① 国五条，是指在 2013 年国务院常务会议确定的五项加强房地产市场调控的政策措施。

期的效果。2007年后，为应对危机而大量投放的信贷在刺激经济复苏的同时，也改变了企业、居民和商业银行等金融机构的资产负债表。中国人民银行通过调整自身资产负债表结构实施货币政策，同时调控银行资产负债表影响宏观经济，进而对企业、居民主体的资产、负债状况进行调节。

从传导路径上看，货币当局的货币政策作用于企业、居民和金融机构的资产负债表并联动到社会投资规模与整体社会产量的方式不止一种。企业方面：货币政策变动将引起其股票价格与企业净值波动，同时还将通过变动利率来改变企业利息支出与净现金流，影响企业资产负债表的质量与其逆向选择和道德风险的几率，改变企业融资的成本与方式，进而影响其投资和产出；金融机构方面：银行资产负债表渠道在货币政策传导中起着重要的作用，其作为信用渠道的分支之一，银行贷款供给是连接中央银行的货币政策和实体经济的重要环节。银行资产负债表除了受到货币政策的影响以外，还受到银行本身状况的影响。这里的金融机构自身经营状况，包括资本化程度、盈利性、流动性、资产规模大小等；居民层面：消费者在耐用消费品和住房上的花费受到资产负债表渠道作用力的辐射。在紧缩货币政策的背景下，市场流动性收紧将使得单纯依靠银行信用的消费者在长期大额项目上的花费受限，同时消费者的现金流量与可用资金也将因为利率提升出现负向波动，这将直接带来居民个人财务状况的困境，最终在整个社会范围内影响宏观消费水平。政府层面：美欧金融危机的发生、发展与深化促使人们深入反思金融危机发生的深层原因，频发的主权国家债务危机使学界自然地将金融危机与21世纪以来美欧国家资产负债表中的债务爆炸式增长联系起来。对资产负债表渠道及其对宏观经济政策的响应等问题也得到了前所未有的关注。深入研究货币政策对各微观主体资产负债表的影响、微观决定机制与宏观经济效应，尤其是资产负债表与货币政策实施中的联动机制，将有助于分析经济运行的内生动力与发展模式，把握后危机时代重塑经济体发展模式的调整方向，并实现货币政策对微观主体的资产负债表的不断调整，改善宏观经济环境。

基于上述分析，货币政策传导的资产负债表渠道主要分为企业、居民、金融机构等方面。从企业角度来说，资产负债表渠道效应的发挥最先从作用于企业的资产负债状况和外部融资溢价开始，进而改变贷款供给方对企业风险水平的认定和对其的贷款满足度，并最终对企业的投资规模和总体业绩产生影响；从居民方来看，资产负债表渠道效应的发挥主要强调受居民个人资产负债状况因素的影响，这一因素代表消费者对自身陷入财务困境的预期和其消费意愿的强弱，将直接决定居民在耐用消费品和住房等长期大额项目上的花费，并最终对整个社会的消费水平构成影响；银行资产负债表渠道的基础上，除了探讨货币政策对银行贷款供给的影响外，进一步研究银行资产负债表对货币政策的不同反应，从宏观货币政策和微观银行资产负债表指标相结合的角度对货币政策传导的机制进行讨论是本书研究的重点。通过对上述问题的分析，疏通货币政策传导的资产负债表渠道、提高货币政策的有效性、丰富信贷传导机制的理论，都具有重要的现实意义。

2. 理论意义

从理论上讲，货币政策传导机制主要有两种观点：货币观和信用观。货币观是建立在完善的信息对称的金融市场的前提下，认为金融资产只有货币和债券两种形式，货币政策通过影响利率进而改变货币和债券之间的分配比例，最终作用于实体经济。而信用观是建立在市场不完善、信息不对称的前提下，金融资产包括货币、债券和银行贷款，即增加了货币政策通过影响银行贷款供给，最终影响实体经济的过程。其中，资产负债表渠道中企业、居民及银行资产负债表渠道强调贷款供给的变动受货币政策的影响，而贷款变化会影响企业的贷款可获得性，进而影响投资和产出。因此，研究资产负债表渠道的有效性十分重要。

综上所述，探讨我国货币政策传导效应的微观基础，通过研究各种微观主体的资产负债表，进而了解各种货币政策工具如何影响微观经济主体的行为，引导和管理好微观主体的经济活动，提高货币政策传导的有效性，对现阶段我国货币政策的制定具有现实和指导意义。

二、概念界定

本书根据国民资产负债表分析方法对货币政策传导的微观基础进行研究，因此需要对以下几个概念进行界定。

（一）国民资产负债表分类

根据 Dickinson & Eakin（1936）的定义和分类，国民资产负债表分析方法是用于通过描述和分解国内各部门所拥有资产、负债等科目的状况从而全面了解各部门经济情况的一种方法①。按照上述学者的研究，一般将国民

① Dickinson, F. G. and F. Eakin, *A Balance Sheet of the Nation's Economy* [R], University of Illinois, 1936.

资产负债表分为以下几个部门：非金融企业、金融机构、住户、政府和国外部门。每个部门当中又分为不同的科目，部门之间的资产、负债加总之后构成了国民资产负债表的总和。本书的研究主要集中于货币政策对国民资产负债表各部门的影响，因此在研究过程当中将从各资产负债表中选取具有典型性的资产、负债科目和货币政策一起进行分析，对"国民资产负债表分类方法"不进行深入探讨。下文将国民资产负债表概括为：企业、银行、居民、政府四个部门，为了对中央银行货币政策的实施效应与传导机制加以研究，本书将中央银行的部门资产负债表单独作为一章进行探讨。

（二）资产负债表渠道

资产负债表渠道又可称为净财富渠道，企业净值是其主要体现形式，当借款企业的净财富值越大，该企业便越容易获得贷款，如果企业的资产负债表状况变差，代表企业财富的净资产数额减少，便意味着企业可用于贷款的抵押物减少，银行在贷款过程当中会考虑到逆向选择与道德风险的问题，因此银行等贷款者将不会贷款给此类企业，企业若无法从银行和其他渠道获得融资，则投资和产出均会下降。

M↓→现金流↓→逆向选择和道德风险↑→贷款↓→I↓→Y↓

货币政策传导的资产负债表渠道不仅针对企业，对居民主体也同样适用，具体表现在货币政策对居民耐用消费品支出产生的资产负债表效应。这里的资产负债表效应主要是通过消费者自身的消费意愿进行体现的，如果消费者预期到货币政策收紧，其自身的财务状况将会受到影响，消费者便更愿持有流动性较强的金融资产，而减少对耐用消费品和住房等资产的消费。从消费支出的角度来看，其资产负债表渠道的整个传导过程可表示为：

M↓→现金流↓→资产价格↓→财务状况恶化可能↑→
耐用品和住房支出↓→Y↓

因此，根据国民资产负债表分析方法，本书将货币政策传导的资产负债表渠道细分为企业资产负债表渠道、银行资产负债表渠道、居民资产负债表渠道、主权国家资产负债表调整机制、中央银行资产负债表调整机制进行货币政策传导机制、效应的分析。

（三）货币政策传导的微观基础

微观经济主体的行为包括：企业、银行、居民、政府等经济部门的各种经济活动，例如企业产出和企业的其他经济行为：股权结构、公司治理、投资、融资、商业模式、财务管理；不同的银行对货币政策传导也有不同的反应，作为一种特殊的企业，其盈利能力、资产规模均对货币政策传导效率产生影响，异质性银行也是货币政策传导的微观基础之一；居民同样是重要的微观经济主体，其消费、负债等经济活动受到货币政策的影响；宏观政策的效果取决于微观经济主体行为的反应程度与效应，经济产出是企业、居民、银行、政府等微观经济主体产出共同作用的结果。本书所指微观基础包括上述企业、银行、居民、政府，进一步拓展研究货币政策对微观经济主体的影响与传导。

三、文献综述

根据上述概念界定，为详细探讨货币政策对各微观经济主体的影响，根据国民资产负债表分析方法划分企业、银行、居民、政府和中央银行五个部门。以往的货币政策研究大部分集中于从宏观视角分析其实施效应，本书力图探讨微观主体和部门资产负债表对货币政策实施的响应，首先对国民资产负债表分析方法中关于企业、银行、居民等微观主体和货币政策已有的研究进行归纳梳理。

（一）国民资产负债表分析方法

将企业资产负债表的编制方法和会计学资产负债表理论应用于宏观经济当中是美国学者在20世纪30年代提出的，Dickingson & Eakin（1936）将之发展为一种资产负债表分析方法①。国民资产负债核算方法在20世纪60年代的美国成为了一门成熟的国民经济核算方法，Goldsmith et al.（1963）开创性地编制了美国从20世纪初至1980年的综合和分部门资产负债表②；Revell（1966）编制了英国的国民资产负债表，英国从20世纪70年代起每年发布国民资产负债表③。加拿大政府以市场价值和各种资产账面价值的估算来进行政府资产负债表的编制，并从1990年起开始编制发布。从1990年起，大部分的OECD成员国家都发布了金融机构部门的资产负债表。

中国国民资产负债表的编制比发达国家要落后30年，直到1997年后国

---

① Dickinson, F. G. and F. Eakin, *A Balance Sheet of the Nation's Economy* [R], University of Illinois, 1936.

② Goldsmith, R. W. and R. E. Lipsey, *Studies in the National Balance Sheet of the United States* [M], 1963, Princeton University Press.

③ Revell, J., *The National Balance Sheet of the United Kingdom* [J], Review of Income and wealth, 1966, 12 (4): 281-310.

家统计局才出版了《中国资产负债表编制方法》，然而中国政府的国民资产负债表分析方法（Balance Sheet Approach，BSA）在很长一段时期之内仅仅用于统计学意义的分析。从 20 世纪 80 年代后的拉美金融危机和亚洲金融危机开始，人们意识到在金融危机发生前和发生后，国民资产负债表都会发生相当大的变化，观测国民资产负债表并使用宏观经济政策去改变和影响它成为了一个新的命题，使得这种方法逐渐成为经济政策研究的方法之一。2007 年起的金融危机，使国民资产负债表分析方法得到学界和政策制定者的认可，国内学者李扬（2009）①、易纲（2008）使用 BSA 方法探讨了中国国民资产负债表的变化与金融危机间的联系②。

Allen et al.（2002）认为，BSA 方法研究经济危机的发生和发展，将能够识别四类主要的金融风险，其中包括：期限错配风险、货币错配风险、资本结构错配风险和清偿力缺失的风险，对于这些风险的审慎考察，将能够揭示出金融危机的产生根源，深刻认识到金融危机的发生和演进，并且概括微观经济主体（包括企业、居民、银行等）对金融危机的应对方式，同时制定出合理的宏观经济政策③。

另外，国民资产负债表研究方法同时也从以下几个领域进行了发展：一是 Allen et al.（2002）、侯杰（2006）研究了各国民经济部门资本结构与金融危机两者间的联动关系④，二是 Gray et al.（2007）、侯杰（2006）等人研究了各部门间的金融风险转移⑤；三是 Haim & Levy（2007）⑥、Mathisen & Pellechio（2006）⑦、Lima et al.（2006）⑧ 探讨了金融稳定和政府资产负债表中资本结构的关系。这三方面的研究对宏观经济政策和政府资产负

---

① 李扬：《要从资产负债表来控制资产泡沫》，2009 年夏季达沃斯论坛发言，http://money.163.com/09/0910/15/5IS2VHQJ00253NDC.html，2009.

② 易纲：《中国能够经受住金融危机的考验》，载《求是》，2008 年第 22 期，第 34 – 35 页。

③ Allen, M., C. Rosenberg, C. Keller, B. Setser and N. Roubini, *A Balance Sheet Approach to Financial Crisis* [R], IMF Working Paper, WP/02/210, 2002.

④ 侯杰：《国家资本结构与新兴市场国家金融危机》，中国人民大学博士学位论文，2006：60 – 96。

⑤ Gray, D. F., R. C. Merton and Zvi Bodie, *New Framework for Measuring and Managing Macrofinancial Risk and Financial Stability* [R], NBER Working Paper, 2007, No. 13607.

⑥ Haim, Y. and Roee Levy, *Using the Balance Sheet Approach in Financial Stability Surveillance: Analyzing the Israeli Economy's Resilience to Exchange Rate Risk* [R], No. 1/07, 2007, Bank of Israel.

⑦ Mathisen, J. and A. Pellechio, *Using the Balance Sheet Approach in Surveillance: Framework, Data Sources, and Data Availability* [R], IMF Working Paper, 2006, WP/06/100.

⑧ Lima, J. M., E. Montes, C. Varela and J. Wiegand, *Sectoral Balance Sheet Mismatches and Macroeconomic Vulnerabilities in Colombia 1996 – 2003* [R], IMF Working Paper, 2006, WP/06/5.

债表间的关系取得了较大进展，但对货币政策和各微观经济主体资产负债表之间的关联仍需进一步拓展。

（二）货币政策传导的企业资产负债表渠道的研究

货币政策企业资产负债表传导渠道与银行信贷渠道统属于货币政策的信用传导渠道。大多数文献对于银行信贷渠道和企业资产负债表渠道的论述都停留在货币政策松紧对银行贷款的影响，再作用于企业投资和产出的讨论之上，国内外的学者对于金融加速器理论也作了深入的研究。有关货币政策的企业资产负债表传导渠道的探讨主要有以下几个方面：

1. 货币政策资产负债表传导效应是否存在

维克塞尔、凯恩斯和弗里德曼等经济学家所持的货币非中性理论的观点是货币政策传导效应研究的基石。

而从 Bernanke & Gertler（1989）开始关注货币政策微观传导效应之后，金融学界对于货币机制和信贷机制的传导进行了深入的探讨①。两种机制分别从利率、汇率、资产价格和银行贷款、资产负债表五个方面对货币政策传导效应进行了深入的探讨。基本结论是：货币政策传导效应存在并作用于微观经济主体。

货币政策的企业资产负债表传导渠道在货币内生化趋势日益明显时代背景下日趋显得重要。近十年对于货币机制和信贷机制的反思主要集中于银行贷款渠道上，主要总结了前人的研究结论，白钦先等（2003）②，戚自科（2004）分析指出了货币观点存在的问题，他们都认为传统货币政策传导机制理论难于对货币政策的放大效应、时效性等问题进行全面解释。但对企业等微观主体的影响有所忽略，货币政策对企业资产负债表的影响问题日益被提到了重要的研究位置上来③。

2. 货币政策不当导致的企业资产负债表衰退

Koo（2008）提出“资产负债表衰退”的概念，所谓资产负债表衰退，是指经济政策制定当局制定或实施货币、财政政策不当导致的全国性的资

---

① Bernanke Ben S.，M. Gertler，*Agency Costs，Net Worth and Business Fluctuations* [J]，American Economic Review，1989，79（1）：14－31.

② 白钦先、李安勇：《试论西方货币政策传导机制理论》，载《国际金融研究》，2003 年第 6 期，第 4－8 页。

③ 戚自科：《货币政策传导机制理论最新前沿》，载《经济学动态》，2004 年第 12 期，第 17－23 页。

产价格泡沫破灭，进而使大量的私人部门（家庭和企业）的资产负债表都处于资不抵债的情况之下，使社会经济恶化，造成持续性的经济衰退①。Krugman（1999）提供了一个简单债务驱动型衰退的新凯恩斯主义模型。在以上研究文献当中都对货币政策不完全的扩张、收缩进行了分析，结果发现：在货币当局扩张的货币政策下，企业资产负债表的变化不明显，投资、产出增加不显著，充分就业也未实现②，Eggertsson（2010）③、Christiano et al.（2009）也讨论了该问题④。

这种货币政策导致的企业资产负债表衰退是资产负债表传导效应的一个例证，但是货币政策对企业资产负债表的影响程度和对资产负债表衰退的贡献有多大需要进一步的认识，而且现实经济中货币政策与财政政策对企业的共同影响问题也对重新审视货币政策效应提出了要求。

3. 信用渠道、企业资产负债表渠道和银行信贷渠道的联系

从一般意义上讲，Bernanke & Gertler（1995）提出的信用传导渠道认为货币政策的传导正是利用了资产负债表渠道和银行信贷渠道共同产生了作用，改变了企业的外部融资成本⑤。通过影响企业财务状况改变外部融资额外成本或者通过影响金融机构的信贷总量，特别是商业银行贷款总量改变外部融资额外成本。广义的信用渠道将企业、家庭资产负债表和银行信贷渠道结合在一起综合性地理解货币政策的微观传导渠道。然而，从微观角度去研究货币政策传导更要厘清各种微观传导机制不同的作用机制，并且得出货币政策如何改变实体经济的结论。所以，将企业、家庭资产负债表和银行信贷渠道剖开来进行研究，将使货币政策更具有可操作性，也更深入合理。

企业资产负债表传导理论和金融加速器理论具有密切的联系。Bernanke et al.（1988，1992）的多篇文献中，都将金融加速器作为一种机制和作用

---

① Koo, R., *The Holy Grail of Macroeconomics: Lessons from Japan's Great Recession* [M], Published by John Wiley & Sons, 2008: 28－29.

② Krugman, P. R., K. M. Domiquez and K. Gogoff, *It's back: Japan's Slump and the Return of the Liquidity Trap* [R]. Brookings Paper on Economic Activity, 1998 (2).

③ Eggertsson, G., *What fiscal policy is effective at zero interest rates?* [R], NBER Macroeconomic Annual 2010, 2010: 253－286.

④ Christiano, L. J., M. Eichenbaum and C. Evans, *Identification and the effects of monetary policy shocks* [R]. Federal reserve bank of Chicago working paper, 1994.

⑤ Bernanke, Ben S. and M. Gertler, *Inside the Black Box: The Credit Channel of Monetary Policy transmission* [J], Journal of Economic Perspectives, 1995, 9 (4): 27－48.

进行描述[①]。正因如此，资产负债表渠道才更显重要，银行信贷渠道、金融加速器一般通过资产负债表渠道这一纽带发生作用[②]。

4. 企业资产负债表传导渠道的实证检验

国外文献对企业资产负债表渠道的存在性已经进行了广泛的验证和论述：Kashyap & Lamont（1994）选取美国经济不景气阶段的制造业数据，研究了无法进入债券市场的企业投资受现金流制约的影响[③]；Guariglia（1999）利用英国 1968—1991 年企业数据得到和 Kashyap 相似的结论，在经济萧条或紧缩货币政策时期，资产负债率过高的企业投资对现金流的敏感性更高[④]；Ashaft & Campllo（2005）利用美国商业银行 1976—1998 年的季度数据对企业资产负债表传导渠道进行了研究，他使用了中小银行呆账比率反映地区财务状况，表明企业现金资产中的银行贷款部分明显受到企业财务状况的影响[⑤]；Angelopoulou et al.（2007）使用了英国制造业的面板数据分析投资现金流对企业货币资金的敏感性，以证明资产负债表渠道的存在。国外的大部分研究设计当中都使用了企业持有的货币资金作为自变量，企业投资作为因变量进行了投资现金流的敏感性分析[⑥]。国外文献证明了资产负债表渠道的存在性，并对行业非对称性进行了初步论述。

国内的研究大部分集中于金融加速器问题的研究。如崔光灿（2006）通过研究证明了中国的宏观经济波动情况可以用金融加速器机制加以说明[⑦]；赵振全等（2007）认为中国存在金融加速器效应[⑧]；袁申国等（2009）通过中国制造业的数据表明，其行业层面存在着金融加速器效应，

---

① Bernanke, Ben S. and Alan S. Blinder, *Credit, Money and Aggregate Demand*, The American Economic Review, 1988, 78 (2): 435 – 439.

② Bernanke, Ben S. and A. S. Blinder, *The Federal Funds Rate and the Channels of Monetary Transmission* [J], The American Economic Review, 1992, 82 (4): 901 – 921.

③ Kashyap, A. K. , O. A. Lamont and J. C. Stein, *Credit Conditions and the Cyclical Behavior of Inventories* [J], The Quarterly Journal of Economics , 1994, 109 (3): 565 – 592.

④ Guariglia, A. , *The Effects of Financial Constraints on Inventory Investment: Evidence from a Panel of UK Firms* [J], Economica, 1998, 66 (1): 43 – 62.

⑤ Ashaft, B. A. and M. Campello, *Firm Balance Sheets and Monetary Policy Transmission* [J], Journal of Monetary Economics, 2005, 96 (6): 789 – 823.

⑥ Angelopoulou, E. and H. D. Gibson, *The balance sheet channel of monetary policy transmission: evidence from the UK* [J], Economica , 2009, 76 (2): 675 – 703.

⑦ 崔光灿:《资产价格、金融加速器与经济稳定》，载《世界经济》，2006 年第 11 期，第 59 – 71 页。

⑧ 赵振全、余震、刘淼:《金融加速器效应在中国存在吗》，载《经济研究》，2007 年第 6 期，第 27 – 39 页。

并在子行业中存在差异。这些研究分别从宏观层面、行业角度验证了金融加速器效应[①]；彭方平、王少平（2007）从微观层面对我国货币政策传导效应进行了梳理，得出了利率调控优于信用调控的结论[②]；白鹤翔（2010）也认为货币政策传导微观机制是货币政策传导有效性的核心问题[③]；饶品贵、姜国华（2011）则从企业会计稳健性的角度对货币政策和企业的关系进行了分析[④]。

目前所查阅到的国内文献对金融加速器存在的前提——企业资产负债表传导渠道是否畅通尚未进行深入探讨，特别是货币政策对企业投资的冲击、企业现金流变动影响的论述并不充分。

（三）银行资产负债表渠道的国内外研究现状

大多数国内外学者对货币政策传导的银行资产负债表渠道的研究是在信贷渠道的背景下展开，从两个方面进行了阐述：一是关于银行资产负债表渠道是否存在，即讨论货币政策是否通过银行资产负债表渠道影响实体经济；二是关于货币政策冲击对异质性的银行贷款行为的影响的研究。

1. 货币政策传导的银行资产负债表渠道是否存在的研究

各国经济学者在探讨货币政策传导的银行资产负债表渠道是否存在问题过程中，使用了不同的方法和数据，在研究过程当中也出现了较大的分歧。然而，最后的研究结果却基本一致：货币政策传导的银行资产负债表渠道存在，但在传导效率、效果方面却存在着较大差异；另外也有少部分学者得出了否定的结论。

Bernanke & Blinder（1988）使用不同的方法和数据对货币政策和银行贷款之间的关系进行了探讨，研究发现：银行贷款在货币政策传导过程当中具有重要的作用，两位学者用向量自回归模型实证检验，发现美国货币政策实施过程当中通过信贷渠道影响到社会总需求，证明了银行资产负债

① 袁申国、陈平：《资产负债表、金融加速器与企业投资》，载《经济学家》，2010 年第 4 期，第 61 - 68 页。

② 彭方平、王少平：《我国货币政策的微观效应》，载《金融研究》，2007 年第 9 期，第 31 - 40 页。

③ 白鹤翔：《中国货币政策传导微观机制研究》，中国金融出版社，2010 年 8 月第一版。

④ 饶品贵、姜国华：《货币政策波动、银行信贷与会计稳健性》，载《金融研究》，2011 年第 3 期，第 51 - 70 页。

表渠道的存在性①。根据凯恩斯主义的基本模型 IS – LM（Investment – Saving & Liquidity preference – Money Supply）发展出了 CC – LM（Credit – Commodity & Liquidity preference – Money Supply）模型，该模型中放松了金融市场当中只有货币、债券两种形式资产的假设，加入了信贷市场中会有银行贷款存在的假设，同时假定货币、债券和银行贷款不完全替代，提出了市场当中包括货币、商品、信贷三种形式资产，奠定了货币政策传导的银行资产负债表渠道的理论基础。Kashyap et al.（1993）分析了美国银行贷款与货币政策之间的联系，如果中央银行实施紧缩性货币政策，企业融资结构改变，尤其是在紧缩性的货币政策下，借款者需求弹性较小，企业融资结构会进行调整以减少企业负债中的贷款供给造成的影响，同时企业还会通过发放债券和商业票据等融资方式弥补企业从商业银行贷款减少所造成的缺口②。这也说明，紧缩的货币政策本身在使银行体系的贷款能力下降时，也会使企业的融资结构发生变化，最终影响到企业投资与产出。因此，商业银行贷款供给和商业票据发行数量的变化证明了货币政策传导的银行资产负债表渠道的存在。

但同时也有学者的研究与上述结论相反，认为货币政策传导的银行资产负债表渠道不存在。King（1986）对银行资产负债表渠道的存在性进行了验证，他使用了美国的数据进行了分析，得出：在预测贷款总量方面使用银行贷款的数据比使用货币总量的数据预测能力差③。C. Romer & D. Romer（1990，1993）④ 通过对紧缩货币政策时期银行贷款供给的变化得到如下结论：企业融资结构的变化主要是使用商业票据和银行贷款利率等不同融资工具导致的融资成本、结构的变化而不是因为货币政策导致银行贷款的减少，企业融资理论可以解释货币政策与融资结构变化无关⑤。Ramey（1993）探讨了信贷渠道和货币渠道的不同，他用 1954—1991 年美国的

---

① Bernanke, Ben S., A. S. Blinder, *Credit, Money and Aggregate Demand* [J], The American Economic Review, 1988, 78 (2): 435 – 439.

② Kashyap, A. K., J. C. Stein, and D. W. Wilcox, *Monetary policy and credit conditions: Evidence from the composition of external finance* [J], The American Economic Review 1993, 83 (1): 78 – 98.

③ King, S., *Monetary Transmission: Through Bank Loans or Bank Liabilities?* [J], Journal of Money, Credit, and Banking, 1986, 18 (8): 290 – 303.

④ Romer, C. D., and David H. Romer, *Credit Channel or Credit Actions? An Interpretation of the Postwar Transmission Mechanism* [R]. NBER Working Paper, 1993, No. 4485.

⑤ Romer, C. D., and D. H. Romer, *New evidence on the monetary transmission mechanism* [J], Brooking papers on economic activity, 1990, 21 (1): 149 – 213.

月度数据，使用向量误差修正模型（VECM）和格兰杰因果检验对银行资产负债表渠道进行了实证研究，得出银行信贷波动对产出影响不显著的结果，货币政策传导过程中没有银行资产负债表渠道的结论①。Rajan et al.（1998）的研究对上述货币政策传导的银行资产负债表渠道不存在的结论进行了支持②。

蒋瑛琨、刘艳武和赵振全（2005）使用协整检验、向量自回归、脉冲响应等方法对中国1992—2004年的货币政策传导机制进行检验和分析，研究发现银行贷款对中国物价与产出的影响十分明显，尤其是货币政策传导的银行资产负债表渠道在20世纪90年代以来在中国货币政策实施过程中起到了非常重要的作用③。盛松成和吴培新（2008）对1998—2006年银行贷款与货币政策间的相关性进行研究，发现银行贷款渠道是我国货币政策传导的主要渠道，中国政府主要使用信贷规模对经济进行调控并且引起了货币供应量的变动④。

但是，也有部分学者的研究却对信贷渠道和资产负债表渠道是否是货币政策传导的主要渠道提出了质疑，蔡跃洲和郭梅军（2009）的研究发现信贷渠道是我国货币政策传导的主要渠道，但是从1998年以后就不断弱化，利率传导渠道不断加强⑤。李琼、王志伟（2007）的研究支持了上述结论，认为货币政策传导对银行资产负债表影响不显著⑥。

总之，国外学者对使用美国80年代后的数据否定了货币政策传导的银行资产负债表渠道的存在性，那是由于在当时的美国银行贷款和证券之间的替代性比较强，直接融资市场较为发达，所以得到银行资产负债表渠道不存在的结论具有特殊性。

国内学者对信贷渠道中银行资产负债表渠道的研究得出了其在我国经

① Ramey, V. A., *How Important is the Transmission of Monetary Policy* [R], NBER Working Paper, 1993, No. 4285.

② Rajan, R., G. Dell'Ariccia, E. Detragiache, *The real effect of banking crises* [R], IMF Working Paper, 2005, No. 05 - 63.

③ 蒋瑛琨、刘艳武，赵振全：《货币渠道与信贷渠道传导机制有效性的实证分析》，《金融研究》，2005年第9期，第35 - 42页。

④ 盛松成、吴培新：《中国货币政策的二元传导机制——“两中介目标，两调控对象”模式研究》，载《经济研究》，2008年第10期，第37 - 51页。

⑤ 蔡跃洲、郭梅军：《我国上市商业银行全要素生产率的实证分析》，载《经济研究》，2009年第9期：52 - 65。

⑥ 李琼、王志伟：《中国货币政策传导机制：实证检验的再考察》，载《南方金融》，2007年第4期，第42 - 51页。

济发展与货币政策传导过程中的确存在着重要作用，但是这些研究并不深入，大多数研究集中于贷款供给和宏观经济变量间的关系，对银行自身资产负债表的变量与货币政策间的关系研究比较少。

2. 银行资产负债表渠道和银行异质性的研究

货币政策通过影响商业银行的存款准备金率进而影响到其贷款供给，但资产规模不同的银行受到的影响程度有差异，也就是说不同银行的贷款行为对货币政策拥有不同的反应。自20世纪90年代以来，中国有大量的学者开始探讨货币政策传导的信贷渠道，大量的研究集中探讨了银行信贷活动对企业行为产生的影响，对货币政策和银行资产负债表间的关系较少论及，更是少有文献去直接论证货币政策传导过程当中银行资产负债表渠道是否存在的问题，以及我国货币政策传导过程当中银行所起到的作用，和异质性银行在面对货币政策调控过程当中不同的贷款供给行为，少量文献对银行持有的资产组合面对不同货币政策调控时的差异进行了论证。

大量学者通过资本充足率的引入对美国1990—1991年银行贷款下降导致的经济衰退现象进行了解释，Peek & Rosengren（1995）使用资本监管指标对贷款供给现象进行研究，结论发现货币政策在影响贷款供给过程当中资本充足率是非常重要的因素，当银行的资本成本较高时，即使使用宽松货币政策，银行的贷款供给也不会快速提升①。Kishan & Opiela（2000）②、Van den Heuvel（2002，2003）③使用美国的银行贷款和货币政策数据对货币政策传导的银行贷款渠道进行讨论，认为银行资本充足率较低将会使银行贷款供给减少，使实体经济的增速下滑④。Gambacorta & Mistrulli（2004）根据意大利货币政策对银行贷款和银行资本充足率的影响进行了模拟，将意大利银行的资本充足率提升至8%，意大利全国银行贷款将减少20%⑤。

---

① Peek, J. and E. S. Rosengren, *The Capital Crunch: Neither a Borrower Nor a Lender Be* [J], Journal of Money, Credit and Banking, 1995, 27 (3): 625 - 638.

② Kishan, R. P., and T. P. Opiela, *Bank size, bank capital and the bank lending channel* [J], Journal of Money, Credit and Banking, 2000, 32 (1): 121 - 141.

③ Van den Heuvel, S., *The bank capital channel of monetary policy* [R], Working Paper, University of Pennsylvania, September, 2003.

④ Van den Heuvel, S., *Does bank capital matter for monetary transmission?* [J], Federal Reserve Bank of New York Economic Policy Review, 2002, 8: 259 - 65.

⑤ Gambacorta, L. and P. E. Mistrulli, *Does Bank Capital Affect Lending Behaviour* [J]. Journal of Financial Intermediation, 2004, 13 (4): 436 - 457.

银行的流动性对银行贷款供给和货币政策的反应也有影响，Kashyap & Stein（2002）通过对1976—1993年美国商业银行面板数据的分析，证实了货币政策传导的银行资产负债表渠道存在，并且货币政策变化对流动性差的银行影响程度更深，对其贷款供给行为将产生重要影响①。De Haan（2003）对荷兰1900—1997年的贷款数据进行了实证研究，发现货币政策传导的银行资产负债表渠道的确存在，而且紧缩的货币政策对流动性比较差的小银行的贷款供给行为影响程度更深②。

银行所有权性质对银行贷款供给和货币政策的反应程度也有影响。Andries & Billon（2010）的研究发现，国有控股商业银行面对货币政策调控冲击的能力更强，而政府和私人共有股份的银行则表现较差，因为国有控股商业银行可以得到国家资本的贷款支持，国有股权占比越高，货币政策对银行贷款供给的影响越小③。Bhaumik et al.（2011）验证了所有权性质不同的银行在紧缩和宽松货币政策时期贷款供给行为的不同变化，研究发现货币政策传导的银行资产负债表渠道在货币政策紧缩时期比在扩张时期更加有效④。

另外，银行贷款供给对货币政策的反应程度还受其他因素的影响，比如，Kashyap & Stein（2000）根据规模大小对全球范围的银行进行了实证分析，发现在不同的货币政策调控下，资产规模越小的银行贷款供给行为最容易受到货币政策的影响⑤；Olivero et al.（2011）指出，银行间的互相竞争会使货币政策传导的银行资产负债表渠道效率变差⑥。

国内对货币政策和异质性银行贷款供给间关系的研究较少，而且仅集

---

① Stein, J. C. and A. K. Kashyap, *What do a million observations of banks say about the transmission of monetary policy?* [J], American Economic Review, 2000, 90 (3): 407 -428.

② De Haan, L., *Evidence on the Bank Lending Channel in the Netherlands* [J], Eonomist, 2003, 151 (3): 293 -315.

③ Andries, N., and S. Billon, *The effect of bank ownership and deposit insurance on monetary policy transmission* [J], Journal of Banking & Finance, 2010, 34 (12): 3050 -3054.

④ Bhaumik, S. K., V. Dang, A. M. Kutan, *Implications of bank ownership for the credit channel of monetary policy transmission: Evidence from India* [J], Journal of Banking & Finance, 2011, 35 (9): 2418 -2428.

⑤ Kashyap, A. K. and J. C. Stein, *What do a million observations of banks say about the transmission of monetary policy?* [J], American Economic Review, 2000, 90 (3): 407 -428.

⑥ Olivero, M. P., Y. Li and B. N. Jeon, *Competition in Banking and the Lending channel: Evidence from Bank Level Data in Asia and Latin America* [J], Journal of Banking and Finance, 2011, 35 (8): 160 -571.

中于资本充足率一个银行异质性指标当中，其中刘斌（2006）① 使用 Kopecky & VanHoose（2004）② 的货币信贷模型并与 Bernanke & Blinder (1988)③ 的模型进行合并改造，探讨了我国银行资产负债表中资本充足率对货币政策传导、信贷和经济增长的影响程度，同时对银行的资本监管、法定存款准备金两点要素与经济增长和发展间的关系进行了探讨，提出协调好资本充足率和经济发展关系的对策建议。胡莹、仲伟周（2010）根据市场结构理论对银行的市场结构进行研究，探讨了商业银行在垄断竞争的条件下，其自身的资本充足率、存款准备金率怎样对货币政策冲击做出反应④。吴玮（2011）使用1988 年到2009 年中国175 家商业银行的资本配置数据，讨论了商业银行资产配置与金融监管之间的关系，得到了资本监管会对商业银行的资产配置产生重要影响的结论，特别是资本监管过程实施中和实施后，银行会不断调整自身的资产负债结构，商业银行的资本充足率要求银行要持有更多资产，贷款供给上升，但资本充足率低的银行贷款比例会下降⑤。

索彦峰、范从来（2007）对上述学者的研究进行了补充，两位学者使用了银行资产负债表数据探讨了银行贷款行为的变化，从 1994—2006 年的数据进行了脉冲响应函数分析，得到：在货币政策紧缩时期，商业银行会改变自身的资产组合以应对中央银行的货币政策冲击⑥。这为货币政策影响贷款供给提供了有力证明，商业银行资产组合的变化也证明了银行资产负债表渠道的存在性。

根据上述对国内外研究文献的梳理，可以得出：国外关于货币政策对银行贷款供给影响的研究主要集中在银行的异质性问题上，其中银行的异质性问题主要有：资本化程度、盈利性、流动性、规模大小等问题。具体

---

① 刘斌：《稳健的最优简单货币政策规则在我国的应用》，载《金融研究》，2006 年第 4 期，第 12 - 23 页。

② Kopecky, K., and D. VanHoose, *A model of the monetary sector with and without binding capital requirements* [J], Journal of Banking and Finance, 2004b, 28 (3): 633 - 646.

③ Bernanke, Ben S., Alan S. Blinder, *Credit, Money and Aggregate Demand*, The American Economic Review, 1988, 78 (2): 435 - 439.

④ 胡莹、仲伟周：《资本充足率、存款准备金率与货币政策银行信贷传导——基于银行业市场结构的分析》，载《南开经济研究》，2010 年第 1 期，第 128 - 139 页。

⑤ 吴玮：《资本约束对商业银行资产配置行为的影响——基于 175 家商业银行数据的经验研究》，载《金融研究》，2011 年第 4 期，第 41 - 53 页。

⑥ 索彦峰、范从来：《货币政策能够影响贷款供给吗?》，载《经济科学》，2007 年第 6 期，第57 - 65 页。

来说，就是探讨货币政策对不同的银行类型（资本化程度、盈利性、流动性、规模大小等问题）银行贷款供给的影响程度的问题。

国内外大部分研究内容都集中于银行贷款和资本充足率的监管层面，对异质性银行和货币政策的银行资产负债表传导渠道研究较少。因此，本书使用中国商业银行数据，研究银行资产负债表中的异质性指标（资本充足率、盈利性、流动性、规模大小等）与货币政策之间的关系，探讨异质性银行在货币政策冲击下贷款供给的不同变化。

（四）货币政策传导的居民资产负债表渠道研究

国内外少有使用实证模型来研究中国居民资产负债表的文献，大多数国内外研究都集中于对传统消费理论的解释和拓展。针对居民资产负债表的研究最终都会落脚于使用宏观经济政策来提高居民收入或消费，也会联系到货币、财政政策的实施效果。

1. 西方经典理论

传统西方消费函数理论建立了以家庭债务、消费和储蓄三种变量的成熟经济学理论。持久收入假说认为：效用最大化原则在消费者的整个生命周期内适用，消费者依据此原则来决定每期的消费，持久收入假说理论中包含着金融市场中存在着信息对称的借贷市场的假设。对生命周期——持久收入假说理论的拓展是在对其前提条件和结论的质疑中展开的，Leland（1968）的研究发现，消费者并不是完全按照平均消费和储蓄的方式行事，在某些时点消费者会增加储蓄以防范未来可能出现的风险，他的理论被称为“预防性储蓄理论”①。Campbell & Mankiw（1987）认为流动性约束会影响消费者的储蓄和消费行为，实证研究中表明消费者往期的收入水平决定了现期消费对收入的敏感程度②。Deaton（1991）的研究发现根据未来风险不确定性和流动性约束两个条件，消费者会最大化当前效用，家庭的借贷和消费行为都可以实现跨期选择，他的研究中结合了预防性储蓄和流动性约束假说，被称为“缓冲库存理论”③。

① Leland, H. E., *Saving and Uncertainty: The Precautionary Demand for Saving* [J]. Quanterly Journal of Economics, 1968, 82 (3): 465-473.

② Campbell, J. Y., N. G. Mankiw, *Permanent and transitory components in macroeconomic fluctuations* [R], NBER Working Papers, 1987, No. 2169.

③ Deaton A., *Saving and Liquidity Constraints* [J], Econometrica, 1991, 59 (5): 1221-1248.

2. 国内外家庭债务、储蓄与货币政策的关系研究

货币政策与家庭债务、储蓄和消费联系的研究可以分为两个方面。一是考察货币政策与家庭债务间的相互影响。杨长滨（2002）的研究发现，居民消费是影响货币政策工具实施效果的重要微观基础，货币供应量和货币政策目标的制定也会受到居民消费水平的影响，重视居民消费可以提高货币政策的有效性①。Barbu & Vintila（2009）认为，居民资产负债表中的住房资产项目会影响货币政策的实施效果，住房资产是资产价格波动当中的重要因素，会影响到金融市场的稳定，同时干扰货币政策对房价和消费波动的平抑作用②。Martins & Villanueva（2003）的研究发现，宏观经济政策的衡量指标当中，长期家庭债务是一个重要因素，一旦住房贷款利率增加，家庭借贷的比率就会减少③。吴晓莹（2007）根据家庭债务的宏观经济效应研究了家庭的收入及支出选择问题，特别是利率变化如何影响居民的家庭债务问题④。Filardo（2009）的研究发现货币政策需要将家庭债务作为制定货币政策的重要依据和目标，不应该忽视家庭债务增加对宏观经济产生的影响⑤。袁志刚等（1999）根据我国居民资产负债表的变化探讨了中国经济增长的问题，发现 1952—1978 年城镇居民的平均消费倾向在 0.95 左右，在改革开放以后，特别是 20 世纪 80 年代之后城镇居民的平均消费倾向发生了大幅下滑⑥，在计划经济时期的宏观经济政策由政府一手制定，居民的预防性储蓄数量有限。由于经济转轨迅速，各种新的经济现象和事物不断出现，因此转轨时期中国城镇居民的储蓄和消费同时增加。陈学彬等（2005）的研究发现中国家庭当中大部分工薪阶层对利率敏感性比较差，特别是居民储蓄为预防性储蓄，对利率敏感程度很低，货币政策实施的效果

---

① 杨长滨：《发展消费信贷与货币政策的有效性分析》，载《当代财经》，2002 年第 6 期，第 39－41 页。

② Barbu, T. , G. Vintila. *Is the Incidence of the Monetary Policy on the Mortgage Market Possible?* [J]. Theoretical and Applied Economics, 2009, 532 (3): 29－40.

③ Martins, N. C. and Ernesto Villanueva. *The impact of interest rate subsidies on long－term household debt: Evidence from a large program* [R]. Banco de Portugal Working Papers, 2003.

④ 吴晓莹：《家庭债务的宏观经济效应分析》，载《世界经济情况》，2008 年第 1 期，第 54－59 页。

⑤ Filardo, A. , *Household debt, monetary policy and financial stability: still searching for a unifying model* [R], BIS Working Papers, 2009 (46): 31－50.

⑥ 袁志刚、宋铮：《城镇居民消费行为变异与我国经济增长》，载《经济研究》，1999 年第 11 期，第 20－28 页。

不明显①。

通过对国内外关于货币政策与居民资产负债表之间关系的研究梳理后可以得到如下结论：家庭债务、储蓄与货币政策之间联系的研究比较少。国内对此的研究停留在家庭债务与货币政策的相互影响上，部分关注了货币政策对居民储蓄的影响，较少提及负债、储蓄和货币政策三者之间的联系，没有放入一个统一框架内进行探讨。本书将居民资产负债表置于货币政策调控的框架下，分析居民资产负债表中储蓄、证券类金融资产、非证券类金融资产和住房资产与货币政策传导之间的联系。

3. 家庭资产负债与影响货币政策传导效果的理论分析

利率是传统凯恩斯学派货币政策传导的主要中介指标，也是主要工具。在IS－LM模型中，影响到最终产出的是货币供应量，在此模型当中将利率作为中介指标，所有货币政策行为将首先影响利率，再影响消费、产出和投资。

货币政策对家庭资产负债表的影响需要区分发达国家与发展中国家。由于在大多数发达国家中利率市场化程度很高，微观经济主体对利率的反应敏感，中央银行可以通过提高或降低利率影响家庭收入、消费、负债，货币政策调控过程中可以使用短期利率作为手段，最终影响到家庭所承担的债务成本和拥有的金融资产的价格。所以微观经济主体中的家庭金融资产也是影响货币政策传导的重要因素。

臧旭恒等（2003）认为在发展中国家，金融市场并不发达，利率对消费、储蓄、负债明显，货币政策对居民资产负债表的影响并不显著。而且利率对于资产负债表规模不同的家庭会产生不同的效应。他在文中按照居民资产负债表的规模将家庭分为净借款家庭、代表性家庭和高储蓄家庭三种类型②。

利率作为货币政策工具对不同类型家庭存在着不同的作用机制和效果，其中扩张性货币政策对居民资产负债表的影响效果与传导机制如图0－2所示，扩张性货币政策通过降低利率使消费和投资增加，从而拉动经济增长。

综上可知，对货币政策传导的居民资产负债表的研究形成的共识主要有两点：一是认为货币政策传导的微观基础对于货币政策传导有效性非常重要；二是货币政策传导微观基础中居民及其经济行为是货币政策微观传导渠道的重要环节。货币政策的传导最终都要落实到微观经济主体行为上。

① 陈学彬、杨凌、方松：《货币政策效应的微观基础研究——我国居民消费储蓄行为的实证分析》，载《复旦大学学报（社会科学版）》，2005年第10期，第42－54页。

② 臧旭恒、刘大可：《利率杠杆与居民消费——储蓄替代关系分析》，载《南开经济研究》，2003年第6期，第3－8页。

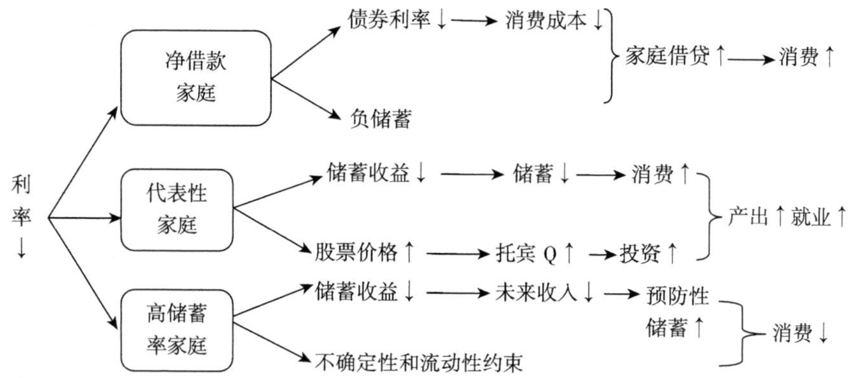

图0－2　家庭资产负债与利率传导机制

把握微观主体在货币政策传导过程中的逻辑定位，对货币政策传导微观基础进行明确界定，深入分析微观主体行为对于货币政策的响应模式，对于提高货币政策传导有效性有非常突出的意义。

四、研究思路与内容

本书的逻辑思路见图0－3中所示，研究沿着两条线索展开：一是货币

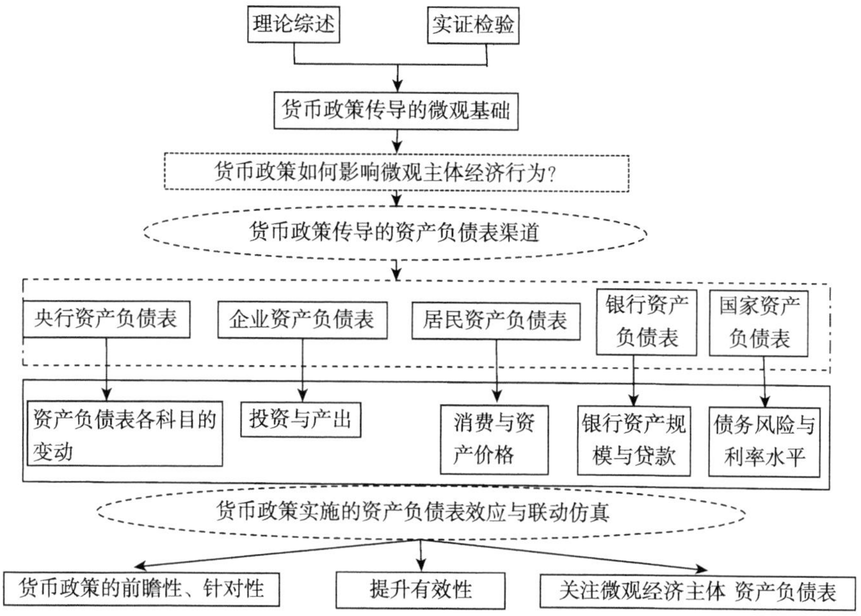

图0－3　行文逻辑思路

政策传导的资产负债表渠道理论与文献综述；二是对货币政策传导与微观经济主体的响应进行的实证检验和分析。研究内容主要包括企业、银行、居民、国家等微观主体与货币政策传导、实施间的关系；然后将货币政策对微观经济主体的调控作用进行了仿真模拟。行文技术路线见图 0－4 中所示，基本结构设定为六章，各章的主要内容如下：

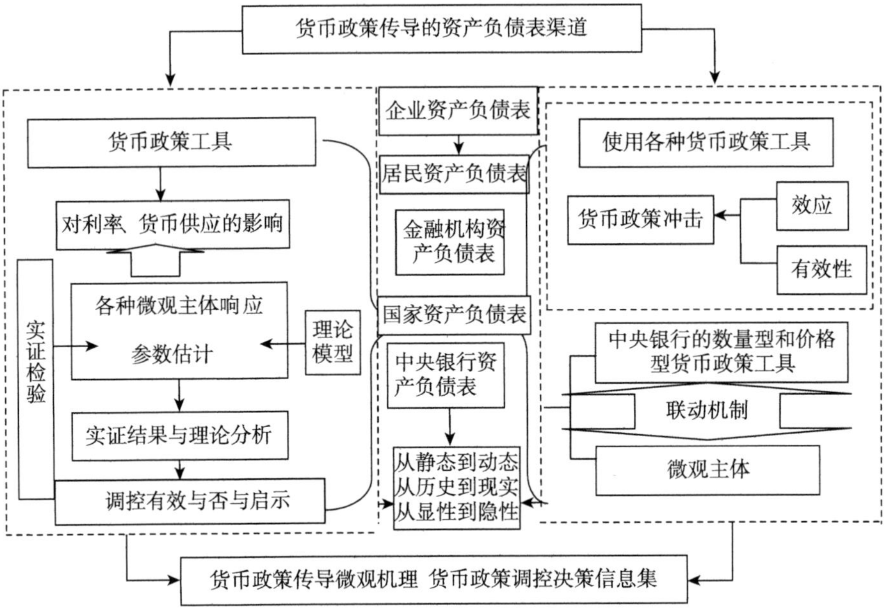

图 0－4　行文技术路线

第一章研究了货币政策传导的企业资产负债表渠道：首先，从 Kashyap & Stein（1993）[①] 的假设出发，从理论层面证实了我国存在货币政策传导的企业资产负债表渠道；其次，以全球金融危机以来中国 A 股上市公司 13 个行业 2577 家企业的货币资金和投资现金流净值面板数据为基础，实证检验中国货币政策传导的企业资产负债表渠道是否有效的问题，得到我国企业资产负债表渠道存在但并不完全畅通的结论。最后，从宏观、中观、微观三个层面进行了政策启示的分析。

第二章研究了货币政策传导的银行资产负债表渠道：首先，介绍了银行资产负债表渠道的基本理论——Bernanke & Blinder（1988）的 CC－LM

① Kashyap, A. K., J. C. Stein, and D. W. Wilcox, *Monetary policy and credit conditions: Evidence from the composition of external finance* [J], The American Economic Review 1993, 83 (1): 78－98.

理论[①]和银行的异质性理论；然后，对我国货币政策传导的银行资产负债表渠道进行研究，将样本银行分别按资本充足率、流动性比率、净资产收益率、资产规模大小进行分类，分别研究特性不同的商业银行对数量型和价格型货币政策冲击的反应；研究发现，由银行异质性所引致的贷款行为差异，可能会弱化货币当局通过银行资产负债表渠道传导货币政策意图的力度，而且存款准备金率、贷款基准利率、货币供应量这三种货币政策中，贷款基准利率的银行贷款渠道传导最有效。

第三章研究了货币政策传导的居民资产负债表渠道：首先，总结了货币政策与居民财富效应的研究现状与文献线索；其次，使用状态空间模型和向量自回归模型检验中国城镇居民资产财富效应的稳定性，得到住房资产的财富效应相对稳定，证券类金融资产的财富效应最不稳定的结论；最后，检验货币政策传导的房地产价格财富效应的存在性，得到我国货币政策传导的房地产价格财富效应有待提升的结论，并据以分析传导过程中存在的问题。

第四章研究了货币政策与中国国家资产负债表的调整机制：首先，对货币政策与主权债务风险间的关系进行理论分析，并对中国国家资产负债表的现状进行了描述；其次，对中国国家资产负债表中存在的债务风险使用模糊评级法进行了评估，构建了包括内部指标、外部监控指标和风险评估指标的评估体系，其中加入了货币政策变量；最后，根据 Reinhart & Sbrancia（2011）[②] 和李扬等人（2013）的模型设定，探讨了经济增长率、名义利率、通货膨胀率、汇率波动幅度对债务负担率的决定作用，得到中国需要保持宽松货币政策和稳定的汇率政策以维持经济增长速度并降低债务风险的结论[③]。

第五章研究了货币政策与中央银行资产负债表调整机制的关系：首先，从央行资产负债表的角度探讨了中央银行在实施货币政策过程当中的资产负债表再平衡机制；其次，考查了金融危机后各经济体的量化宽松货币政策实施机制和政策效果；再次，对中国人民银行货币政策实施过程当中，其资产负债表的变化状况进行了分析；最后，总结了国别经验和中国实践

---

① Bernanke, Ben S. , A. S. Blinder, *Credit, Money and Aggregate Demand* [J], The American Economic Review, 1988, 78 (2): 435 -439.

② Reinhart, C. M. and M. B. Sbrancia , *The Liquidation of Government Debt* [R], NBER Working Papers, 2011, No. 16893.

③ 李扬、张晓晶、常欣、汤铎铎、李成：《中国政府资产负债表 2013》，中国社会科学出版社，2013 年 12 月。

对今后人民银行货币政策实施的启示。

第六章研究货币政策与微观经济主体间的联动效应：通过构造动态随机一般均衡模型，将企业、居民、银行、政府、中央银行五个部门的宏观经济方程纳入到货币政策调控体系框架当中，进行仿真模拟实验，讨论了货币政策工具对产出、投资、消费、政府支出、利率等经济变量的调控效果；得到我国数量型和价格型货币政策工具对微观经济主体的调控基本有效，在运用过程当中需要灵活运用两种货币政策工具，关注微观经济主体，调控过程应更具前瞻性、针对性和灵活性的结论。

五、研究方法和所需数据

（一）研究方法

本书的研究主要涉及企业、银行、居民、央行、政府资产负债表，从每张资产负债表中遴选出关键科目进行实证检验和分析。各经济部门所涉及经济活动和内容差别较大，因此不同主体和部门的资产负债表渠道辅以不同的数量模型或计量模型进行研究。

1. 面板向量自回归和面板数据回归模型

企业资产负债表渠道使用面板向量自回归（Panel Vector Auto Regression）模型，面板格兰杰（Panel Granger）和动态面板回归（Dynamic Panel Regression）模型；银行资产负债表渠道使用面板回归（Panel Regression）模型和数理模型推导；居民资产负债表渠道主要验证了房地产价格对居民消费的影响，使用了面板回归和结构向量自回归（Structured Vector Auto Regression）模型。囿于研究主题，本书对面板向量自回归和面板数据回归等模型的优劣不做比较，仅在行文中简略介绍，主要使用其结果进行经济意义分析；另外，对面板数据变量的平稳性和可用性也使用了多种方法进行检验，包括面板单位根（Panel Unit Root）和面板协整（Panel Cointegration）等方法。

2. 基于 DSGE 模型的数量分析方法

本书在第六章各微观经济主体与货币政策间的联动效应中使用了国际宏观经济领域流行的动态随机一般均衡模型（DSGE，Dynamic Stochastic General Equilibrium）进行研究。该模型的优点是将宏观问题纳入到微观决策当中，所以微观基础比较扎实。论文构造了数量型和价格型货币政策调控下的宏观经济仿真模拟系统，加入了冲击变量，进行仿真实验，验证货币政策对微观经济主体的调控效应。

3. 其他方法

除了上述主要的研究方法外，本书还采用了一些其他的研究方法。使用状态空间模型（State Space Model）和向量自回归（Vector Auto Regression）、结构向量自回归（Structured Vector Auto Regression）模型对居民资产负债表中各资产类科目对居民边际消费的倾向的影响进行了分析；采用比较分析的方法对比美国、日本和欧洲央行货币政策对央行资产负债表调整机制的影响；采用模糊评级法对中国国家债务风险进行了预估。

（二）数据来源及软件

在数据方面，企业数据来自于同花顺、CSMAR 金融数据库；银行数据来自于 BVD 的 BankScope；居民资产负债表数据及房地产价格数据来自于国家统计局网站和中经网统计数据库；另外，中央银行资产负债表数据来自于各国央行网站；中国主权国家资产负债表数据由中国财政部、国家统计局、国家审计署和李扬等（2013）① 的估算结果得到。主要使用了 Stata、Eviews、Matlab、dynare 工具箱等软件，应用每个软件的部分功能进行实证检验。

六、创新与不足

（一）创新之处

通过梳理国内外已有文献并构建框架，本书的创新有两个方面：

第一，从实证层面用中国化、微观化的角度研究了货币政策对企业、银行、居民、中央银行、国家资产负债表的影响与其传导机制。国内外已有的关于货币政策传导机制与效应的研究成果基本集中于利率、信贷、资产价格等渠道，从微观角度通过建立模型运用实证方法对资产负债表渠道的分析仍不多见，本书从企业、银行、居民、中央银行、国家资产负债表的角度进行了补充论述。

第二，从理论层面对各微观经济主体货币政策传导的资产负债表渠道进行了梳理和综述。尝试使用国民资产负债表分析方法，分部门研究货币

① 李扬、张晓晶、常欣、汤铎铎、李成：《中国政府资产负债表 2013》，中国社会科学出版社，2013 年 12 月。

政策对各微观经济主体的影响与传导机制；将各部门资产负债表中的微观数据与货币政策传导结合研究，进一步审视微观经济主体资产负债表传导渠道的有效性也是本书的创新之一。

（二）不足之处

论文的不足之处在于：在分析各微观经济主体资产负债表的过程当中，囿于数据的可得性，企业、居民、政府资产负债表当中有许多科目与货币政策的关系仍有待进一步探讨；另外，将各微观经济主体和经济指标的调控管理纳入到适合中国国情的货币政策规则当中也是未来的研究方向之一。

第一章　货币政策传导的企业资产负债表渠道：传导效应

货币政策一直是政府干预经济的重要手段，凯恩斯（1936）的《就业、利息和货币通论》中对货币政策如何发挥作用做了开创性的研究①。已经有很多的经验研究表明中央银行实施的货币政策措施是能够影响宏观经济中的总产出，譬如 Friedman & Schwartz（1963）②、C. Romer & D. Romer（1989）③、Bernanke & Blinder（1992）④、Christiano et al.（1994）⑤ 的研究均是例证。但是，究竟货币政策是如何影响宏观经济的？凯恩斯学派认为货币政策在 IS－LM 框架下，通过利率传导机制对实际经济活动产生影响，并且他们通过结构模型方程进行实证分析。以 Friedman（1963）为代表的货币主义学派认为总产出的变动主要取决于货币供应量的变动，因此他们主张央行应该以货币供应量作为主要手段调控实际经济，他们采用简化形式进行实证研究，把经济活动视为一个不可透视的黑箱（Black Box），直接分析货币供应量和总产出水平之间的关系，而不考察其作用途径。

1990 年以后以 Bernanke & Gertler（1996）⑥、Kashyap & Stein（1994）⑦

---

① 约翰·梅纳德·凯恩斯（英）：《就业利息和货币通论》，商务印书馆，1999 年 9 月。

② Friedman, M., A. Schwartz, *A Monetary History of the United States*: 1867－1960 [M], 1963, Princeton University Press.

③ Romer, C. D., and D. H. Romer, *Does monetary policy matter? A new test in the spirit of Friedman and Schwartz* [M], NBER Macroeconomics Annual, O. J. Blanchard and S. Fischer (ed), MIT Press, 1989: 121－127.

④ Bernanke, Ben S., and A. S. Blinder, *The Federal Funds Rate and the Channels of Monetary Transmission* [J], The American Economic Review, 1992, 82 (4): 901－921.

⑤ Christiano, L. J., M. Eichenbaum, and C. Evans, *Identification and the effects of monetary policy shocks* [R]. Federal reserve bank of Chicago working paper, 1994.

⑥ Bernanke Ben S., M. Gertler, and S. Gilchrist. *The Financial Accelerator and the Flight to Quality* [J], The Review of Economics and Statistics, 1996, 78 (1): 1－15.

⑦ Kashyap, A. K., J. C. Stein, and D. W. Wilcox, *Monetary policy and credit conditions: Evidence from the composition of external finance* [J], The American Economic Review 1993, 83 (1): 78－98.

为代表的货币经济学家研究微观层面的企业在货币政策传导过程中发挥的作用，提出货币政策传导的资产负债表渠道（Balance Sheet Channel）理论，为货币政策传导渠道的研究开辟了一个新的领域。货币政策传导的资产负债表渠道俨然成为现今学术界研究的热点问题，其原因是资产负债表传导渠道直接关系到货币政策的中介目标和作用机制。

货币政策资产负债表传导渠道的研究能够使我们对货币政策与宏观经济的关系、货币政策对微观主体的影响的理解更为深入。货币政策制定者们也急于寻找更加合适的货币政策中介指标，更为重要的是货币政策传导的资产负债表渠道的研究将有助于我们更好地理解信息不对称和信贷配给。

Stiglitz & Weiss（1981）① 的研究发现货币政策所发挥的作用区别于传统的 IS－LM 模型中货币政策利率传递机制，货币政策传导的资产负债表渠道的研究认为，实际上在银行的资产一方除了有货币和债券资产以外，还有一个非常重要的资产——银行对企业的贷款，货币政策不仅能影响债券利率水平，而且可以通过影响银行对企业的贷款来实现对实体经济的调控②。

Kashyap，Stein & Wilcox（1993）利用银行借款替代的融资方式美国短期融资券数据进行实证研究，发现货币政策紧缩时期企业的银行借款出现明显下降，而同期的短期融资发现却出现显著的增长趋势③；Stein & Kashyap（2000）利用美国银行 1976 年一季度至 1993 年三季度的数据研究货币政策的资产负债表传导机制，发现紧缩的货币政策对小银行影响巨大，对流动性差的银行影响比较大④。在中国，王振山和王志强（2000）⑤，索彦峰和范从来（2007）也进行了货币政策资产负债表传导渠道的研究，并发现在

① Stiglitz，J.，and A. Weiss，*Credit rationing in markets with imperfect information* [J]，The American Economic Review，1981，71（3）：393－410.

② 传统的利率传导机制中，都是假设在银行的资产一方只有货币和债券两种资产。此时，货币政策的传导途径如下，当中央银行减少货币供应量导致利率上升，银行就减少持有债券资产，这样就导致家庭持有较少的货币和较多的债券资产，而如果资产价格不能及时调整，则企业和家庭持有的货币将进一步减少，从而引起利率的进一步升高，最终将使得在实体经济中的投资减少，并最终影响社会总产出。

③ Kashyap，A. K.，J. C. Stein，and D. W. Wilcox，*Monetary policy and credit conditions：Evidence from the composition of external finance* [J]，The American Economic Review 1993，83（1）：78～98.

④ Stein，J. C. and A. K. Kashyap，*What do a million observations of banks say about the transmission of monetary policy*? [J]，American Economic Review，2000，90（3）：407－428.

⑤ 王振山、王志强：《中国货币政策传导途径的实证研究》，载《财经问题研究》，2000 年第 12 期，第 60－63 页。

中国货币政策资产负债表渠道有效。以上这些研究为中国货币政策传导渠道的存在性和有效性提供了有力支撑[1]。

第一节　企业资产负债表渠道理论

货币政策传导机制是指中央银行运用货币政策工具调节金融市场和金融机构的融资条件，通过经营活动传导到企业和居民，影响其投资和消费行为，进而实现宏观调控目标的过程。西方经济学界一般从金融机构的资产负债角度把货币政策传导分为货币机制和信贷机制两种途径。“货币机制”认为央行的货币政策通过货币量的变动对实体经济产生影响，具体可以分为利率、汇率和资产价格三种渠道进行传导；“信用机制”认为央行的货币政策主要通过贷款供给量影响实体经济，具体分为银行贷款和资产负债表两种渠道进行传导。

货币政策传导机制是货币政策发挥作用的动态条件和基础，其核心是研究货币政策的作用及其发生作用的渠道与过程。其基本传导机制路线如图 1－1 所示：

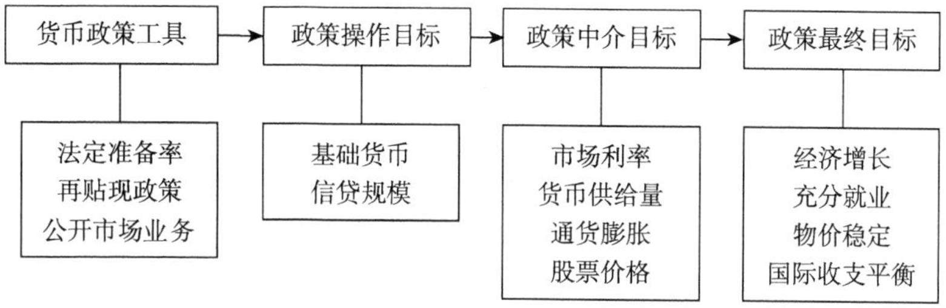

图 1－1　货币政策传导机制路线图

一、企业资产负债表渠道存在的前提

每一个国家在不同的时期都会根据自身经济发展的需求以及市场条件来使用不同的政策操作工具，选择不同的操作变量和中介目标以实现不同

① 索彦峰、范从来：《货币政策能够影响贷款供给吗?》，载《经济科学》，2007 年第 6 期，第57－65 页。

时期的政策调控目标，而不同的传导渠道在发挥作用时的具体传导路径也是有所差别的，具体表现在其操作目标和中介目标的不同。因此，根据对两类传导机制观点的划分，货币政策传导机制也可以简单地用图1－2表示：

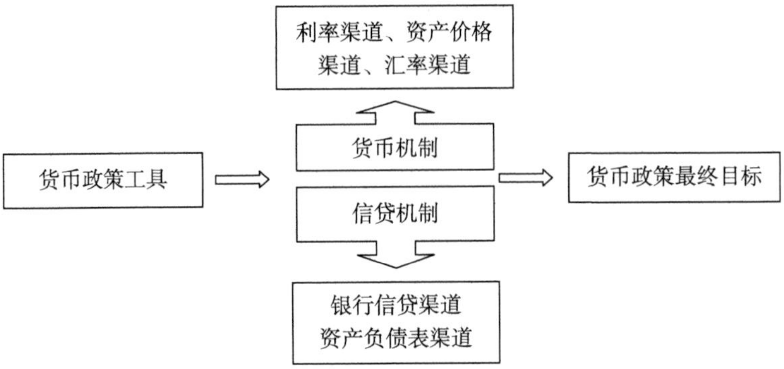

图1－2　货币政策框架示意图

要研究某一类传导机制即是要探讨从央行政策工具的运用到沿着某一条传导渠道传导的过程中，能否很好地通过操作目标和中介目标影响经济，进而实现最终目标。

Kashyap & Stein（1993）认为资产负债表渠道需要具备三个条件：第一是实体经济当中存在价格黏性，也就是名义工资和产品价格不会随着货币供应量的变化而立即调整，货币政策短期非中性，会对实体经济产生影响。这也是所有货币政策传导机制存在的前提条件；二是中央银行可以通过实施法定存款准备金率等货币政策工具来影响和改变商业银行的贷款供给状况，换言之，即商业银行无法通过调整自身资产负债结构来满足其对流动性的需要，居民存款是银行债务融资中不可或缺的部分；三是对企业和居民而言，银行贷款（间接融资）是其资金来源的重要渠道，发行债券和股票（直接融资）无法替代这一途径。主要是指借款者不能通过自由灵活且低成本地发行有价证券，来替代银行贷款满足资金需求。银行贷款在企业资产负债表的负债方中是不可完全替代的，换句话说这类企业是银行信贷的依赖者①。

① Kashyap, A. K., J. C. Stein and D. W. Wilcox, *Monetary policy and credit conditions: Evidence from the composition of external finance* [J], The American Economic Review 1993, 83 (1): 78－98.

二、中国企业资产负债表渠道的现状

在中国现阶段具备上述资产负债表渠道存在的三个条件，下面对中国货币政策传导的企业资产负债表渠道的存在性进行一般性分析和具体分析。

（一）企业资产负债表渠道的一般性分析

改革开放40年来，中国企业获得了长足发展，金融市场、价格机制也逐步完善，但中国市场当中仍然存在价格黏性，商业银行的资金来源单一和企业融资约束三个问题，符合上述学者的假设。

1. 市场存在价格黏性

货币中性是一个理想状态，我国正处于由计划经济到市场经济的转轨时期，市场尚不能完全发挥其定价功能，价格也不能随着货币政策进行快速调整，因此我国货币并非中性的。

首先，我国价格具有黏性特征。主要表现在名义黏性上，即我国价格水平不会随着名义货币的变化而同等比例改变，那么变化的货币供给不能被价格和工资所吸收的那一部分就直接影响到了实体经济。中国正处于从计划经济向市场经济的转轨时期，市场经济中的价格由市场供求决定，而计划经济中的价格由政策决定，正是两种市场结构并存，使得垄断竞争和交错定价等价格控制行为共同存在，市场价格不能够根据货币政策的变化做出有效的调整，货币政策在短时期内无法有效影响到实体经济的变化。

其次，我国未达到充分就业水平。当市场达到充分就业时，产出才最大，实际资源达到了最大程度的利用，此时只有通过进一步有效利用或增加资源才能扩大产出，因此只有实现充分就业的货币供给变动才是中性的，而我国当前就业形势仍然严峻，摩擦性失业、结构性失业和周期性失业长期存在，我国仍未达到充分就业水平，说明货币供给的变动是非中性的。

最后，我国居民预期能力有限。居民预期能力有限是一个约束货币非中性的重要条件。行为人若要完全预期物价水平变动必须首先能完全预期货币供求的变动，此时货币供给量的变动就不会完全被物价变动所吸收，最终会影响到实体经济。由于我国居民金融知识水平有限，难以凭自己的知识对金融市场进行分析，达到合理的预期，多半会出现“羊群效应”，盲目地跟随他人，更无法预期到货币政策意图的变化对个体行为的影响。

货币非中性即价格不会随着货币供应迅速充分地调整。如果货币是中性的，当名义货币变化时价格水平会无摩擦地迅速做出反应，价格也将随名义货币同比例变化。货币中性时，货币政策对实体经济不会产生影响，只会导致物价水平的变动。货币中性通常是一个理想状态，大部分经济学派的研究都证实货币是非中性的，至少在短期内是非中性的。

2. 商业银行可贷资金来源单一

我国商业银行具备资产负债表结构单一、风险厌恶和业务锁定的特征。同时，我国金融业一直实行严格的分业经营、分业监管，商业银行不得参与股票和商业债券的投资，银行持有的政府债券等优质资产也是中央银行公开市场业务的主要调控对象。因而中央银行在实施货币政策时，商业银行的资产结构发生变化，进而影响到实体经济。商业银行很难通过买卖商业票据、证券资产去调整其自身流动性的变化，使用替代性的融资工具从外部获得融资也比较困难。因此，货币政策可以影响到商业银行的信贷供给。

从表1－1看出，2000—2012年非金融机构的各类存款占比年均达到79.15%，我国商业银行信贷资金的主要来源仍然是存款业务，金融债券和票据融资的比例比较低，这就说明货币政策可以通过影响商业银行可贷资金实施货币政策。对中央银行负债和国外负债的占比逐年下降，分别从2000年的6.5%和2.31%下降至2012年的0.67%和0.81%；债券融资从表中可以看出近年来有上升的趋势，说明近年来商业银行开始使用债券融资，但占比年均不到5.13%，相较于存款负债而言，对缓解银行的信贷资金短缺并不能起到特别显著的效果。表1－2资产业务中储备资产占比年均维持在11%以上，政府债券的持有率比重不足6%，考虑到银行遵循的收益性、流动性、安全性和政府债券等短期资产的稀缺性。商业银行利用调整所持有的超额储备、政府债权和对中央银行债券来缓解银行面临的货币政策造成的可贷资金变化的可能性较小。

表1－1　中国存款性金融机构的负债构成

年份	对非金融机构的负债占比（%）	对中央银行的负债占比（%）	国外负债占比（%）	债券发行占比（%）	实收资本占比（%）	其他负债占比（%）
2000	80.96	6.5	2.31	4.6	4.5	1.89
2001	87.82	6.44	1.65	3.9	4.34	1.65
2002	81.57	2.89	1.02	3.5	3.28	6.66
2003	81.52	1.78	0.91	2.5	3.54	7.94
2004	82.34	1.32	0.69	1.6	3.58	8.02
2005	81.28	0.81	0.37	7.3	3.7	9.74

续表

年份	对非金融机构的负债占比（%）	对中央银行的负债占比（%）	国外负债占比（%）	债券发行占比（%）	实收资本占比（%）	其他负债占比（%）
2006	75. 14	1. 70	0. 52	5. 86	2. 71	6. 62
2007	71. 04	1. 37	0. 41	6. 37	3. 12	7. 77
2008	75. 14	1. 70	0. 52	5. 86	2. 71	6. 62
2009	71. 04	1. 37	0. 41	6. 37	3. 12	7. 77
2010	70. 62	1. 03	0. 35	6. 91	3. 04	8. 60
2011	79. 17	0. 72	0. 70	6. 97	3. 29	9. 15
2012	79. 19	0. 67	0. 81	6. 91	3. 02	9. 40

资料来源：中国人民银行统计季报。

表 1－2　中国存款性金融机构的资产构成

年份	国外资产占比（%）	储备资产占比（%）	准备金存款占比（%）	对政府债权占比（%）	对中央银行债权占比（%）	对非金融性公司债权占比（%）
2000	6. 53	11. 63	7. 93	5. 32	0. 01	73. 03
2001	6. 65	12. 24	8. 9	7. 39	0. 01	69. 68
2002	5. 71	9. 91	8. 1	6. 56	0. 04	60. 03
2003	4. 19	9. 79	9. 56	6. 14	1. 21	61. 72
2004	4. 63	10. 26	10. 6	6. 53	3. 3	60. 12
2005	5. 07	9. 41	10. 36	5. 88	4. 92	54. 23
2006	5. 02	9. 32	10. 1	6. 02	5. 3	56. 2
2007	5. 17	11. 94	11. 31	5. 84	8. 62	57. 09
2008	4. 32	11. 63	11. 12	5. 72	8. 42	55. 32
2009	3. 88	11. 74	11. 18	5. 10	7. 87	44. 14
2010	3. 40	13. 96	13. 46	4. 94	7. 14	42. 33
2011	2. 51	12. 40	11. 97	4. 57	7. 80	44. 12
2012	1. 92	13. 05	12. 63	4. 41	5. 10	42. 70

资料来源：中国人民银行统计季报。

3. 企业存在融资约束

中国的公司数量庞大，由于我国政府和证监会对公司上市和发债的审核非常严格，有很高的实收资本、利润要求等资格限制，一般企业难于达到上市发行股票和在金融市场上发行债券来进行融资的标准，大部分企业都通过银行贷款进行间接融资；上市公司的资金中大部分也来自于银行，企业无法通过替代性的融资方式来获得资金。

（二）企业资产负债表渠道的具体分析

从微观主体——企业层面分析：中国企业的间接融资比重过高；银行对民营企业融资歧视严重导致二元信贷结构明显。两个因素暗合了 Kashyap & Stein（1993）[①] 关于资产负债表渠道存在的前提假设。

1. 间接融资比重高

从理论上讲，商业银行作为专业的存贷款机构，设立专业的信息收集和处理部门和体系，具有获取、分析、监督和反映企业和个人的信用信息的能力，这些能力不仅能够降低由于不完全竞争市场和不完全信息造成监控成本和代理成本，还能使政府和私人机构无法解决的免费搭便车问题得到一定的解决。同时，虽然银行也有审贷的标准和要求，但是并不如发行证券的资历要求高，银行贷款的门槛相对于证券市场较低，贷款程序也相对于发债和发行股票的程序更加快捷简便。Kashyap & Stein（1993）认为企业依赖于其业务往来的商业银行的贷款而产生的锁定效应将促进银行资产负债表渠道的作用效果更加明显。表 1－3 表明中国存在大量的银行贷款依赖型企业，非金融企业的贷款资金来源中间接融资比重远超直接融资。2000—2012 年非金融企业贷款金额中间接融资比重达 68. 22%，远超企业债券、股票等直接融资形式（企业债券融资占比 4. 38%，股票融资占比 7. 26%），直接融资仅占企业融资比重的 17. 73%，从中可以看出我国企业资金来源对银行贷款的依赖性非常高。

表 1－3　中国非金融企业的资金来源构成

年份	资金来源合计（亿元）	资金来源构成							
		贷款		企业债券		股票		直接投资	
		金额（亿元）	占比（%）	金额（亿元）	占比（%）	金额（亿元）	占比（%）	金额（亿元）	占比（%）
2000	15236. 68	9317. 77	61. 2	100	0. 7	2099. 69	13. 8	3178. 76	20. 9
2001	13802. 03	9413. 6	68. 2	147	1. 1	1251. 94	9. 1	3661. 76	26. 5
2002	20646. 79	14485. 97	70. 2	325	1. 6	961. 74	4. 7	4081. 22	19. 8

① Kashyap, A. K., Jeremy C. Stein, and D. W. Wilcox, *Monetary policy and credit conditions: Evidence from the composition of external finance* [J], The American Economic Review 1993, 83 (1): 78－98.

续表

年份	资金来源合计（亿元）	资金来源构成							
		贷款		企业债券		股票		直接投资	
		金额（亿元）	占比（%）	金额（亿元）	占比（%）	金额（亿元）	占比（%）	金额（亿元）	占比（%）
2003	31204	23735	76.1	358	1.1	1438	4.6	3897	12.5
2004	31123	21212	65.2	365	1.3	1235	4.2	3679	11.2
2005	27944.01	17707.57	63.4	327	1.2	1686.7	6	4546.98	16.3
2006	20654.24	14125.45	62.2	32.1	1.6	961.74	4.7	4081.22	19.8
2007	29439	19166	65.1	2010	6.8	1075	3.7	6482	22
2008	37729	26403	70	2266	6	2814	7.5	6226	16.5
2009	46691	26471	56.7	2177	4.7	5583	12.0	9248	19.8
2010	31204	23735	76.1	358	1.1	1438	4.6	3897	12.5
2011	57960	42092	72.6	5341	9.2	3392	5.9	10271	17.7
2012	100357	78990	78.7	11475	11.4	5335	5.3	5341	5.3

资料来源：中国人民银行统计季报。

2. 存在“国有、民营二元”信贷结构

虽然40多年的改革开放使我国的民营经济取得了长足进展，但我国企业主体的“二元”结构特征①始终存在，企业融资在信贷市场中表现出了“二元”错配的特征。国务院从2009年推出了4万亿投资计划引发了国企投资的热潮。2011年温州的高利贷事件导致了大量民营企业纷纷倒闭，这些事件背后折射出了我国信贷市场存在的重要问题：一方面是国有企业资金充足、“另类投资”中的分红较多，享受金融体系给予的免息和贷款延期等优惠；另一方面，民营企业融资难问题长期存在，这种“二元”结构信贷错配导致了我国信贷资源配置效率低下，对实体经济发展造成了不利冲击。正如Bernanke et al.（1996）提出的金融加速器问题②，其实际意义是

① 按企业登记注册类型划分，内资企业=国有企业+集体企业+股份合作企业+联营企业+有限责任公司+股份有限+民营+其他。为了分析方便，本书将国有企业、集体企业和联营企业等以公有制为主体的企业统称为国有企业。另据《中国统计年鉴2012》数据测算，2011年全国规模以上企业中，国有企业资产占比为48.14%，民营企业资产占比为51.85%，数据表明我国企业主体“二元”结构特征显著。

② Bernanke, Ben S., M. Gertler, and Simon Gilchrist, *The Financial Accelerator and the Flight to Quality* [J], The Review of Economics and Statistics, 1996, 78 (1): 1-15.

指金融资源通过信贷渠道对实体经济造成的乘数效应，由于货币政策传导的企业资产负债表渠道的作用，宏观经济政策使企业主体“二元”结构信贷错配更加严重，中国国有、民营企业二元经济特征明显。

表 1－4　国有、民营二元结构特征

年份	固定资产占比		资产负债比		利润率	
	国有	民营	国有	民营	国有	民营
1997	0.6438	0.3562	0.325102	0.250449	0.02099	0.042345
1998	0.739037	0.260963	0.344028	0.266887	0.010959	0.055146
1999	0.739714	0.260286	0.327609	0.271031	0.018776	0.068997
2000	0.728515	0.271485	0.34307	0.289992	0.042033	0.092978
2001	0.715961	0.284039	0.359233	0.304868	0.038661	0.095665
2002	0.687223	0.312777	0.368236	0.316979	0.040806	0.107321
2003	0.660317	0.339683	0.373506	0.314865	0.055038	0.12553
2004	0.609083	0.390917	0.377966	0.298447	0.07119	0.13173
2005	0.583439	0.416561	0.385714	0.304016	0.078067	0.138906
2006	0.569056	0.430944	0.380515	0.307001	0.088312	0.151432
2007	0.553915	0.446085	0.381665	0.311323	0.098063	0.184536
2008	0.526371	0.473629	0.37984	0.327044	0.070181	0.185006
2009	0.521755	0.478245	0.374849	0.334185	0.063903	0.189588
2010	0.494568	0.505432	0.383983	0.354728	0.088995	0.226379
2011	0.481489	0.518511	0.398139	0.416102	0.088531	0.22448
均值	0.61695	0.38305	0.366897	0.311194	0.0583	0.134669

资料来源：《中国统计年鉴 2012》数据测算。

如表 1－4 中所示，列出了从 1997—2011 年国有、民营企业的固定资产占比，资产负债比及利润率，从固定资产占比的历史数据可以看出，从 1997 年到 2011 年存在一定的国退民进，国有企业占比从 0.6438 降至 0.4814，而民营企业占比从 0.3562 升至 0.5185，但依旧平分秋色；从资产负债比及利润率均值来看，国有企业资产负债比为 0.37，高于民营企业 0.31 的资产负债比，而国有企业利润率为 5.83%，远低于民营企业 13.5% 的利润率，低利润率的国企杠杆率却高于高利润率的民企，从金融逐利的角度看，信贷应该偏向于利润率较高的民营企业，而现实却不是如此。因此，国有、民营企业存在一定的二元信贷错配特征。我国正处于社会主义市场经济的初级阶段，资本市场的发展正在起步，不够完善和成熟，因而还存在缺陷和不规范，加之计划经济遗留的历史问题，是导致间接融资成为我国企业融资主渠道的重要原因。我国的资本市场主要缺陷有以下几个方面：

一是体制上的缺陷，大量的行政权力限制了资本市场形成在市场“无形的手”监督下的体制，资本市场的效率与现今不断成熟的市场经济不相匹配。二是机制上的缺陷，我国的资本市场缺乏有效的监督机制、激励机制和竞争机制作为市场发展的源动力。三是结构上的缺陷，现今的资本市场各个子市场发展不平衡，金融工具的流动性不强。四是功能上的缺陷，中国的股票市场主要发挥了为企业筹资的功能，无法有效地发挥实现资源有效配置的功能和国民经济晴雨表的功能。五是制度和规则上的缺陷，与资本市场相配套的法律法规和政策还未形成一个完善的体系，正在不断摸索过程中。以上这些缺陷也导致了银行贷款的间接融资方式成为我国企业的主要融资渠道。

总之，上述 Kashyap & Stein（1993）① 提出的资产负债表渠道存在的前提在现实中国经济背景下均可满足。

第二节　企业资产负债表渠道的实证检验

上面一节主要针对货币政策传导的企业资产负债表渠道的存在性进行了理论分析，为了更进一步地研究货币政策对实体经济、微观经济主体是否存在影响，本节重点研究在全球性金融危机期间我国中央银行频繁地变动货币政策操作对于微观实体经济运行的影响，主要表现为：（1）货币政策的调整对企业投资决策是否产生影响，即货币政策传导的资产负债表渠道是否畅通；（2）企业货币资金的持有或现金资产（包括银行贷款）变动对企业投资活动有无影响，即企业资产负债表变动对企业投资活动的影响。

一、变量选择与统计特征描述

本节选择中国 A 股市场的 2577 家上市公司作为研究样本，按照证监会 2012（31）号公告《上市公司行业分类指引》将所有公司分为 13 个大类；

① Kashyap, A. K., J. C. Stein, and D. W. Wilcox, *Monetary policy and credit conditions: Evidence from the composition of external finance* [J], The American Economic Review 1993, 83 (1): 78-98.

本书采用2007年第一季度到2013年第一季度25个季度的季度数据以弥补年度数据时间序列维度较短的缺陷。

（一）变量选择

Bernanke& Getler（1995）认为央行的基准利率可以反映货币政策状况，而Miron等（1989）则依据利率升降、货币政策工具实施的情况来判断货币政策的松紧状况。我国的货币政策中介指标为货币供应量，企业“货币资金”科目所对应的是现金+银行存款+其他货币资金，资产负债表受到信贷影响较多，而信贷活动更多涉及广义货币，因此选择M2作为货币政策变量。

本节借鉴Oliner & Rudebusch（1996）以及Love & Zicchino（2006）的设定，加入货币政策虚拟变量 DM，当货币供应量 $M2^s$ 同比增长率大于17%时即定义为货币政策扩张季度，设为 $DM=1$；当货币供应量 $M2^s$ 小于17%即定义为紧缩季度，设为 $DM=0$，主要Stata运行程序见附录1中所示①。为验证货币政策和每季度企业现金持有量之间的关系，设定 $M2=DM\times Cash$。如果紧缩货币政策，则企业由于自身资产负债表恶化，会导致银行贷款减少，企业投资将仅依赖于自身持有现金 $Cash$；如果货币政策扩张，则企业自身资产负债表趋好，银行贷款增多，企业投资将随 $Cash$ 和 $DM\times Cash$ 共同变化。

从2007年到2013年6年时间内，我国货币政策频繁变动，以其为基础构造虚拟变量，如下式（1-1）所示。

$$M2=\begin{cases}DM\times Cash=Cash & M2^s\geqslant 17\% \\ DM\times Cash=0 & M2^s<17\%\end{cases} \tag{1-1}$$

据此原则，我国2007—2013年的狭义货币供应量季度同比增长率中有12个季度的 $M2^s$ 大于17%，则 DM 取值为1，13个季度 $M2^s$ 小于17%，则 DM 取值为0。

本书以上市公司资产负债表中的会计科目“货币资金”作为企业资金持有额的代表性变量，以 $Cash$ 表示；以上市公司现金流量表中的“投资活动产生的现金流量净额”作为企业投资的代表性变量，以 $Invest$ 表示。

无论是资产负债表中的“货币资金”还是现金流量表中的“投资活

① 根据查阅的2007—2013年中国人民银行《货币政策执行报告》，发现当M2季度同比增长率17%以上时，货币政策的实施基调为适度宽松；M2季度同比增长率在17%以下时，货币政策的实施基调为稳健或适度从紧的，因此将M2季度同比增长率17%定为虚拟变量的临界值。

动产生的现金流量净额”，都采用季度数据，因此本书使用加入季节代理变量的方法进行了季节调整，剔除了季节趋势，保留了波动项，剔除了趋势项。

（二）变量数据的统计特征描述

如表1－5中所示，对上市公司企业资产负债表中的“货币资金”和现金流量表中的“投资活动产生的现金流量净额”会计科目进行了统计性描述。可以发现：

1. 货币资金科目

cash 季度增量最小的是采掘业，最大的是农林牧渔行业，房地产等行业居于其中。这一趋势直接导致货币政策调控力度较大的行业货币资金的标准差要小于货币政策调控力度较小的行业。标准差较小的行业属于非融资约束企业，即使在货币紧缩时期也较容易从银行获得贷款，因此货币资金并不是这些企业投资的主要资金来源。货币资金并不随着投资的增加或减少发生大幅度的变动，而是保持在一个相对稳定的水平。而调控力度较小的行业属于融资约束企业，从银行取得贷款较难特别是在货币紧缩时期。因此，对于这些企业，投资主要依靠内部融资，货币资金随着当年投资的变动而出现较大幅变动。

2. 企业投资科目

社会服务行业上市公司的投资最少，电力煤气水电行业的投资最多，从表1－5 invest 的数据上可以看出：小规模上市公司的投资小于大规模的上市公司。但从总体趋势上看：无论是调控力度较强的行业还是调控力度较弱的行业，净投资都要远远小于其手中持有的货币资金。说明金融危机后，各行业对于投资还是持有谨慎和观望的态度，从变量统计意义上讲：我国危机后货币政策的意图并没有完全达到。

表1－5　变量统计描述

		变量名	平均值	标准差	最小值	最大值	偏度
1	房地产业	cash	－43000000	230000000	－3900000000	1900000000	－6
		invest	1400000000	3500000000	0	47000000000	6
2	综合类	cash	－32000000	200000000	－2600000000	1100000000	－4
		invest	650000000	900000000	41491	13000000000	5
3	采掘业	cash	－2800000000	11000000000	－120000000000	14000000000	－6
		invest	6200000000	18000000000	0	160000000000	5

续表

		变量名	平均值	标准差	最小值	最大值	偏度
4	电力煤气及水生产	cash	-580000000	1800000000	-27000000000	1400000000	-6
		invest	910000000	1600000000	0	16000000000	4
5	农林牧渔	cash	-29000000	78000000	-690000000	390000000	-3
		invest	310000000	390000000	0	3400000000	3
6	金融保险业	cash	-220000000	1900000000	-30000000000	950000000	-12
		invest	760000000	2000000000	0	25000000000	7
7	传播文化业	cash	-48000000	140000000	-1300000000	490000000	-3
		invest	620000000	650000000	1900000	3500000000	2
8	信息技术	cash	-220000000	1900000000	-30000000000	950000000	-12
		invest	760000000	2000000000	0	25000000000	7
9	建筑业	cash	-230000000	790000000	-7500000000	1800000000	-5
		invest	3300000000	9800000000	1100000	66000000000	5
10	制造业	cash	-100000000	480000000	-20000000000	16000000000	-11
		invest	810000000	2500000000	0	80000000000	13
11	社会服务业	cash	-58000000	240000000	-3400000000	2000000000	-6
		invest	540000000	1200000000	0	10000000000	5
12	交通运输业	cash	-400000000	1100000000	-15000000000	3300000000	-6
		invest	1600000000	2800000000	7400000	30000000000	4
13	批发零售	cash	-58000000	200000000	-3200000000	740000000	-7
		invest	1000000000	2100000000	0	26000000000	6

资料来源：根据 2577 家上市公司资产负债表（季度）数据计算得到。

二、模型设定与数据特征检验

由于面板数据模型能够减少多重共线性，因此本节使用面板数据模型来研究货币政策的企业资产负债表效应。

（一）模型设定

面板数据模型可以表示为：

$$y_{it}=\alpha_{it}+\beta_{it}X_{it}+\mu_{it}，其中的 i=1，...，N；t=1，...T \quad (1-2)$$

$X_{it}=$（x_{1it}，x_{2it}，...，x_{kit}）是外生变量向量，β_{it}为参数向量，K 为外生变量的个数，T 是时期数，随机扰动项 $\mu_{it}\sim iid$（0，σ）。

根据面板向量自回归模型（面板 VAR）的相关方法，以 *Invest* 作为因变量，以 Cash、M2 作为自变量，构建如式（1－3）和（1－4）的向量自回归（VAR）实证模型。

$$Invest'_t = \beta_1 Invest'_{t-1} + \beta_2 Cash'_{t-1} + \beta_3 M2'_{t-1} + \varepsilon \quad (1-3)$$

$$Cash'_t = \alpha_1 Invest'_{t-1} + \alpha_2 Cash'_{t-1} + \alpha_3 M2'_{t-1} + \xi \quad (1-4)$$

其中 β_1、β_2、β_3、α_1、α_2、α_3 为回归系数，ε 和 ξ 为误差项。

接下来再构造面板 VAR 模型如下式（1－5）

$$Invest'_{it} = \gamma_0 + \varphi_1 Invest'_{i,t-1} + \varphi_2 Invest'_{i,t-2} + \cdots + \varphi_p Invest'_{i,t-p} + \varphi_p Cash'_{i,t-p} + \theta_p M2'_{i,t-p} + \gamma_i + u_{it} \quad (1-5)$$

其中，$Invest'_{it}$表示截面 i 在 t 时刻的内生变量向量组合［$Invest$，$Cash$，$M2$］′，γ_i 表示截面的个体固定效应（2×1 向量），φ_i 则表示内生变量的滞后项的估计系数，p 为滞后估计的阶数，u_{it}是误差扰动项。

面板 VAR 的优点有如下两点：（1）弥补了面板回归只能做回归分析的缺陷。单纯的面板回归或动态面板回归分析，只能得到回归系数用来判定因变量和自变量之间的关系，无法做冲击响应和影响因素分解；（2）弥补了向量自回归（VAR）分析只能分析时间序列数据，不能分析截面数据的缺陷。由于 VAR 要求样本数据只能是时间序列数据，对于大量的截面数据来说，只能按照一个截面逐个进行 VAR 脉冲响应和方差分解。比如，本书有 2577 家公司就需要 2577 个脉冲响应函数图，无法从整体直观意义上了解行业状况且不具代表性。

（二）面板单位根检验

对面板数据考察其一阶自回归过程

$$y_{it} = \rho_i y_{it-1} + X_{it}\delta_i + u_{it},\ i = 1,\ 2,\ \ldots,\ N;\ t = 1,\ 2,\ \ldots,\ T \quad (1-6)$$

X_{it}是模型的外生变量，包括截面影响和时间趋势。N 是模型中变量个数，T_i 为第 i 个截面成员观测的时间长度，ρ_i 为自回归系数，随机误差项 u_{it}互相满足独立同分布假设。对于上式所表示的一阶自回归过程，如果 $|\rho_i| < 1$，则对应的 y_i 为平稳序列；如果 $|\rho_i| = 1$，则对应的序列 y_i 为非平稳序列。

根据对 ρ_i 的不同限制，两种方法构成了 Panel Data 单位根验的主要内容，一是相同根情形下的单位根检验，此类检验方法假设 Panel Data 中的各截面序列有相同的单位根过程，即假设 $\rho_i = \rho$（$i = 1,\ 2,\ \ldots,\ N$），符合这类情形下的方法主要有 LevinLin & Chu 在 2002 年提出的 LLC 方法，Breitung 在 2000 年提出的 Breitung 检验以及 Hardi & Kaddour 在 2000 年提出的 Hardi 检验。另一种是不同情形下的单位根检验方法和内容，这种方法允许 ρ_i 跨截面变化，并允许面板数据中的每个界面序列存在不同的单位根过程。而这类检验方法主要有 Im、Pesaran 及 Shin 在 2003 年提出的 LPS 检验，Fisher - ADF 检验和 Fisher - PP 检验，检验步骤是先对 Panel Data 不同截面分别进行单位根检验，然后在综合了各个截面的检验结果上，构造出新的统计量，对整个 Panel Data 数据是否含有单位根做判断。

单位根检验的主要目的是为了确认时间序列变量是否平稳，存在单位根是非平稳时间序列，会使回归中存在伪回归，若不存在单位根，即可适用于 VAR 模型。与单个时间序列单位根检验相比，面板数据的单位根检验能够克服单个时间序列单位根检验当中的小样本误差等问题，还可以在一定程度上控制不可观测的个体效应和截面数据的相关性。但由于面板数据的组成中包括多个时间序列数据，每个序列的平稳程度不一致，所以，即使在拒绝了原假设（假设存在单位根）的前提下，也不一定可以得到所有面板数据中的时间序列都不存在单位根的结论。因此，面板单位根检验还存在着争议。

就本书的研究对象而言，13 个行业内企业自身的相关性可能是显著的，比如信贷政策对某个行业的严苛调控将使整个行业的上市公司均面临信贷约束。所以本书使用 Hadri（2000）提出的允许截面异质和截面相关的 Hadri 极大似然平稳性检验①。为了描述检验的完备性，本书也将给出 Levin-lin & IPShin 检验结果，见表 1 - 6 所示。

表 1 - 6　面板单位根估计结果

		LLC 准则		IPS 准则		
1	房地产	invest	-4.8225	0	-3.07	0.0011
		cash	-17.9199	0	-25.214	0
2	综合类	invest	-2.5279	0.0057	-5.2759	0
		cash	-11.0539	0	-17.0061	0
3	采掘类	invest	-2.6494	0.004	-2.344	0.0095
		cash	-9.8716	0	-13.0503	0
4	电力煤气水生产企业	invest	-5.1856	0	-6.0061	0
		cash	-11.3018	0	-16.9218	0
5	农林牧渔	invest	-1.6789	0.0466	-4.3678	0
		cash	-9.5638	0	-10.8141	0
6	金融类	invest	-1.4247	0.0771	-2.0181	0.0218
		cash	-5.1785	0.0000	-3.1703	0.0008

① Hadri, K., *Testing for Stationary in Heterogeneous Panel Data* [J], Econometrics Journal, 2000, 3 (2): 148 - 1611.

续表

		LLC 准则		IPS 准则		
7	文化传播类	invest	-5.23	0.001	0.4382	0.6694
		cash	-6.23	0	-8.2035	0
8	信息技术类	invest	-5.0153	0	-7.5824	0
		cash	-13.5934	0	-20.435	0
9	建筑类	invest	-2.42	0.0096	-2.3522	0.0093
		cash	-11.09	0	-12.1106	0
10	制造业	invest	-13.4631	0	-18.5828	0
		cash	-39.0114	0	-57.7219	0
11	社会服务业	invest	-1.9018	0.0286	-4.3592	0
		cash	-10.4061	0	-14.6832	0
12	交通运输业	invest	-1.169	0.1212	-4.8865	0
		cash	-15.75	0	-16.8263	0
13	批发零售业	invest	-2.4727	0.0067	-2.4037	0.0081
		cash	-18.1062	0	-21.7886	0

资料来源：stata12 软件计算。

从表 1-6 的结果中可以看到，无论是 Levinlin 检验还是 IPShin 检验都显示各变量是一阶平稳的时间序列，但 Harid 检验中的 Invest、Cash 显著而 M2 则存在单位根，也就是说 M2 为非平稳序列，但由于 $M2 = DM \times Cash$，数据序列中本身包含 0 值较多，所以这种非平稳是符合经济含义的，Harid 检验不在此处列示。因此，数据序列可以继续进行以下检验和估计。

（三）面板协整

因为并不是所有的单位根检验都表示序列是平稳的时间序列，为避免伪回归的发生，接下来将进一步验证模型之间是否存在着长期协整关系。目前使用比较多的面板协整检验方法是基本残差的面板数据协整检验。本书使用 Westerlund（2007）①、Persyn & Westerlund（2008）提出的基于误差修正模型的 Xtwest 检验来验证变量间的协整关系②。

① Westerlund, J., *Testing for error correction in panel data* [J], Oxford Bulletinof Economics and Statistics, 2007 (6): 709-748.

② Persyn, D., and J. Westerlund. *Error Correction Based Cointegration Tests for Panel Data* [J], Stata Journal forthcoming, 2008, 8 (2): 232-241.

这个检验的基本思想是：以误差修正模型（ECM）为基础进行面板协整检验，如果存在协整关系，则误差修正的系数就会显著不等于零。Xtwest 协整检验能够避免到“同要素限制”的问题，即长期误差修正系数不等于短期动态调整系数。Xtwest 协整检验允许截面异质性和截面内序列相关以及截面之间相关的存在，最终的检验结果如表 1-7 中所示。

表 1-7　面板协整检验

	变量名：invest、cash、M2					变量名：invest、cash、M2			
房地产	统计量	统计值	Z值	P值	采掘	统计量	统计值	Z值	P值
	Gt	-4.104	-27.775	0		Gt	-2.77	-7.327	0
	Ga	-20.567	-26.445	0		Ga	-14.6	-9.087	0
	Pt	-35.641	-20.234	0		Pt	-14.942	-5.37	0
	Pa	-14.933	-25.854	0		Pa	-9.249	-7.499	0
电力煤气水生产	统计量	统计值	Z值	P值	建筑	统计量	统计值	Z值	P值
	Gt	-3.07	-11.688	0		Gt	-2.15	-4.518	0
	Ga	-14.193	-10.522	0		Ga	-3.657	2.443	0.993
	Pt	-16.124	-4.389	0		Pt	-10.541	-3.586	0
	Pa	-6.819	-4.737	0		Pa	-3.002	-0.632	0.264
交通运输业	统计量	统计值	Z值	P值	制造业	统计量	统计值	Z值	P值
	Gt	-1.873	-2.696	0.004		Gt	-3.26	-48.417	0
	Ga	-3.237	2.718	0.997		Ga	-15.292	-43.929	0
	Pt	-10.06	-3.52	0		Pt	-87.254	-45.037	0
	Pa	-3.693	-1.4	0.081		Pa	-14.622	-68.682	0
信息技术业	统计量	统计值	Z值	P值	批发零售	统计量	统计值	Z值	P值
	Gt	-3.67	-19.188	0		Gt	-3.794	-22.329	0
	Ga	-17.429	-17.216	0		Ga	-19.991	-23.485	0
	Pt	-10.122	3.084	0.999		Pt	-26.938	-12.607	0
	Pa	-3.336	1.835	0.967		Pa	-12.504	-18.543	0
金融保险业	统计量	统计值	Z值	P值	社会服务业	统计量	统计值	Z值	P值
	Gt	-82.813	-423.079	0		Gt	-3.451	-12.909	0
	Ga	-22.792	-13.485	0		Ga	-17.74	-13.488	0
	Pt	-15.851	-9.114	0		Pt	-16.123	-6.13	0
	Pa	-11.121	-7.28	0		Pa	-9.242	-7.822	0

续表

	变量名：invest、cash、M2					变量名：invest、cash、M2			
农林牧渔	统计量	统计值	Z 值	P 值	传播文化	统计量	统计值	Z 值	P 值
	Gt	-3.561	-10.69	0		Gt	-2.23	-2.32	0.0001
	Ga	-17.029	-9.781	0		Ga	-2.357	2.202	0.897
	Pt	-16.853	-9.11	0		Pt	-2.231	-1.257	0.104
	Pa	-14.264	-12.171	0		Pa	-6.247	-3.201	0.002
综合类	统计量	统计值	Z 值	P 值	综合类	统计量	统计值	Z 值	P 值
	Gt	-4.38	-20.886	0		Pt	-21.106	-10.729	0
	Ga	-22.798	-20.739	0		Pa	-15.393	-18.132	0

资料来源：stata12 软件计算。

从表 1-7 中可以得出：（1）允许截面异质性存在的两个检验量 Gt 和 Ga 在 5% 的显著性水平下拒绝原假设（不存在协整关系），特别是在不考虑序列相关时，检验统计量 Gt 在 1% 置信水平下拒绝不存在协整关系的原假设，由于 Ga 检验考虑了序列的相关性，13 个行业的 Ga 检验显示了虚拟变量 M2 和 Cash 之间存在着较强的关联，与模型的设定一致，可以继续进行估计；（2）要求截面是同质的两个假设 Pt 和 Pa 同样在 1% 的置信水平下拒绝原假设（不存在协整关系）。

（四）面板格兰杰检验

本书将对企业资产负债表中的会计科目“企业货币资金”和现金流量表中的会计科目“投资活动产生的现金流量净额”、货币政策虚拟变量之间两两进行 Granger 因果检验。

在面板格兰杰检验之前需要确定是采用混合模型、固定效应模型还是随机模型进行判断，需要经过 F 检验和 Hausman 检验。

1. F 检验

通常使用 F 检验判断面板数据是适用于混合效应模型还是固定效应模型：

F 检验假设检验前提为：

H_0：不同个体的模型截距项相同（建立混合估计模型）。

H_1：不同个体的模型截距项不同（建立个体固定效应模型）。

F 统计量定义为：

$$F=\frac{(SSE_r-SSE_u)\ /m}{SSE_u/\ (T-k)}\sim F\ (m,\ NT-k) \tag{1-7}$$

其中，SSE_r，SSE_u 分别表示约束模型（混合估计模型）和非约束模型（个体固定效应模型）的残差平方和。m 表示约束条件的个数，NT 表示面板数据样本容量，k 表示固定效应模型中被估参数的个数。在原假设“约束条件真实”条件下，F 统计量渐近服从自由度为（m，$NT-k$）的 F 分布。其判别规则是：若 $F<F_\alpha$（m，$NT-k$），约束条件成立；若 $F>F_\alpha$（m，$NT-k$），约束条件不成立。

2. Hausman 检验

H 检验是指对同一参数的两个估计量差异的显著性进行检验，亦称 Hausman 检验，简称 H 检验。通常用来判断是固定效应模型还是随机效应模型。

Hausman 检验的基本假设：

H_0：个体效应与回归变量无关（个体随机效应回归模型）。

H_1：个体效应与回归变量相关（个体固定效应回归模型）。

检验统计量为：

$$H=(\hat{\beta}_W-\hat{\beta}_{GLS})'[Var(\hat{\beta}_W-\hat{\beta}_{GLS})]^{-1}(\hat{\beta}_W-\hat{\beta}_{GLS}) \quad (1-8)$$

根据查阅文献得到的结果可以看出，面板数据的 Granger 因果检验目前可借鉴的文献有两种形式，一种估计面板 VAR 的固定效应模型或者是随机效应模型，再利用 Wald 检验系数断定 Granger 因果检验的方法 Hsiao (2006)①；陈守东、王森（2011）指出还有一种是基于误差修正模型的 Granger 因果检验，即检验变量间是否存在着协整关系，因果关系应该由误差修正模型等内容得到②。本书采用后一种方法，检验变量之间是否存在协整关系。因为所选择的样本是同一行业主体，因此数据之间不存在异质性，根据 Hsiao（2006）的方法采用固定或随机效应，进行面板数据回归分析后，对系数进行稳健性检验，利用 Wald 检验的系数判断格兰杰（Granger）因果关系是否存在。通过上述 F 检验和 Hausman 检验发现，三个变量之间的回归关系适用于固定效应模型，所以针对对于固定效应模型进行判断：

$$y_{it}=\alpha_{it}+\beta_{it}X_{it}+\mu_{it}，其中的 i=1，...，N；t=1，...T \quad (1-9)$$

在对系数进行了 LSDV 估计后，检验残差序列 $\hat{\mu}_{it}$ 是否具有平稳性，构造一个辅助回归的模型：

---

① Hsiao, F. S. T. , and Mei Chu W. Hsiao, *FDI, Exports and GDP in East and Southeast Asia: Panel Data Versus Time series Causality Analysis* [J], *Journal of Asian Economics*, 2006 (17): 1082-1106.

② 陈守东、王森：《我国银行体系的稳健性研究——基于面板 VAR 的实证分析》，载《数量经济技术经济研究》，2011 年第 10 期，第 64-77 页。

$$\hat{\mu}_{it}=\rho\hat{\mu}_{i,t-1}+v_{it} \quad v_i \sim i.i.dN\ (0,\ \sigma_v^2) \tag{1-10}$$

系数 ρ 的 OLS 估计为：

$$\hat{\rho}=\frac{\sum_{i=1}^{M}\sum_{t=2}^{T}\hat{u}_{it}\hat{u}_{i,t-1}}{\sum_{i=1}^{M}\sum_{t=2}^{T}\hat{u}^2_{i,t-1}} \tag{1-11}$$

由此构造假设检验：

$$H_0:\ \rho=1\rightarrow H_1:\ \rho<1$$

当 $\rho=1$ 时，不存在协整关系。Hsiao 给出的 DF 检验统计量为：

$$\sqrt{M}T(\hat{\rho}-1)=\frac{\frac{1}{\sqrt{M}}\sum_{i=1}^{M}\frac{1}{T}\sum_{t=2}^{T}\triangle\hat{u}_{it}\hat{u}_{i,t-1}}{\frac{1}{M}\sum_{i=1}^{M}\frac{1}{T^2}\sum_{t=2}^{T}\hat{u}^2_{i,t-1}}=\frac{\sqrt{M}\frac{1}{M}\sum_{i=1}^{M}\zeta_{3it}}{\frac{1}{M}\sum_{i=1}^{M}\zeta_{4it}}=\frac{\sqrt{M}\sum_{i=1}^{M}\zeta_{3Mt}}{\sum_{i=1}^{M}\zeta_{4Mt}} \tag{1-12}$$

其中，$D\zeta_{3it}=\frac{1}{T}\sum_{t=2}^{T}\Delta\hat{u}_{it}\hat{u}_{i,t-1}$，$\zeta_{4it}=\frac{1}{T^2}\sum_{t=2}^{T}\Delta\hat{u}_{it}\hat{u}_{i,t-1}$，$\zeta_{3MT}=\frac{1}{M}\sum_{i=1}^{M}\Delta\zeta_{3it}$，$\zeta_{4MT}=\frac{1}{M}\sum_{i=1}^{M}\Delta\zeta_{4it}$。

所以，可以构造检验 H_0 的 F 统计量，检验系数的显著性。

如果拒绝原假设，可以利用动态面板数据回归模型检验各变量间的 Granger 之间的因果关系，如果各变量间的系数具有显著的稳健性，且扰动项系数不显著为零。则可以认为各变量之间存在格兰杰因果关系，也就是说如果用动态面板回归之后，*Cash* 和 *Invest*、*M2* 的系数显著，则三者之间必然存在因果关系，各行业动态面板回归结果见表 1-8 所示。

表 1-8 动态面板回归结果

房地产	L. invest	0.00***	综合	L. invest	0.00***	采掘	L. invest	0.00***	电力煤气及水生产企业	L. invest	0.00***
		63.81			16.65			7.77			11.41
	cash	0.19		cash	0.001***		cash	0.00***		cash	0.00***
		1.33			-3.42			4.75			-3.62
	M2	0.00***		M2	0.00***		M2	0.10		m1	0.00***
		6.22			4.72			1.65			7.34
	_cons	0.00***		_cons	0.00***		_cons	0.00***		_cons	0.00***
		12.74			11.47			18.90			19.72

续表

农林牧渔	L. invest	0.00***	金融业	L. invest	0.00***	文化传播类	L. invest	0.00***	信息技术	L. invest	0.00***
		9.11			25.46			24.82			25.49
	cash	0.14		cash	0.027*		cash	0.00***		cash	0.027*
		-1.47			-2.21			3.54			-2.21
	M2	0.001**		M2	0.16		M2	0.015*		m1	0.16
		3.25			1.42			-2.44			1.42
	_cons	0.00***		_cons	0.00***		_cons	0.00***		_cons	0.00***
		13.71			12.82			5.07			12.83
建筑业	L. invest	0.00***	制造业	L. invest	0.00***	社会服务业	L. invest	0.00***	交通运输业	L. invest	0.00***
		13.55			178.41			55.59			41.97
	cash	0.19		cash	0.00***		cash	0.035*		cash	0.006**
		1.30			-8.22			-2.11			2.77
	M2	0.16		M2	0.007**		M2	0.88		m1	0.00***
		1.39			2.72			-0.15			-4.13
	_cons	0.00***		_cons	0.00***		_cons	0.00***		_cons	0.007**
		11.50			15.22			4.72			2.71
批发零售业	L. invest	0.00***		cash	0.00***		M2	0.23		_cons	0.00***
		67.39			5.87			1.19			9.79

资料来源：stata12 软件计算。

基于前文的分析，本书采用的变量部分是平稳的且存在协整关系，由上述表 1－8 的回归分析可以得出两两变量之间的 Granger 因果关系，变量之间的因果关系检验也可由动态面板回归分析中得出，13 个行业的 2577 家公司，以 *Cash*、*Invest* 和 *M2* 建立动态面板回归分析后发现，其中房地产、综合类、采掘业、电力煤气及水生产企业、信息技术、建筑业、制造业、交通运输业的 *Cash*、*Invest* 和 *M2* 之间均存在较强的 Granger 因果关系，而农林牧渔业、金融保险业、社会服务业、文化传播和综合类企业的 Granger 因果关系较弱，综上所述，通过三个变量之间两两 Granger 因果检验得到了 *Cash*、*Invest* 和 *M2* 的因果关系图，如图 1－3 所示。

从经济意义上讲，企业货币资金持有量和货币政策之间是双向 Granger 因果关系，货币政策的松紧程度影响企业货币资金持有量，由于货币资金科目包括现金、银行存款和其他现金等价物，银行贷款一般以银行存款的形式贷给企业，银行存款科目可以一定程度上体现企业获得贷款的变化数量，在货币政策紧缩时，货币资金科目数额也必然减少；同样企业货币资

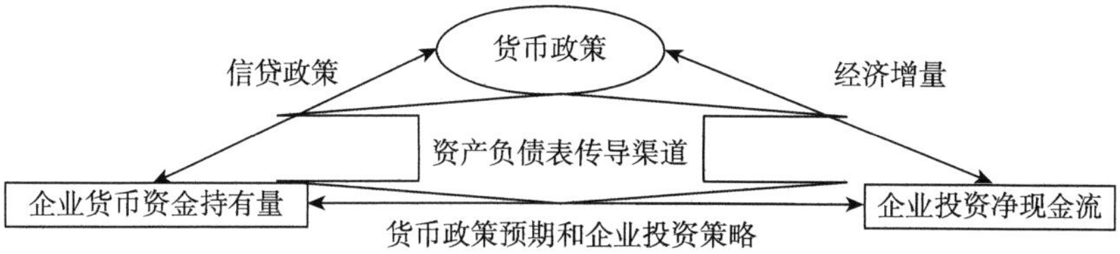

图 1－3　企业货币资金、企业投资和货币政策之间的关系

金的变化在中央银行的监测范围内，也将反过来影响决策层的货币政策调控。当企业货币资金持有量较多时将会考虑增加企业投资，而企业投资会减少企业货币资金。企业投资对企业产量的影响将影响经济总量和经济形势，从而反过来影响货币政策的变动。*Cash*、*Invest* 和 *M2* 之间的关系比较复杂，货币政策微观传导也是非常微妙的。

三、实证检验与结果分析

根据上述对上市公司企业资产负债表中的“货币资金”和现金流量表中的“投资活动产生的现金流量净额”会计科目分别进行的统计描述、面板单位根检验、面板协整检验，发现经过季节调整的 2577 家上市公司的 *Cash* 和 *Invest* 数据，都具有较明显的统计特征；单位根检验使用了 Levinlint 和 IPshin 方法，经检验发现各变量是一阶平稳的时间序列，但 Harid 检验中的 *Cash*、*Invest* 显著，而 *M2* 则存在单位根，也就是说 *M2* 为非平稳序列，由于 $M2 = DM \times Cash$，数据序列中本身包含 0 值较多，所以这种非平稳是符合经济含义的；本书使用 Persyn & Westerlund（2008）[①] 提出的基于误差修正模型的 Xtwest 检验来验证变量间的协整关系，结果显示，各变量间存在协整关系，可以继续进行面板 VAR 模型的实证检验。

（一）面板 VAR 的估计结果

结合检验结果，考虑到本书的行业中的截面数据可能存在某种程度上的相关性，但不存在截面异质、时间序列相关，可以构建面板向量自回归模型（面板 VAR），如公式（1－5）中所示，由于本书的样本时间长度只有 25 个季度，根据以上单位根和协整检验的结果，比较各种滞后期数模型

① Persyn, D. and J. Westerlund. *Error Correction Based Cointegration Tests for Panel Data* [J], Stata Journal forthcoming, 2008, 8 (2): 232－241.

估计结果的平稳性之后，本书对13个行业均采用了滞后3阶的面板VAR模型，并在GMM估计之后取回归结果中显著性水平最高的系数进行报告。

根据表1-9的计算结果，房地产、农林牧渔、采掘、金融保险、信息技术、社会服务、批发零售共七大行业上市公司滞后期数为1阶的变量回归系数最为显著，综合类、文化传播、建筑、制造业共四大行业上市公司滞后期数为2阶的变量回归系数最为显著，交通运输、电力煤气和水生产两大行业上市公司滞后期数为3阶的变量回归系数最为显著。

表1-9 面板GMM估计

		b_GMM	se_GMM	t_GMM			b_GMM	se_GMM	t_GMM
房地产	L. h_invest	-0.22	0.09	-2.55	综合类	L2. h_invest	0.11	11.69	0.01
	L. h_cash	0.01	0.02	0.44		L2. h_cash	-0.29	11.67	-0.03
	L. h_m2	0.02	0.02	1.60		L2. h_m2	0.07	3.43	0.02
		b_GMM	se_GMM	t_GMM			b_GMM	se_GMM	t_GMM
采掘类	L. h_invest	0.37	0.32	1.18	电力	L3. h_invest	-1.64	4.14	-0.40
	L. h_cash	-0.69	0.31	-2.20		L3. h_cash	-1.33	3.10	-0.43
	L. h_m2	-0.06	0.15	-0.44		L3. h_m2	-0.18	0.59	-0.31
		b_GMM	se_GMM	t_GMM			b_GMM	se_GMM	t_GMM
农林牧渔	L. h_invest	-0.39	0.31	-1.24	金融类	L. h_invest	-0.07	0.12	-0.55
	L. h_cash	0.12	0.09	1.35		L. h_cash	-0.29	0.30	-0.97
	L. h_m2	0.05	0.07	0.73		L. h_m2	-0.01	0.10	-0.07
		b_GMM	se_GMM	t_GMM			b_GMM	se_GMM	t_GMM
文化传播类	L2. h_invest	0.03	0.11	0.23	信息技术	L. h_invest	0.34	0.41	0.82
	L2. h_cash	-0.06	0.06	-0.96		L. h_cash	0.45	0.67	0.68
	L2. h_m2	0.05	0.04	1.23		L. h_m2	0.80	1.01	0.79
		b_GMM	se_GMM	t_GMM			b_GMM	se_GMM	t_GMM
建筑业	L2. h_invest	-0.27	0.17	-1.59	制造业	L2. h_invest	-0.13	0.08	-1.57
	L2. h_cash	0.04	0.05	0.79		L2. h_cash	-0.05	0.10	-0.49
	L2. h_m2	-0.02	0.02	-0.93		L2. h_m2	-0.04	0.03	-1.09
		b_GMM	se_GMM	t_GMM			b_GMM	se_GMM	t_GMM
社会服务业	L. h_invest	-0.06	0.29	-0.22	交通运输业	L3. h_invest	-0.05	0.13	-0.40
	L. h_cash	-0.01	0.09	-0.08		L3. h_cash	0.22	0.11	1.96
	L. h_m2	0.02	0.03	0.64		L3. h_m2	-0.04	0.03	-1.60

续表

		b_GMM	se_GMM	t_GMM			b_GMM	se_GMM	t_GMM
房地产	L. h_invest	-0.22	0.09	-2.55	综合类	L2. h_invest	0.11	11.69	0.01
	L. h_cash	0.01	0.02	0.44		L2. h_cash	-0.29	11.67	-0.03
	L. h_m2	0.02	0.02	1.60		L2. h_m2	0.07	3.43	0.02
批发零售业		b_GMM	se_GMM	t_GMM					
	L. h_invest	0.08	0.05	1.62					
	L. h_cash	-0.04	0.04	-1.07					
	L. h_m2	0.01	0.02	0.27					

资料来源：stata12 软件计算。

滞后阶数为 1 阶的七大类上市公司对货币政策变量 *M*2 在第一阶段就有比较明显的反应，货币政策在第一期就对七大类 714 家上市公司的企业投资、货币资金会计科目产生较显著的影响，占到了样本总数的 27.7%；滞后阶数为 2 阶的四大类上市公司对货币政策变量 *M*2 在第二阶段有比较明显的响应系数，货币政策在第二期产生影响的 1700 家上市公司占到样本总数的 66%；滞后阶数为 3 阶的两大类 163 家上市公司对货币政策变量 *M*2 在第三阶段才产生了比较明显的响应系数，占到样本总数的 6.3%。中国 A 股市场上市公司的货币资金、企业投资净值对货币政策的反应存在差异，货币政策的变动会对企业货币资金和企业投资净值等资产负债表科目产生影响。

通过观察不同的滞后阶数可知：对于货币政策调控力度较强的行业，当期投资净额主要受前期投资净额的影响，而与货币资金无关，因为即使在货币紧缩时期，这些行业的企业也能够从银行取得贷款，较少面临资金短缺的风险。而对于货币政策调控力度较弱的行业，当期投资净额主要取决于企业持有的货币资金，当 $M2 = Cash$，即货币政策宽松时，企业持有的货币资金增加，投资净额相应增加；当 $M2 = 0$，即货币政策紧缩时，企业持有的货币资金减少，投资净额相应减少。因此可得：我国货币政策资产负债表传导渠道基本畅通，对上市公司企业资产负债表产生较显著的影响，其中 72.3% 公司的企业资产负债表对货币政策的反应存在滞后。

同时，根据表 1 -9 中面板 GMM 的估计结果，13 个行业的各解释变量回归系数的显著性存在明显差异，回归系数也存在正、负差异，说明各个行业对货币政策的敏感度不同，而且货币政策对各行业货币资金和投资的影响也存在着方向上的不一致性。

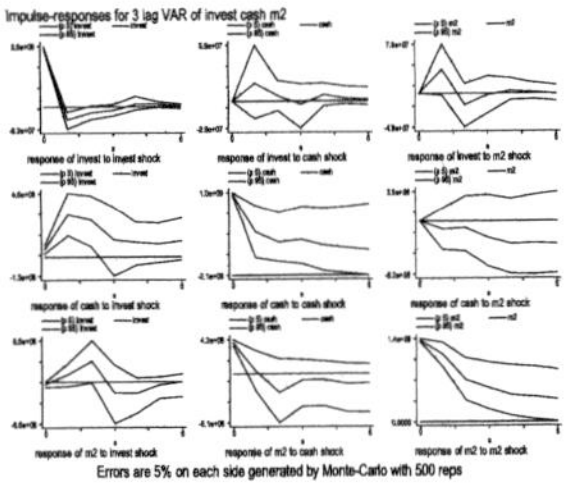

(a)房地产行业脉冲响应

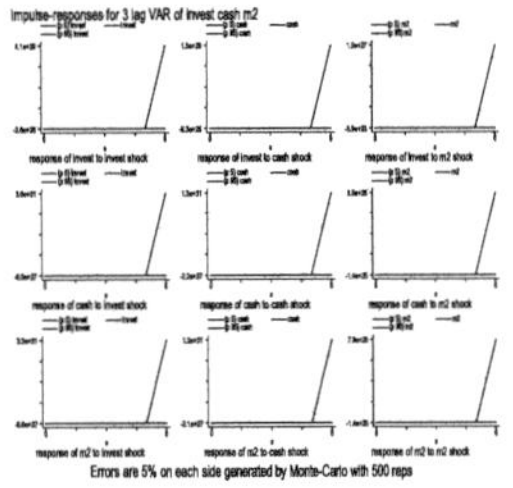

(b)综合行业脉冲响应

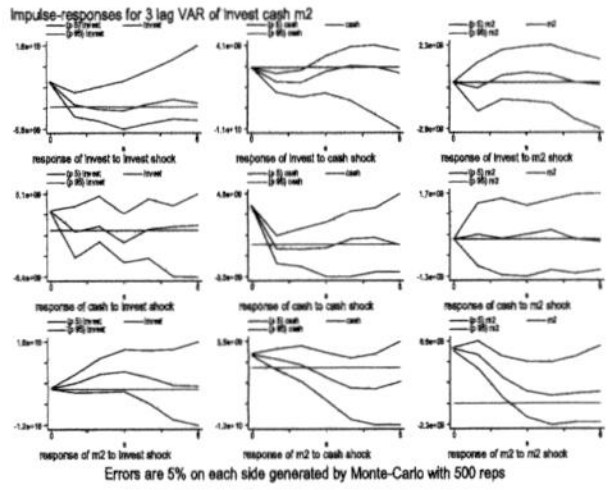

(c)采掘行业脉冲响应

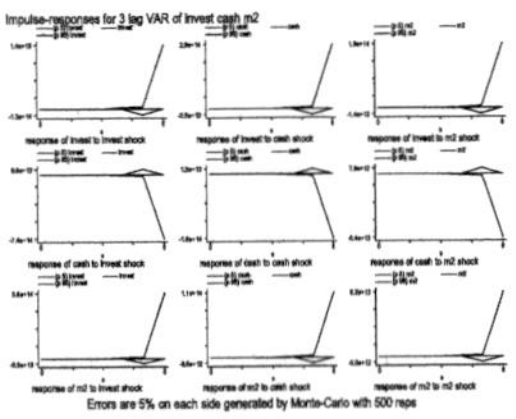

(d) 电力煤气及水生产业脉冲响应

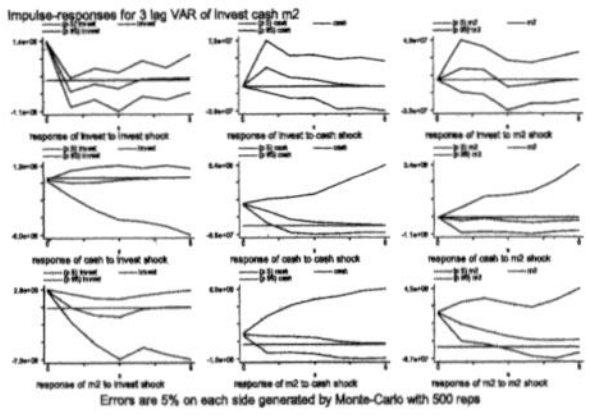

(f)农林牧渔业脉冲响应

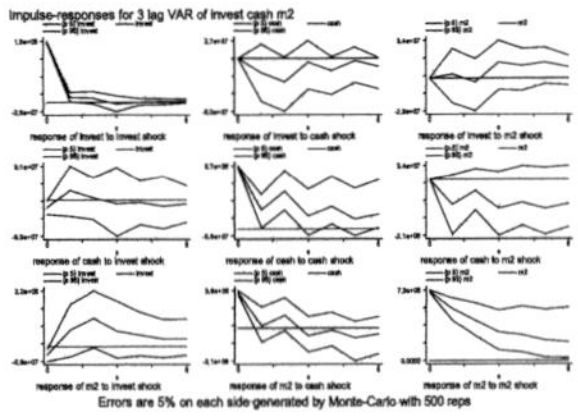

(g)批发零售业脉冲响应

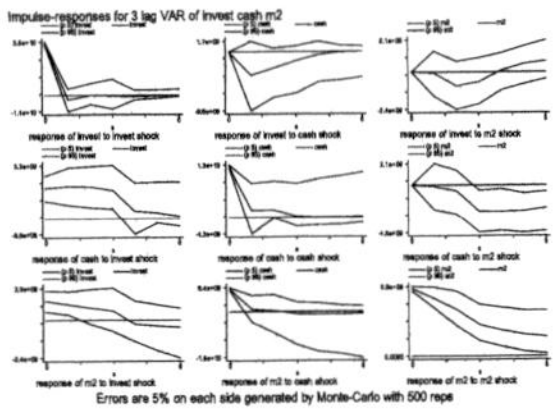

(h)金融业脉冲响应

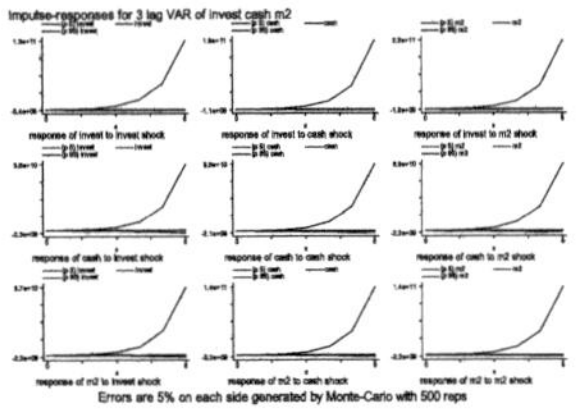

(i)文化传播业脉冲响应

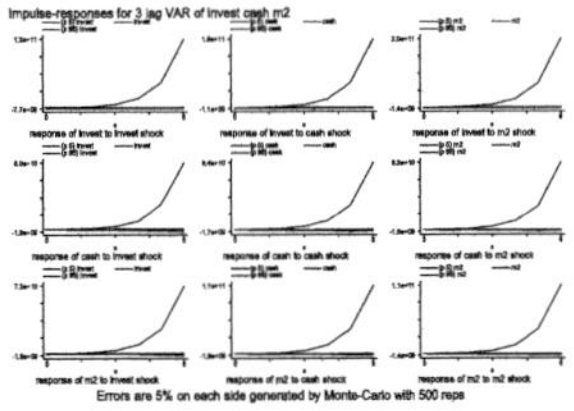

(j)信息技术业脉冲响应

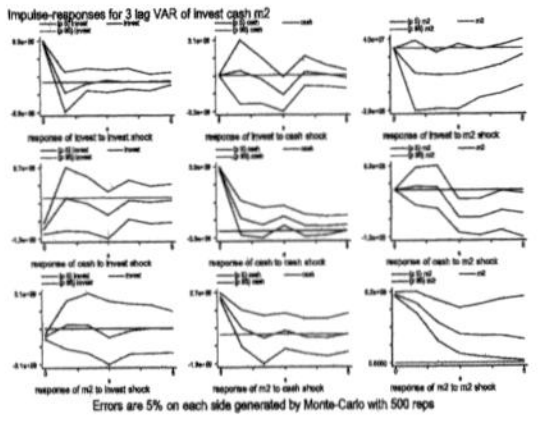

(k)建筑业脉冲响应

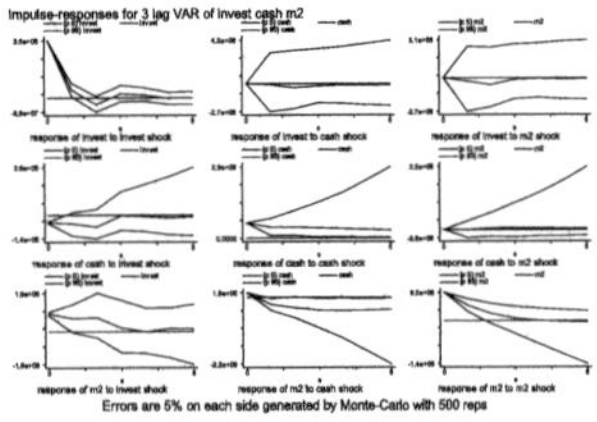

(l)制造业脉冲响应

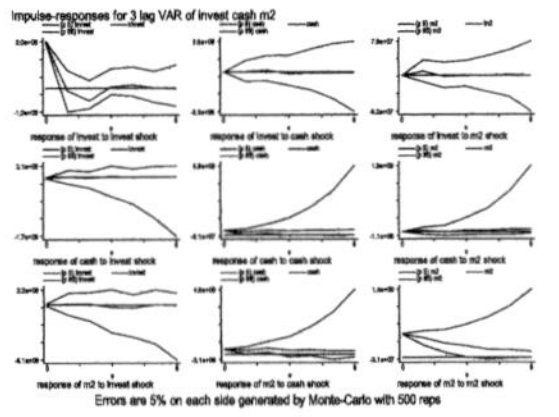

(m)社会服务业脉冲响应

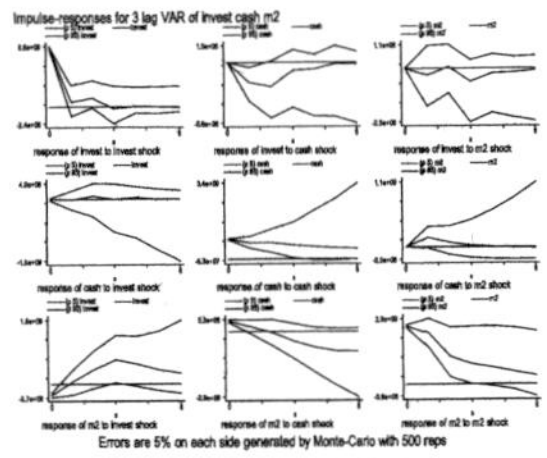

(n)交通运输业脉冲响应

图 1-4　13 个行业的脉冲响应函数图

根据图 1 – 4 中 13 个行业的脉冲响应图可以得到，综合类、文化传播业、电力煤气及水生产行业、信息技术业的脉冲响应不明显，其他 9 个行业的 2206 家企业都存在着较为典型的脉冲响应。从总体上可以得出，我国货币政策传导的企业资产负债表渠道存在，也就是说，我国的货币政策对企业现金流和投资均会产生影响。

1. 给 *Invest* 一个标准差的冲击，9 个行业的 *Invest* 都会受到自身冲击的影响，占到样本公司数的 85. 6%，这种影响会在第 2 期左右消失，并且这种影响是正向的，也就是说下一期的企业投资受到上一期企业投资的影响较多。

2. 对于一个标准差的 *Cash* 的冲击，*Invest* 的响应存在行业差异。9 个行业（房地产、采掘业、农林牧渔、批发零售、金融业、建筑业、制造业、社会服务业、交通运输业）对该冲击做出了较明显的响应，占到样本总数的 85. 6%。这说明，A 股上市公司的投资与 *Cash* 之间的关系较为紧密。

在冲击响应的方向上，7 个行业为正向响应，但交通运输业、采掘业存在着负向响应。这个结果从现金流的意义上证明了，不同行业的投资行为受货币资金的影响程度不同，这种非对称性普遍存在于中国 A 股上市公司当中。

3. 对于一个标准差的 *M2* 冲击，9 个行业对该冲击均做出了响应，占到样本总数的 85. 6%。不同行业的 *Invest* 会在此后 1 – 6 期有不同程度的响应，强弱程度不一，但在第 6 期之后冲击的影响都会逐渐消失，货币政策对于 *Invest* 的影响较为显著。本书的一期为 3 个月，最多在 18 个月之后，第 1 期的货币政策的影响就会消失，而影响时间最短的行业则不超过 3 个月；影响时间的长短可能会给货币当局的货币政策执行造成影响。

根据以上分析，可以得出金融危机后，我国的货币政策的微观效应比较明显，但货币政策调控目标却并未完全实现；货币政策的资产负债表传导渠道基本畅通，但在传导时滞、传导过程、传导效果方面还有待进一步的探讨和改进。

（二）方差分解

为了更加精准地确定企业持有货币资金和货币政策变量对企业投资的影响，以及三个变量之间的相互影响程度，以方差分解的方式，得到不同的 VAR 方程中的冲击变量对于内生变量波动的贡献程度，表 1 – 10 中给出了 13 个行业第 10 个预测期和第 20 个预测期的方差分解的结果。

从表 1 – 10 中可以看出，在 13 个行业当中选取 10 个预测期和选取 20 个预测期的方差分解结果基本一致，即在第 10 个预测期之后，13 个行业的结果已经基本稳定。

表 1－10　方差分解

房地产		s	invest	cash	m2	综合类		s	invest	cash	m2
	invest	10	0.97	0.01	0.02		invest	10	0.88	0.12	0.00
	cash	10	0.08	0.75	0.17		cash	10	0.88	0.12	0.00
	m2	10	0.04	0.06	0.91		m2	10	0.88	0.12	0.00
	invest	20	0.97	0.01	0.02		invest	20	0.88	0.12	0.00
	cash	20	0.07	0.67	0.26		cash	20	0.88	0.12	0.00
	m2	20	0.04	0.07	0.90		m2	20	0.88	0.12	0.00
采掘业		s	invest	cash	m1	电力		s	invest	cash	m2
	invest	10	0.71	0.27	0.02		invest	10	0.93	0.06	0.01
	cash	10	0.44	0.55	0.01		cash	10	0.83	0.16	0.02
	m2	10	0.42	0.30	0.29		m2	10	0.58	0.39	0.03
	invest	20	0.71	0.27	0.02		invest	20	0.94	0.05	0.01
	cash	20	0.44	0.55	0.01		cash	20	0.87	0.12	0.01
	m2	20	0.41	0.33	0.26		m2	20	0.53	0.44	0.03
农林牧渔		s	invest	cash	m2	金融类		s	invest	cash	m2
	invest	10	0.92	0.06	0.02		invest	10	0.98	0.02	0.00
	cash	10	0.08	0.88	0.04		cash	10	0.07	0.79	0.14
	m2	10	0.38	0.12	0.49		m2	10	0.01	0.19	0.80
	invest	20	0.92	0.06	0.02		invest	20	0.98	0.02	0.00
	cash	20	0.08	0.87	0.05		cash	20	0.06	0.76	0.17
	m2	20	0.38	0.12	0.50		m2	20	0.01	0.18	0.80
文化传播类		s	invest	cash	m2	信息技术类		s	invest	cash	m2
	invest	10	0.82	0.13	0.05		invest	10	0.36	0.44	0.19
	cash	10	0.00	0.99	0.00		cash	10	0.28	0.64	0.09
	m2	10	0.01	0.26	0.73		m2	10	0.32	0.25	0.43
	invest	20	0.80	0.15	0.05		invest	20	0.33	0.50	0.17
	cash	20	0.00	0.99	0.01		cash	20	0.33	0.51	0.16
	m2	20	0.01	0.33	0.66		m2	20	0.34	0.48	0.18
建筑业		s	invest	cash	m2	制造业		s	invest	cash	m2
	invest	10	0.91	0.04	0.06		invest	10	0.95	0.02	0.03
	cash	10	0.07	0.79	0.14		cash	10	0.01	0.98	0.01
	m2	10	0.02	0.08	0.90		m2	10	0.01	0.52	0.48
	invest	20	0.90	0.04	0.06		invest	20	0.95	0.02	0.03
	cash	20	0.06	0.73	0.21		cash	20	0.01	0.98	0.01
	m2	20	0.02	0.08	0.91		m2	20	0.01	0.59	0.41

续表

		s	invest	cash	m2			s	invest	cash	m2
社会服务业	invest	10	0.98	0.02	0.00	交通运输业	invest	10	0.88	0.12	0.01
	cash	10	0.00	0.98	0.02		cash	10	0.00	0.99	0.01
	m2	10	0.00	0.50	0.50		m2	10	0.11	0.33	0.56
	invest	20	0.96	0.04	0.00		invest	20	0.88	0.12	0.01
	cash	20	0.00	0.96	0.04		cash	20	0.00	0.99	0.01
	m2	20	0.00	0.56	0.44		m2	20	0.09	0.46	0.44
批发零售		s	invest	cash	m2	批发零售		s	invest	cash	m2
	invest	10	0.98	0.02	0.00		invest	20	0.98	0.02	0.00
	cash	10	0.07	0.79	0.14		cash	20	0.06	0.76	0.17
	m2	10	0.01	0.19	0.80		m2	20	0.01	0.18	0.80

资料来源：stata12 软件计算。

1. 货币政策变量 *M2* 共对 9 个行业（房地产、采掘业、农林牧渔、文化传播、电力煤气及水生产业、信息技术、建筑类、制造业、交通运输仓储业）的企业投资变量 *Invest* 在第 10 个和第 20 个预测期具有较强的解释作用，占到样本总数的 89.5%。M_2 对 9 个行业中影响最大的是信息技术类上市公司，*M2* 对 *Invest* 的解释能力达到 18% –19%；*M2* 对 *Invest* 的解释力最低的是 4 个行业（综合类、金融服务业、社会服务业、批发零售业），仅有 0% –1%。由此可见，中国货币政策影响企业资产负债表的渠道基本有效，但对不同行业的影响存在着非对称性。

2. 货币资金变量 *Cash* 共对 13 个行业的企业投资变量 *Invest* 在第 10 个和第 20 个预测期都具有较强的解释作用，占到本次样本总数的 100%。A 股上市公司的企业投资变量同样受到企业所持货币资金多寡的影响。其中信息技术业 *Cash* 对企业投资 *Invest* 的解释力最强，达到 44% –48%，而房地产业的 *Cash* 对 *Invest* 的解释力最弱，只有 1%，其他行业也在 2% –27% 之间。这种现象与企业所属行业之间存在着密切的联系，对于“规模大、投资回收期长”的企业，货币资金对投资的影响小于“规模小、投资回收期短”的企业。

上述研究表明，中国货币政策传导的企业资产负债表渠道基本有效，且存在资产负债表传导效应的行业非对称性，有少数行业的资产负债表传导存在低效应问题；货币政策效应整体上具有时滞性，且不同行业的时滞也有差异。

小　结

货币政策传导的企业资产负债表渠道的研究能够使我们对货币政策与宏观经济的关系、货币政策对微观主体的影响有更为深入的理解。理解货币政策的传导机制将有助于货币政策制定者了解在金融市场上哪些因素影响货币政策，哪些不能，同样有助于政策制定者寻找更为切合的货币政策中介目标，更为深入地是货币政策资产负债表传导机制的研究将有助于我们更好地理解信息不对称在货币政策中所发挥的作用 C. Romer & D. Romer (1990)①。

基于上述研究结论，对我国企业资产负债表渠道的政策含义是：

（一）宏观层面

将企业资产负债表渠道的传导效应纳入货币政策调控的决策依据体系，货币政策调控决策要更加关注传导的微观路径及其效应。要求中央银行在制定和实施货币政策时既要着眼于宏观又要立足于微观，既要顾全大局又要考虑局部和具体；与之相适应的是要创新货币政策调控的执行机制，充分利用中央银行信息综合优势并整合其他信息资源，建立宏观金融与微观金融分析的协调机制，提高金融调控决策研究的科学性和预见性。

对于货币政策传导时滞中的内、外部时滞要有清晰的认识和把握，区分宏观层面、中观层面和微观经济体各自的运行规律，尤其对不同行业现金流变化、投资活动等对货币政策响应的差异性进行深入研究，以利于货币政策调控决策时的针对性和时效性：即调控决策层减少内部时滞中的认识时滞、决策时滞和行动时滞，以期减少外部时滞中的市场时滞。

（二）中观层面

重视企业资产负债表传导渠道的行业差异和非对称性，由于不同行业对货币政策调控的敏感程度各异，货币政策调控在实施中可以制定详细的行业差异化调整策略，对金融资产和社会资金进行流向指导，有助于优化投资结构和市场环境。

① Romer, C. D. , and D. H. Romer, *New evidence on the monetary transmission mechanism* [J], Brooking papers on economic activity, 1990, 21 (1): 149 -213.

在操作层面上，对金融机构而言，更加重视对企业资产负债表信息的全方位掌握，并以此为依据进行信贷、资产、财富等管理抉择，同时还可向重要的相关企业董事会派驻代表，更好地掌握企业的财务表现、现金来往及管理层对未来经营的判断等。对企业而言，要加快行业、企业信用体系的建设，将行业、企业的信用信息通过公共管理的方式进行有效的集中和运用。

（三）微观层面

提高企业的资产负债管理水平和信用意识：一方面要通过规范企业管理使企业成为真正的对自己生产经营高度负责的完全行为主体；另一方面要明晰产权关系，以保证企业在经营方向和决策上的科学性、合理性。同时，还要鼓励企业的生产性投资，在经济环境不确定的情形下，也要保持一以至终的投资策略，自如地应对货币政策调控的变化，促进企业稳定和可持续发展。

本章的研究局限在于：首先，中国的金融市场和整个金融体系处在转轨时期，不管是迫于压力还是自身经济发展的需求，整个金融体系，包括银行体系和资本市场正在对外开放和进行自由化，但是从根本上说，中国的金融体系还未完全实现自由化。中国整个的金融体系是以银行为基础，资本市场包括股票市场和债券市场还只是处于初步发展的阶段，还只是个新兴的资本市场。因为本身的经济发展速度相对较快，货币供应高增长且不可预测 McKinnon（2009）①，而利率政策实行双轨制，既有市场化利率也有官方利率。这些是中国金融体系的基本特点，这些特点决定中国的货币政策的制定与实施可能较发达经济体来说更为复杂，并且货币政策更加难以把握，要对中国的货币政策进行深入透彻的研究其难度可想而知。中国复杂的货币政策和宏观经济环境给研究造成了很大的困难；其次，中国货币政策真正发挥作用的时间尚短，体现在学术研究上就是不管是在宏观层面还是在微观层面可供研究的时间序列数据都比较短，这使得对货币政策进行研究时显得捉襟见肘，本书选取金融危机后的数据进行研究同样也面临这样的问题。此外，在经济发展较慢或者停滞时，不仅货币政策出现宽松的迹象，而且各国也会同时运用其他积极的经济政策以对宏观经济进行调控，而我们在对货币政策传导机制进行研究时没有考虑这一重要的宏观经济因素，怎么严格控制其他政策因素造成的影响还有待我们进一步深入地研究。

---

① McKinnon, R., *China's exchange rate policy and fiscal expansion* [R], SIEPR Policy Brief March 2009 and Wall Street Journal, 2009.

第二章　货币政策传导的银行资产负债表渠道：银行异质性

Goodhart（2008）[①] 将巴塞尔协议 II 当中关于银行资本充足率等内容的要求视为造成银行资产负债表恶化的罪魁祸首，当各国学者反思巴塞尔协议 II 中的问题时，2012 年 11 月 10 日美国财政部宣布巴塞尔协议 III 的生效日期无限延迟[②]，其公布的理由是：由于实体经济复苏缓慢，诸多银行无法满足巴塞尔协议 III 中严格的资本要求。2012 年 6 月中国国务院颁布的《商业银行资本管理办法试行》中指出从巴塞尔协议 II 到巴塞尔协议 III 的缓冲政策，规定了中国的系统重要性银行的监管资本充足率为 11.5%，而其他银行监管资本充足率为 10.5%，并从 2013 年 1 月 1 日起开始实施。在实际实施过程中，中国商业银行的加权平均资本充足率从 1998 年的 7.4% 上升至 2012 年 12.71%，已经超过监管层的相关要求。中央银行的货币政策在实施过程当中通过商业改变银行的资产负债表以影响其贷款供给，进而调节实体经济中的贷款需求，那么不同规模的银行实行统一资本充足率，是否对货币政策的传导效果有影响？是否会给宏观经济波动埋下隐患？这是本章的研究兴趣所在。

因此，本书选取 Bernanke & Blinder（1988）的 CC - LM[③]（Credit - Commodity & Liquidity preference - Money Supply）理论为分析框架，同时根据索彦峰、范从来（2007）[④] 和索彦峰、陈继明（2008）[⑤] 的模型，从异质

---

① Goodhart, C. A. E., *The Regulatory Response to The Financial Crisis* [J], Journal of Financial Stability, 2008, 4 (4): 351 - 358.

② 20 国集团在 2010 年达成的协议是一致同意巴塞尔银行资本规定应从 2013 年 1 月 1 日开始被逐步采用，到 2019 年时应被完全采用。

③ Bernanke, Ben S., A. S. Blinder, *Credit, Money and Aggregate Demand* [J], The American Economic Review, 1988, 78 (2): 435 - 439.

④ 索彦峰、范从来：《货币政策能够影响贷款供给吗?》，载《经济科学》，2007 年第 6 期，第 57 - 65 页。

⑤ 索彦峰、陈继明：《资产规模、资本状况与商业银行资产组合行为——基于中国银行业面板数据的实证分析》，载《金融研究》，2008 年第 6 期，第 21 - 36 页。

性银行的视角对货币政策传导的银行资产负债表渠道进行分析。

第一节 银行资产负债表渠道理论

一、CC－LM 理论

经典的凯恩斯主义 IS－LM 模型中假设银行的资产与负债是非对称的，同时认为货币以及银行的负债在决定贷款总需求中起到了至关重要的作用，与此相对，在债券市场当中的银行贷款以及其他性质的债务工具对市场的影响则是比较小的。特别是如果假设金融市场当中只存在货币和债券两种资产，投资者会调整货币和债券的持有数量，假设银行贷款和债券之间的利率无差别，且存在包含关系，两者之间可以互相代替，市场可以通过对利率水平的调整而改变金融市场中货币和债券的价格。Bernanke & Blinder（1988）根据 IS－LM 建立起 CC－LM 模型，这个模型对债券和银行贷款完全替代的假设前提进行了修改。Bernanke & Blinder（1988）认为金融市场中包括三种类型的资产：货币、债券和银行贷款，资金的需求者“借款方”和资金的供给方“贷款方”通过比较债券和银行贷款的利率来判断持有债券还是银行贷款。

贷款需求函数表示为：$L^d = L(\underset{-}{\rho}, \underset{+}{i}, \underset{+}{y})$。其中，ρ 表示银行贷款的利率，i 表示债券的利率，y 表示国内生产总值 GDP。市场中的贷款需求会随银行贷款利率的下降而增加，所以 ρ 与银行贷款需求之间是负相关关系；如果债券的利率上升，借款者更倾向于向银行进行借款，贷款需求增加，利率 i 与银行贷款需求之间呈正相关关系；如果将劳动力成本、市场流动性同时计入到影响因素当中，则随着 GDP 的增加，劳动成本增加并且市场流动性增大，贷款需求也会随之增加，可以得出 y 和银行贷款需求之间呈正相关关系。

为了厘清贷款供给对银行资产负债表的影响，下面对银行资产负债表的构成状况进行研究（不计所有者权益），使用 R 表示“存款准备金”科目，B^b 表示“债券”科目，L^s 表示“贷款供给”科目；负债方中使用 D 表示“存款”科目。因为存款准备金包括两个部分：一是法定存款准备金 τD，二是超额存款准备金 E，根据上述约束条件，银行资产负债表可以表示为：$B^b + L^s + E = D(1-\tau)$，由会计等式可得，调整后的资产与负债相等。

如果资产投资回报率的变动随着资产负债表中证券投资组合的变化而变化，也就是随着金融市场利率 i 和银行贷款的利率 ρ 而变化，同时假设超额存款准备金 E =0，则可得到银行贷款供给的表达式为：$L^s=\lambda(\underset{+}{\rho},\underset{-}{i})D(1-\tau)$。

可得贷款市场中贷款需求与供给均衡的方程式：

$$L(\rho, i, y)=\lambda(\rho, i)D(1-\tau) \qquad (2-1)$$

使用 LM 曲线表示货币市场，假设银行拥有的超额存款准备金数量为 $\varepsilon(i)D(1-\tau)$，同时假设超额存款准备金受到金融市场利率 i 的影响，但不受银行贷款利率 ρ 的影响。如果假设存款（忽略现金）供给等于银行存款准备金自乘以货币乘数的乘积 $m(i)=[\varepsilon(i)(1-\tau)+\tau]^{-1}$。货币需求由交易动机决定，并随利率、收入和总财富变化而改变，可表示为 $D(i, y)$。

根据货币需求和供给状况决定可得：

$$D(\underset{-}{i}, \underset{+}{y})=m(\underset{+}{i})R \qquad (2-2)$$

传统产品市场均衡可以用 IS 曲线表示为：

$$y=Y(\underset{-}{i}, \underset{-}{\rho}) \qquad (2-3)$$

用公式（2-2）替换公式（2-1）中右侧的 D，得到公式 $L(\rho, i, y)=\lambda(\rho, i)(1-\tau)m(i)R$。然后，用 i，y 和 R 表示公式（2-1），因变量为 ρ：

$$\rho=\varphi(\underset{+}{i}, \underset{+}{y}, \underset{-}{R}) \qquad (2-4)$$

最后，将公式（2-4）代入公式（2-3），得到公式（2-5）：

$$y=Y(i, \varphi(i, y, R)) \qquad (2-5)$$

（2-1）为信贷市场均衡的公式，（2-2）为货币市场均衡的公式，对应于 LM 曲线，（2-3）为商品市场均衡的公式，（2-5）得到的是信贷和商品市场同时均衡的方程，公式（2-5）对应于 CC 曲线（CC 表示 Credit 和 Commodity，即信贷和商品）。

上述推导得出了 IS-LM 模型扩展而来的 CC-LM 模型，如图 2-1。

通过观察图 2-1，可得如下结论论：CC 曲线与 IS 曲线的方向一致，都朝右下方倾斜，但 CC 曲线除了受到债券利率的影响之外，货币政策（R）和信贷市场的变化也会冲击到 CC 曲线，导致 LM 方程的变动。假设银行的贷款供给与其所拥有的债券可全部替代，或者商品需求对贷款利率的变化反应不敏感，可以得出：对于借款者（$L_\rho\to-\infty$）和贷款者（$\lambda_\rho\to\infty$）$Y_\rho=0$，信贷市场均衡与 IS、LM 曲线无关，在上述两种情况下 CC 曲线等同于 IS 曲线。在凯恩斯主义的 IS-LM 模型中，并不存在货币政策传导的银行资产负债表渠道，并且贷款和债券是相互可以替代的，但实际情况当中，贷款

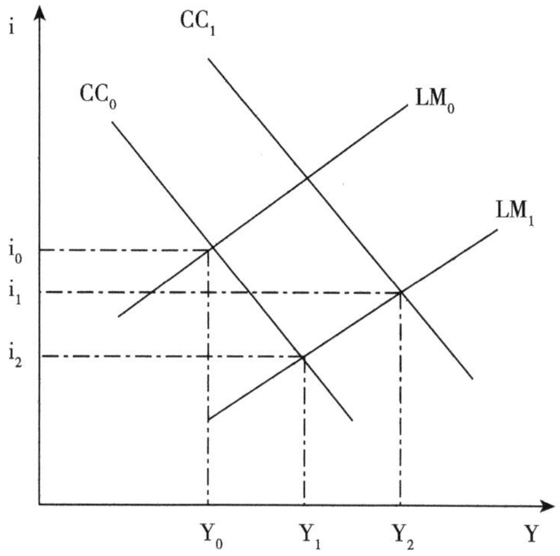

图 2-1 CC-LM 模型

和债券的利率不等价导致了贷款和利率不能相互替代。因此，银行资产负债表在货币政策传导过程中发挥着重要作用。

与之相对的情况比较极端，假设仅从信贷的角度去考量，货币和债券可互相替代，也就是说 $D_i \to -\infty$，会使得 LM 曲线平行，产生了凯恩斯主义中著名的流动性陷阱。但是，由于银行资产负债表渠道的存在使货币政策在存在流动性陷阱的情况下依然有效，货币政策的变动会通过影响银行的资产负债状况，从而影响其贷款供给，进而再影响实体经济，即货币政策会使 CC 曲线移动。

CC-LM 模型与 IS-LM 模型中可能会受到冲击的影响因素基本一致。例如，CC 曲线在支出变动时会沿着 LM 曲线的方向移动，LM 曲线在货币政策的影响下会沿着 CC 曲线的方向移动。这些曲线的移动或变化都比较易于理解，但在 CC-LM 模型中，有一点与 IS-LM 曲线不同：在紧缩性货币政策的情况下，银行存款准备金 R 提升，将会使银行资产负债表中的负债方“存款货币”科目 D 增加，LM 曲线将会沿着 CC 曲线向左移动。LM 曲线和 CC 的交点处利率比原均衡利率上升，产出下降。另外，资产负债表中“存款准备金”科目 R 的提高将会使银行贷款供给减少，在此情况下，CC 曲线将沿着修正后的 LM 曲线向左移动，从而降低 i 和 y，但是贷款的利率 ρ 反而提高。

通过上述对 CC-LM 曲线移动影响因素的分析，可见 CC-LM 模型与 IS-LM 模型之间存在差异：由于货币政策传导的银行资产负债表渠道的存在，在凯恩斯主义的流动性陷阱下，货币政策仍然会通过影响银行的资产负债表以调控其贷款供给（资产），进而影响到实体经济，货币政策仍然有效；货币政策传导的银行资产负债表渠道的存在使货币政策对实体经济的效应更明显，与传统的货币政策传导渠道相比，资产负债表渠道增加了对货币的交易性需求。

二、银行的异质性理论

根据 Kashyap & Stein（1994）[①] 的研究结论，结合我国国情对其模型进行修正，按照中国信贷市场的基本情况对 CC - LM 模型加以拓展：为了阐述在不完善的资本市场上，如何才能形成有效的货币政策传导的银行资产负债表渠道，而且在这种不完善的资本市场中不同规模、拥有不同资产组合的银行对货币政策如何反应。

假设这个修正的 CC - LM 模型属于局部均衡分析，对比范围为横截面数据（不同商业银行），对市场中的国债资金利率等约束条件未加定义，同时假定国债市场利率外生。假设中央银行在实施货币政策的过程当中，所有商业银行存款负债变化程度是一样的，而且商业银行间没有存款竞争行为的存在[②]。

（一）银行的资产负债管理

修正后的 CC - LM 模型分成两个阶段：第 1 阶段和第 2 阶段。

在此模型当中，本书将商业银行资产负债表中的资产和负债方科目内容进行简化，假定资产方只包括“贷款”科目和“证券投资”科目，负债方只包括“存款”科目和“非存款性外部融资”科目，资产和负债均只有两种类别，见表 2 - 1 中所示：

根据如上假设，银行在第 1 阶段产生了资产“银行贷款 L”，贷款利率为 r。在两个阶段，如果有额外的贷款需求，第 2 阶段中的银行贷款 L 不能立刻被偿还，而且面临着巨大清算成本，所以银行必须将贷款持有至到期。为使问题简化，假设在第 2 阶段不会出现新的贷款需求，所在第 2 阶段贷款

① Kashyap, A. K, J. C. Stein, The impact of Monetary Policy on Bank Balance Sheets [R], NBER Working Papers, 1994, No. 4821.

② 假设不考虑银行间的存款竞争行为，即不考虑货币政策对银行的冲击差异，从而有利于集中关注货币政策冲击对银行贷款供给的影响。放宽假设不会改变模型的基本含义，反而会减少模型推导的繁琐。

余额一直保持为 L。在第 1 阶段，银行资产方还产生了另外一种资产“证券投资 S”，假定这些证券为国债，利率为 0。在第 2 阶段中，额外贷款需求产生时，这些证券 S 的清算成本较小，流动性较强，可随时变现，证券投资和贷款两个科目在第 1 阶段和第 2 阶段的不同之处便在于此。与此同时，贷款收益率 r 用于衡量贷款的安全边际①，r 是用于判断货币政策传导的银行资产负债表渠道是否存在的重要依据。如果在紧缩的货币政策下，贷款利率 r 增加，则说明银行资产负债表渠道存在，相反，如果无论货币政策怎样变化 r 都为 0，则说明银行资产负债表渠道不存在。

表 2－1　银行资产负债表

资产	负债
贷款	存款
证券投资	非存款性外部融资

银行负债中最重要的来源是“存款”科目。在第 1 阶段，存款数量为 M_1，在第 2 阶段，存款数量为 M_2。假设 M_1 的变化与观测银行的银行贷款、存款变化无关，仅受到货币政策变化影响，换言之：假设在第 1 阶段银行的融资情况将受到紧缩性货币政策的冲击。

存款数量 M_1 的变动对银行资产负债表中资产方“贷款 L”和“证券投资 S”的数量的影响是接下来考察的重点，因为货币政策将首先对存款数量 M_1 和 M_2 产生影响进而影响到商业银行的资产负债表。首先需要确定两点问题：（1）货币政策对存款 M_1 的冲击属于持续性还是短暂性的冲击；（2）在第 1 阶段，其他因素对存款数量 M_2 影响的不确定性。所以假设在第 1 阶段，M_1 的数量确定之后，银行在第 2 阶段，M_2 将在此区间服从均匀分布：

$$[\rho M_1 + (2-\rho) M - \gamma/2,\ \rho M_1 + (2-\rho) M + \gamma/2] \qquad (2-6)$$

M_2 均匀分布的平均数是 $\rho M_1 + (2-\rho) M$，参数 ρ 用于衡量货币政策冲击的持久性，如果 ρ 越大，则说明货币政策的冲击越持久，参数 γ 是衡量货币政策冲击的方差。

在负债方面，修正后 CC－LM 假定存款是银行负债中最重要的资金来源。假设在第 1 阶段中，存款数量为 M_1，在第 2 阶段中，存款数量是 M_2。如果存款数量 M_1 只受到货币政策变化的影响，与单个银行贷款、存款变化

---

① 贷款收益率 r 衡量了贷款的安全边际，即贷款与证券投资之间的利差。当 r > 0 时，贷款的收益大于证券投资的收益，银行愿意持有一部分证券以作为抓住有利投资机会的“缓冲存货”，所以叫安全边际。

无关的话，可以得到如下前提：在第 1 阶段，紧缩性的货币政策将会对银行资产负债表产生有效的冲击。

负债方的基本构成除了存款之外，在第 1 和第 2 阶段调整负债结构的方式是通过增加非存款性外部融资。根据假设分别定义第 1 和第 2 阶段中非存款性外部融资的增加总额为 E_1 和 E_2。所以，在第 2 阶段中非存款性外部融资在银行负债中的数额为 E_1+E_2。按照 CC－LM 模型的定义，非存款性外部融资指的是不受法定存款准备金约束的资金来源，一般包括大额可转让定期存单（CDs）、中期债券、次级债券和股票等。当面临紧缩性货币政策时，银行可以通过两个途径增加贷款供给以满足贷款需求。

当中央银行实行紧缩的货币政策时，银行有两种选择以应对贷款需求的增加，一是增加非存款性外部融资；二是减少证券投资，银行通过这两种方式变现。银行进行外部融资过程当中有融资成本，假定，在第 1 阶段，成本为 $\alpha_1 E_1^2/2$①；第 2 阶段，成本为 $\alpha_2 E_2^2/2$。由于资本市场的不完善，所以 $\alpha_1=\alpha_2=0$ 的情况极少存在，商业银行和投资者之间存在着信息不对称，所以逆向选择和道德风险将会急速上升，从而增大银行外部融资的成本。同时，银行为了吸引更多投资者，会加大对自身的宣传力度，包括广告等投入的加大。对银行来说，大银行比小银行的融资成本更高，所以，假定小银行的 α_1 和 α_2 高于大银行。

上述模型对 CC－LM 模型的基本假设进行了设定，接下来对第 1 阶段和第 2 阶段商业银行的资产组合选择行为进行审核。对于多期决择问题，使用逆向推演法对模型进行推演比较合适。因此，对修正后 CC－LM 模型从第 2 阶段开始分析，在第 2 阶段，商业银行资产负债表中资产项目贷款数量为 L，证券投资数量为 S；负债项目中非存款性外部融资为 E_1，第 2 阶段存款为 M_2。银行需要根据自身资产负债表的变化状况决定在第 2 阶段的非存款性外部融资数量 E_2，所以分两种情况对银行的资产负债表状况加以分析。

情况一：$E_1+M_2>L$

在第 2 阶段，如果居民存款数量 E_1 和非存款性外部融资 M_2 之和大于贷款需求 L，则银行资产可以满足的贷款需求不断增加，并且不需要使用外部融资，此时 $E_2=0$，银行只需调整资产结构，减少证券投资数量 S 即可。与外部融资成本相比，证券投资变现后弥补银行资产现金缺口的成本为 0。

情况二：$E_1+M_2<L$

① 银行的外部融资成本是其融资量的增函数，是由于信贷市场的信息不完善。因此这种二次成本函数能够说明信贷市场的信息不完善对银行外部融资成本的影响，又避免了运算和推导的复杂。

情况二中银行资产方外部融资和居民存款不足以满足贷款需求，则银行会将其拥有的全部证券资产变现，以满足贷款需求，另外也需要筹措新的资金，即外部融资 E_2 来弥补贷款供给的不足。所以 E_2 的取值满足：

$$E_2 = \max\ (0,\ L - E_1 - M_2) \qquad (2-7)$$

E_2 的外部融资成本是 $\alpha_2 E_2^2/2$。从第 1 阶段进行判断，银行对第 2 阶段的外部融资成本的事前预期为：

$$C'\ (E_2)\ = \alpha_2\ (L - E_1 - \rho M_1 - \ (1-\rho)\ M + \gamma/2)^2/6 \qquad (2-8)$$

使用（2－8）表示银行第 1 阶段的优化问题，使其在第 1 阶段对 L 和 E_1 拥有数量的比例达到其利润最大化的水平：

$$rL - \alpha_1 E_1^2/2 - \alpha_2\ (L - E_1 - \rho M_1 - \ (1-\rho)\ M + \gamma/2)^2/6 \qquad (2-9)$$

一阶求导后，可得银行资产方中“贷款”与“证券投资”的最优组合，第 1 阶段的非存款性外部融资数量：

$$E_1 = r/\alpha_1 \qquad (2-10)$$

$$L = r/\alpha_1 + 3r/\alpha_2 + \rho M_1 + \ (1-\rho)\ M - \gamma/2 \qquad (2-11)$$

$$S = M_1 + E_1 - L = -3r/\alpha_2 + \ (1-\rho)\ (M_1 - M)\ + \gamma/2 \qquad (2-12)$$

由上述推导可得 3 个推论，(1) 在第 1 阶段中的外部融资 E_1 的边际成本 $\alpha_1 E_1$ 与其额外贷款的边际收益 r 相等，也即 $r = \alpha_1 E_1$。(2) 根据（2－11）可以得到贷款供给 L 与 M_1 正相关，贷款－证券利差为正相关关系，换句话说：银行融资渠道越广其贷款供给受到约束就越小，也可发放更多贷款；若 r 越大，便说明贷款收益比证券投资的收益要高许多。在银行的资产组合当中，与进行证券投资相比，银行更倾向于多发放贷款，贷款供给的数额将增加；α_1 和 α_2 越接近于 0，贷款 r 变动的反应程度就会越敏感，在 α_1 或者 α_2 都为 0 的情况下，r 的正向变动会有一个无限贷款供给产生；另外，贷款供给数量与 γ 有负相关关系，其中 γ 是用来衡量 M_2 的方差，由于 M_2 的大小不确定，银行便不会轻易持有非流动性贷款，更愿意持有流动性强的证券投资组合。(3) 根据（2－12）式中可得，银行持有证券投资数量 S 与居民存款 M_1 和 M_2 的方差呈正相关关系，与贷款－债券的利差 r 为负相关关系；由于在第 2 阶段银行为了减少外部融资数量便需减少证券投资持有量，或者为使外部融资成本降低，银行中的 α_2 的取值数额越大，该银行持有的证券数额就越多；另外，银行资产中的贷款与证券投资组合的比例数量与利差 r 的变动紧密相关，如果银行持有的贷款与证券投资之间的比例变化，则会有 r 跟着变动，这也证明了货币政策传导的银行资产负债表渠道的存在性。

（二）异质性银行的同质性贷款需求

如果金融市场中的贷款是单一、同质的，换句话说假设此贷款市场为完全竞争市场，市场中的每个银行面对的贷款需求一致，整个市场的贷款需求应为贷款利率 r 和宏观经济 Y 的函数，整个完全竞争市场的函数表达式为：

$$L_D = Y - kr \quad (2-13)$$

市场中的贷款需求和贷款供给相等时便达到了均衡状态，总贷款供给与单个银行贷款供给累加和一致，公式（2－11）给出总贷款供给。

然而，每个银行的 α_1 和 α_2 的值却不尽一致，为解释完全竞争市场中外部融资成本不一致的银行，其贷款供给会怎样变动。本节假定货币政策引起银行存款的变化是相同的，换言之任意两家银行 i 和 j，$dM_1^i = dM_1^j$。可使用总存款 M_1 的变化用于衡量货币政策变化的冲击。第 i 家银行的 L 和 S，即（2－11）、（2－12）式对 M_1 进行微分：

$$dL^i/dM_1 = \rho + (1/\alpha_1^i + 3/\alpha_2^i)\ dr/dM_1 \quad (2-14)$$

$$dS^i/dM_1 = (1-\rho) - (3/\alpha_2^i)\ dr/dM_1 \quad (2-15)$$

根据上述银行的贷款需求函数，可得货币政策对贷款－证券利差的影响，即 dr/dM_1 是：

$$dr/dM_1 = adY/dM_1 - b \quad (2-16)$$

其中，a 和 b 为正的常数。dY/dM_1 受到货币政策对贷款需求的影响不大时，必然会出现 $dr/dM_1 < 0$，在此情况下，货币政策传导的银行资产负债表渠道将起到至关重要的作用。

从上述公式（2－14）和（2－15）可以得到两个推论：

推论一：紧缩的货币政策冲击下，银行的存款数额必定减少，小银行贷款减少速度比大银行快。由于贷款数额是变动的，如果假设银行在市场当中面临同样的贷款、存款需求，市场中贷款数量的不同是因为贷款供给的变化而发生的变化。小规模的银行在货币政策的冲击下，存款数额的减少较快，为了应对日渐升高的非存款性外部融资，必然将贷款供给的数量减少，但是并不一定会通过增加外部融资数来维持原有贷款供给。

推论二：紧缩性货币政策冲击下，为了应对存款减少的危机，小银行会将持有证券变现，但变现速度比大银行慢。如果在第 1 阶段已经减少了较多数量的证券，在第 2 阶段就只能使用外部融资手段，但由于小银行的外部融资成本较高，跟持有证券收益相比较而言，小银行更加不愿意直接减少证券资产。

（三）异质性银行的异质性贷款需求

以上推理是在银行面对单一、同质化的贷款市场的假设之下而做出的，模型简化前提是：异质性银行、完全竞争市场。大部分学者对这两个前提提出了质疑："货币政策变动会通过影响银行的存款量从而影响商业银行的贷款供给行为，然而货币政策对银行的贷款需求也会产生比较大的影响，小银行更加倾向于贷款给对经济衰退比较敏感的客户。所以，紧缩型货币政策下，小企业受到宏观经济的影响更大，贷款需求下降更多，使小银行面临的贷款需求曲线移动比大银行更多。小规模商业银行会更加惜贷，将资产配置于证券——这也是货币渠道传导机制。"Sharpe（1990）①、Rajan（1992）②、Petersen & Rajan（1992）③ 的研究发现，研究银行的异质性问题，一个简便的途径是将市场中的银行视为一个垄断企业，一个垄断企业会面临统一的贷款需求曲线。同时，银行在面对不同客户时，信息不对称的出现会造成"连锁效应"，每个银行都会拥有自己的市场，面对单一的贷款需求曲线。

假定银行 i 所面临的贷款需求曲线可以表示如下：

$$L_D^i = Y^i - kr^i \qquad (2-17)$$

每个银行在面对紧缩货币政策时，它所面对的贷款需求曲线也将发生变化，也就是 Y^i 和 dY^i/dM_1 在紧缩的货币政策前提下对不同的银行可能有所不同。另外，单个银行的贷款－证券利差 r 也存在区别，中国人民银行于 2013 年 7 月 20 日放开贷款利率上限，所以假设不同银行面对不同的利率基本上符合中国国情。

在上述假设情形下，银行证券投资资产组合进行下述决策：

$$E_1 = (r + Lr'(L)) / \alpha_1 \qquad (2-18)$$

$$L = (1/\alpha_1 + 3/\alpha_2)(r + Lr'(L)) + \rho M_1 + (1-\rho) M - \gamma/2 \qquad (2-19)$$

$$S = M_1 + E_1 - L = -3(r + Lr'(L))/\alpha_2 + (1-\rho)(M_1 - M) + \gamma/2 \qquad (2-20)$$

---

① Sharpe, S., *Asymmetric Information, Bank Lending, and Implicit Contracts: A Stylized Model of Customer Relations* [J], Journal of Finance, 1990, 45 (4): 1069－1087.

② Rajan, R. G., Insiders and Outsiders: *The Choice between Informed and Arm's－Length Debt* [J], Journal of Finance, 1992, 47 (4): 1367－1400.

③ Petersen, M. A. and R. Rajan, . *The effect of credit market competition on lending relationships* [J], Quarterly Journal of Economics , 1995 , 110 (2): 407－443.

（2－18）－（2－20）与（2－10）－（2－12）形式一致，区别在于使用（$r+Lr'(L)$）代替了 r，原因是银行作为垄断者不再是价格的被动接受者。而根据贷款线性需求的假定，$r'(L)$ 由 $-1/k$ 决定。

货币政策变化之后，银行 i 的资产中贷款数量和证券投资持有数量的变化如下：

$$dL^i/dM_1 = f\left(\rho + \left(1/\alpha_1^i + 3/\alpha_2^i\right) dr^i/dM_1\right) \quad (2-21)$$

$$dS^i/dM_1 = 1 - g\rho - \left(3f/\alpha_2^i\right) dr^i/dM_1 \quad (2-22)$$

其中 $f = 1/\left(1+1/k\alpha_1^i+3/k\alpha_2^i\right)$，$g=\left(1+1/k\alpha_1^i\right)/\left(1+1/k\alpha_1^i+3/k\alpha_2^i\right)$ 都在 0 和 1 之间。

（2－21）式与（2－14）式的形式一致，贷款供给变动由货币政策冲击导致，（2－21）式与（2－14）式有两点区别：第一，由于假设存在金融垄断，使用 f 表示垄断，小银行的外部融资成本高于大银行，贷款需求也因此受到较大影响。在极端的情况下，贷款需求变成无穷大（k 变得无限大），也就是说在完全竞争市场的前提下，f 收敛于 1，（2－21）和（2－14）的经济含义一致；其次，dr^i/dM_1 对不同的银行是不一致的，dr^i/dM_1 形式如下：

$$dr^i/dM_1 = a\left(\alpha_1^i, \alpha_2^i\right) dY^i/dM_1 - b\left(\alpha_1^i, \alpha_2^i\right) \quad (2-23)$$

其中，$a\left(\alpha_1^i, \alpha_2^i\right)$ 和 $b\left(\alpha_1^i, \alpha_2^i\right)$ 是 α_1^i 和 α_2^i 的增函数。（2－23）的经济意义是指小银行的外部融资成本高于大银行，所以小银行贷款利率变动比大银行更大。也就是说，小银行的存款准备金通过外部融资进行弥补是比较困难的，只能通过削减贷款供给以调整资产负债结构，等待利率上升。

从公式（2－21）和（2－23）可以得出，货币政策变化对贷款供给行为的影响通过异质性银行的 dL/dM_1 无法确定。一方面是由于小银行的贷款供给受到中央银行货币政策的影响更大，所以 dL/dM_1 在银行规模较小时变动较大，这被称为“贷款供给效应”；另一方面，由于小银行贷款需求比大银行贷款需求顺周期性更长，所以小银行的 dL/dM_1 变化更大，这被称为“贷款需求效应”。

根据以上推导，可得初步结论：无法通过银行贷款数量的变化来判断贷款供给是由银行的存款变化还是由市场的贷款需求所引起的，但可以通过银行对证券资产的持有数量的变化对贷款需求的变化进行识别，换句话说，贷款需求和贷款供给对贷款数量的冲击使银行的资产负债结构出现了不同的状况，但是利率的波动带来的信息提示是比较有效的。比如，如果一个银行面临的贷款需求下降，则其自身提供的贷款利率也会随之下降，从而刺激贷款需求；从另一个方面说，如果一个银行面临的贷款供给下降，则贷款利率也会上升。尽管 r 的变化并不明显，但还是可以通过证券资产组合中证券的利率来识别。

从公式（2－22）来看，如果金融市场中面临着同质化的贷款需求的话，小银行的外部融资成本将会不断攀升，即社会贷款需求上升之后小银行面对货币政策的变化反应不敏感。但小银行的 dr^i/dM_1 比大银行大，相乘之后一大一小的影响可以被抵消。如果 dr^i/dM_1 的影响力足够大，在紧缩性货币政策的条件下，小银行会比大银行持有更多证券。

在同样的条件下，紧缩货币政策会使小银行持有证券下降的数量更多，小银行将会提供更多的贷款供给。这种情况出现的前提是小银行的 dr^i/dM_1 必须足够大，满足如下两个条件：①规模不同的银行面对贷款冲击时反应差别不大，②贷款需求弹性不大（k 比较小），贷款利率 r 会有比较快速的上升。这会使银行在资产组合当中，更愿意通过发放贷款来获得收益，并且减少证券投资组合类资产以维持其贷款数量。如果上述两个要求都不满足，则在完全竞争市场或者同质化的贷款需求下，条件②不满足，上述推论不成立。

根据以上推论，非存款性外部融资的成本 α_1 和 α_2 的值决定了货币政策对银行资产组合的影响。由于不同资产规模银行的这两个值存在差异、由于信息不对称的存在，大银行拥有较好的资产状况，服务质量也比小银行好，在缺少资金时易于获得外部融资，而且其融资成本也将较低，但是中小银行的资产状况差、服务质量一般，外部融资成本也比较高。银行异质性可以通过融资成本、资产规模两个代理变量体现，下述的实证研究中也将选取这两个变量进行研究。银行的资本充足率、盈利能力、流动性、银行规模等因素综合构成了 α_1 和 α_2 所决定的银行的异质性。

第二节　银行资产负债表渠道的实证检验

货币政策从中央银行到商业银行传导中会影响到银行的资产负债表的负债方中资金来源，以及通过可运用资金总量来控制银行的贷款供给。但是不同的商业银行除了根据中央银行的货币政策调整资产负债表中的资金来源比例外，还会根据自身的情况调整资产负债表，以保证贷款的供给。近年来，存款所占银行资金来源的比重有所下降，这与近年来居民消费习惯的改变和投资习惯的普及有关。存款的比重下降，商业银行为了保证贷款的供给，必定会增加外部融资量来弥补存款的减少。而外部融资量的多少取决于外部融资成本的高低，外部融资成本高，则外部融资量少，外部融资成本低，则外部融资量多，进而影响到贷款供给量。其中，外部融资成本的高低是由商业银行的异质性决定的，不同的商业银行外部融资成本不同。这种商业银行的不同即异质性主要取决于：银行的资本充足率、资产负债表的流动性、银行所有制和银行规模等因素。当商业银行的这些异质性因素好时，投资者看好银行，必定会多投资于银行，进而商业银行的融资成本低，外部融资量也高，能够提供更多的贷款，反之亦然。

因为银行的异质性会影响到银行的外部融资能力，进而影响到银行的贷款供给，所以银行的异质性也是影响银行贷款渠道传导的有效性的一大因素。因此，银行的异质性对货币政策冲击下的银行贷款供给的影响如何将是我们接下来主要研究的内容，即：不同特征的银行在货币政策冲击下贷款供给的变动情况。

一、变量选择与数据处理

本节的实证研究数据来自于 bankscope 数据库，按照研究需求收集了数据库中 171 家商业银行从 2002—2012 年的相关数据。由于 171 家商业银行中有部分银行研究数据缺失比较严重，剔除掉此类数据还剩下 94 家商业银行成为研究样本，区间为 2002—2012 年，这些银行的建立时间不一致，所以采用非平衡面板数据。

接下来主要探讨货币政策传导的银行资产负债表渠道是否存在，以及不同资产、负债规模的银行对货币政策传导的影响，其中最重要的研究变量是货币政策虚拟变量和银行异质性变量。

（一）货币政策变量

从货币政策的性质来讲：货币政策变量外生于经济波动，属于外生变量，本节的货币政策变量既需要反映货币政策制定者的立场又需要考虑数据的可得性和易用性。国外的学者为了满足上述“外生”条件，根据对中央银行货币政策工具的分析，将货币政策变量的选择主要分成两种类型：

一种是如 Friedman & Schwartz（1963）①、Sims（1972，1980）② 使用货币供应量（M1 或者 M2）作为货币政策变量；另外一种是如 Bernanke & Blinder（1992）③ 使用基准利率，即联邦基金利率作为货币政策变量，来分析其是否能够有效描述美联储货币政策的意图。

我国货币政策研究中，主要使用货币政策中介指标货币供应量（M1 或者 M2）作为货币政策变量；而赵进文、黄彦（2006）④、王立勇（2010）等⑤则使用 M1 的增长率 GM1 进行分析，发现其对经济的预测能力优于 M2 和利率指标，并且分析了货币政策操作的有效性和实践。

从货币政策传导的银行资产负债表渠道的有效性看，中央银行主要使用存款准备金率和存贷款基准利率来调整商业银行的资产负债表结构，进而调节商业银行的贷款供给。因此存款准备金率（RR）⑥ 和一年期贷款基准利率（LR）分别作为数量型和价格型货币政策工具的代理变量来对货币政策实施效果进行分析。

综合上述分析，本节选择 M1 的增长率 GM1，存款准备金率 RR 和一年期贷款基准利率 LR 作为货币政策变量，构造模型进行估计。

（二）银行的异质性

银行的异质性会影响到银行贷款供给的状况，在货币政策传导过程当中，首先通过影响不同规模银行的资产负债表进而影响银行的贷款供给，资产负债表状况不一的银行贷款供给不同。尤其在紧缩货币政策实施过程中，居民存入银行的存款减少，存款准备金率提高，可贷资金减少，面对

---

① Friedman, M., A. Schwartz, *A Monetary History of the United States*: 1867—1960 [M], 1963, Princeton University Press.

② Sims, C. A., *Comparison of Interwar and Postwar Business Cycles* [J], American Economic Review, 1980, 70 (6): 250 - 257. Sims, C. A., *Money, Income and Causality* [J], American Economic Review, 1972, 64 (8): 540 - 542.

③ Bernanke, Ben S., and A. S. Blinder, *The Federal Funds Rate and the Channels of Monetary Transmission* [J], The American Economic Review, 1992, 82 (4): 901 - 921.

④ 赵进文、黄彦：《中国货币政策与通货膨胀关系的模型实证研究》，载《中国社会科学》，2006 年 02 期，第 46 - 54 页。

⑤ 王立勇、张代强、刘文革：《开放经济下我国非线性货币政策的非对称效应研究》，载《经济研究》，2010 年第 9 期，第 4 - 16 页。

⑥ 其中由于 2008 年下半年起，中国人民银行对大型金融机构和中小型金融机构存款准备金率的调整出现不一致的情况，本书对 2008 年以半年后的大型金融机构和中小金融机构的存款准备金率求平均数，作为数量型货币政策变量。

贷款需求增长时，银行会把资产组合中的证券投资部分变为现金来弥补贷款的减少，同时如果单纯变换证券资产为现金还不足以弥补缺口，银行会通过非存款性外部融资筹措资金用于贷款供给。非存款性外部融资的数量和比例，取决于外部融资成本，外部融资成本与银行资产负债表的资产负债比例紧密相关，所以银行不同的资产负债表状况即为银行的异质性。银行异质性的指标可以用于衡量外部融资成本，这些指标主要包括：银行的资本充足率、资产规模、收益性、流动性等。本书为了研究银行的异质性对贷款供给的影响，主要选择了关于银行异质性的指标：净资产收益率、资本充足率、贷款损失准备金率、流动性比率和资产规模共五个指标。

1. 净资产收益率

净资产收益率是判断银行盈利能力的主要指标，盈利能力也是外部融资成本的最重要决定指标。如果商业银行的盈利能力强，则商业银行的现金流、还贷能力都比较好、投资者也愿意投资于此类银行，银行筹措资金的能力比较强，也更能补充货币政策冲击对银行贷款供给的冲击和影响。本节中的净资产收益率使用 ROA 表示。

2. 资本充足率

随着资本监管政策的不断演进，中国的资本监管对银行信贷的规模有着非常重要的影响。中国的资本监管制度改革和发展经过了两个阶段：第一个阶段是从 1995 年—2003 年，商业银行的最低资本充足率不得低于 8%；第二个阶段是从 2004 年开始，中国银监会发布《商业银行资本充足率管理办法》，将资本充足率作为对实施资产负债比例管理的监控性指标。Peek（1999）按照信息不对称的原理分析了资本监管对银行贷款的不同影响，商业银行会通过资本市场融资补充资本金或者减少风险加权系数较高资产的持有量这两种方式来满足资本监管要求。但是因为投资者对于银行未来的盈利状况并不确定，投资存在不确定性，所以大量投资者对投资给银行存在疑虑，银行难于从资本市场当中获得融资，只能削减贷款规模①。Kopecky & VanHoose（2004）的“监督成本”假说认为：银行监管成本会使贷款利率提高，使企业的贷款需求减少，进而削减银行的贷款规模②。从总体程度上看，不同银行拥有不同的资本充足率的确将会影响到银行的贷款供

① Peek, J. and E. S. Rosengren, *The Capital Crunch: Neither a Borrower Nor a Lender Be* [J], Journal of Money, Credit and Banking, 1995, 27 (3): 625 - 638.

② Kopecky, K., and D. VanHoose, *A model of the monetary sector with and without binding capital requirements* [J], Journal of Banking and Finance, 2004b, 28 (3): 633 - 646.

给规模，从而使货币政策传导的银行资产负债表渠道受到影响，银行资本充足率的高低也会使银行的外部融资成本有所差别，从而使贷款供给不同。本书使用 K 来表示资本充足率。

3. 流动性比率

首先假设银行的贷款供给水平与银行流动性水平相关。本书使用流动性资产和总资产的比率来表示银行资产的流动性水平，流动性比率比较高的银行，银行资产的流动性比较强，中长期贷款的占比较小①，流动性比率用 LIQ 表示。

4. 资产规模

银行贷款供给的另外一个重要影响因素是资产规模，从一般情况来看银行资产规模与银行贷款供给总额成正比。银行资产规模使用银行总资产水平表示，资产规模用资产增长率作为代理变量，用 ASSET 表示，。

5. 贷款损失准备金率

贷款供给也会受到贷款损失准备金的影响，银行吸收损失的两种方式是资本和贷款损失准备金，资本用于吸收非预期损失，这种非预期损失发生的概率很小；贷款损失准备金用于吸收商业银行的预期损失，预期损失发生的概率比较大。贷款损失准备金计提不足在贷款预期损失低估的情况下，会恶化经济衰退时期的监管部门对商业银行最低资本要求的负面影响。为了降低坏账损失对银行的负面影响，银行会减少贷款供给，用 P 表示贷款损失准备金率：贷款损失与总贷款之比。

（三）对贷款需求和供给的区分

对于银行来说，贷款的变动也存在着内生和外生的问题，也就是要区分贷款供给的变动是由“需求”还是“供给”造成的。由于贷款需求的变化与经济发展密切联系，当经济处于萧条衰退期，居民的消费水平下降，投资者的投资下滑，贷款需求意愿也不旺盛；处于快速发展期的经济，居民消费会快速增加，投资者投资也会快速增加，贷款需求随之上升。因此，可以得到基本判断：贷款需求和供给的变化与国家宏观经济形势的变动紧密相关，我们可以使用下述指标来衡量国家经济发展水平：国民生产总值 GDP、居民消费价格指数 CPI、工业增加值。为了对经济发展水平和贷款需

① 李晓文：《资本充足率对信贷和经济的影响研究》，西南财经大学博士学位论文 2009 年，第34－56 页。

求间关系进行衡量，本书使用 GDP 增长率、CPI 增长率、工业增加值增长率、GDP 增长率（剔除通胀影响）四个指标对贷款需求和供给加总后的数额进行回归估计①，得到结果见表 2－2。

表 2－2　经济发展水平对贷款需求的估计结果

	dGDP	dCPI	d 工业增加值	GDP 经 CPI 调整
系数	0.2971	30.1742	0.8414	－7.1441
P 值	0.0008	0.4525	0.0612	0.1219

资料来源：Stata 软件计算。

根据表 2－2 中的估计结果，可以观察到 GDP 的一阶差分对贷款需求影响的系数最为显著，因此，使用一阶差分后的 GDP 作为控制贷款变动外生性的代理变量最为合适，即 GDP 增长率作为控制变量，用于抵消经济波动引起的贷款需求对贷款供给的影响。

二、模型设定

按照以上变量选择，本书采用面板回归模型对贷款供给的影响因素进行分析，对面板数据模型的固定效应、随机效应、混合效应的检验与介绍见第一章第二节，模型构建如下：

$$GLOAN_{it} = \alpha + \beta MP_{t-1} + \gamma_1 K_{it-1} + \gamma_2 P_{it-1} + \gamma_3 ROA_{it-1} + \gamma_4 ASSET_{it-1} + \gamma_5 LIQ_{it-1} + \sigma GDP_{t-1} + \mu_{it} \quad (2-1)$$

各模型变量定义见表 2－3。

表 2－3　货币政策传导的银行资产负债表面板回归模型的变量定义

参数名称	经济意义	参数名称	经济意义
i	时间	$GM1$	M1 增长率
t	银行个体	K	资本充足率
$GLOAN$	贷款增长率	P	贷款损失准备金率
$MPt-1$	货币政策变量（滞后一期）	ROA	净资产收益率
RR	存款准备金率	$ASSET$	资产规模
LR	一年期贷款基准利率	LIQ	流动性比率
$GM1$	M1 增长率	GDP	控制变量
μ_{it}	随机误差项（不相关、同方差、零均值）		

① 资料来源于国家统计局网站。

为衡量资本充足率 K、净资产收益率 ROA、资产规模 ASSET、流动性比率 LIQ 四项指标分别在大、小或高、低情况下，货币政策传导过程中对银行贷款供给的影响，需对公式（2－1）进行拓展，加入四个变量的虚拟变量与货币政策 MP 的交叉项，可得四个模型：

$$GLOAN_{it}=\beta_1\ (HK_{it}\times MP_{t-1})\ +\beta_2\ (LK_{it}\times MP_{t-1})\ +\gamma_2P_{it-1}+\gamma_3ROA_{it-1}+\gamma_4ASSET_{it-1}+\gamma_5LIQ_{it-1}+\sigma GDP_{t-1}+\mu_{it}\quad(2-2)$$

方程（2－2）用于判断商业银行资本充足率对货币政策传导效果的影响，加入了资本充足率虚拟变量和货币政策（MP）交叉项，用 HK 表示高资本充足率，LK 表示低资本充足率，取 $HK=\begin{cases}1 & \text{高资本充足率}\\0 & \text{低资本充足率}\end{cases}$；$LK=\begin{cases}1 & \text{低资本充足率}\\0 & \text{高资本充足率}\end{cases}$。资本充足率按 94 家样本银行进行排序，排名前 47 家 HK＝1，排名后 47 家 LK＝1。

$$GLOAN_{it}=\beta_1\ (HLIQ_{it}\times MP_{t-1})\ +\beta_2\ (LLIQ_{it}\times MP_{t-1})\ +\gamma_1K_{it-1}+\gamma_2P_{it-1}+\gamma_3ROA_{it-1}+\gamma_4ASSET_{it-1}+\sigma GDP_{t-1}+\mu_{it}\quad(2-3)$$

方程（2－3）用于判断商业银行流动性比率对货币政策传导效果的影响，加入了流动性比率虚拟变量和货币政策（MP）交叉项，用 HLIQ 表示高流动性比率，LLIQ 表示低流动性比率，取 $HLIQ=\begin{cases}1 & \text{高流动性比率}\\0 & \text{低流动性比率}\end{cases}$；$LLIQ=\begin{cases}1 & \text{低流动性比率}\\0 & \text{高流动性比率}\end{cases}$。流动性比率按 94 家样本银行进行排序，排名前 47 家 $HLIQ=1$，排名后 47 家 $LLIQ=1$。

$$GLOAN_{it}=\beta_1\ (HROA_{it}\times MP_{t-1})\ +\beta_2\ (LROA_{it}\times MP_{t-1})\ +\gamma_1K_{it-1}+\gamma_2P_{it-1}+\gamma_4ASSET_{it-1}+\gamma_5LIQ_{it-1}+\sigma GDP_{t-1}+\mu_{it}\quad(2-4)$$

方程（2－4）用于判断商业银行净资产收益率对货币政策传导效果的影响，加入了净资产收益率虚拟变量和货币政策（MP）交叉项，用 HROA 表示净资产收益率，LROA 表示低净资产收益率，取 $HROA=\begin{cases}1 & \text{高净资产收益率}\\0 & \text{低净资产收益率}\end{cases}$；$LROA=\begin{cases}1 & \text{低净资产收益率}\\0 & \text{高净资产收益率}\end{cases}$。净资产收益率按 94 家样本银行进行排序，排名前 47 家 $HROA=1$，排名后 47 家 $LROA=1$。

$$GLOAN_{it}=\beta_1\ (HASSET_{it}\times MP_{t-1})\ +\beta_2\ (LASSET_{it}\times MP_{t-1})\ +\gamma_1K_{it-1}+\gamma_2P_{it-1}+\gamma_3ROA_{it-1}+\gamma_5LIQ_{it-1}+\sigma GDP_{t-1}+\mu_{it}\quad(2-5)$$

方程（2－5）用于判断商业银行资产规模对货币政策传导效果的影响，

加入了资产规模虚拟变量和货币政策（MP）交叉项，用 HASSET 表示高流动性比率，LASSET 表示低流动性率，取 $HASSET=\begin{cases}1 & \text{高净资产收益率}\\0 & \text{低净资产收益率}\end{cases}$；$LASSET=\begin{cases}1 & \text{低净资产收益率}\\0 & \text{高净资产收益率}\end{cases}$。资产规模按 94 家样本银行进行排序，排名前 47 家 $HASSET=1$，排名后 47 家 $LASSET=1$。

三、实证检验与结果分析

本节按照四个有关商业银行资产负债表的财务指标：资本充足率（K）、流动性比率（LIQ）、净资产收益率（ROA）、资产规模（ASSET）的大小对商业银行分类比较研究，Hausman 检验后发现，上述模型均适宜使用固定效应模型对之进行估计。

（一）资本充足率不同的银行面对货币政策冲击下的贷款行为

根据资本充足率的不同对样本进行分类回归考察，银行异质性指标当中不同资本充足率的银行在货币政策冲击下贷款供给的变化情况，换言之讨论资本充足率在货币政策传导的银行资产负债表渠道当中起到什么作用。表 2-4、表 2-5、表 2-6 分别列出了三种货币政策工具：存款准备金率 *RR*、贷款基准利率 *LR*、货币供应量 *GM*1 对银行贷款总额增长率 *GLOAN* 的影响。表 2-4、表 2-5 和表 2-6 中的第（1）列是对公式（2-1）估计结果的列示，使用全样本数据对公式（2-2）进行了估计在第（2）列中列示了结果；另外，同时还使用资本充足率高（*HK*）的银行和资本充足率低的银行（*LK*）的样本分别估计了公式（2-2），结果列示为（3）和（4）列。

1. 存款准备金率对贷款供给的影响：按资本充足率分类

表 2-4 中为货币政策变量中法定存款准备金率对银行贷款供给的影响系数，第（1）列法定存款准备金率（RR）的系数为正，而且统计意义显著。从经济意义上讲，在紧缩的货币政策实施之后，银行贷款供给反而上升，这与上文 CC-LM 模型分析的银行资产负债表渠道理论分析不一致。

原因可能是：尽管存款准备金率是我国重要的调控手段，使用频繁，调整存贷利率以影响银行的利润，进而通过银行信贷行为影响实体经济发展；然而，从 20 世纪 80 年代起中国实施超额存款准备金制度以来，商业银行的超额存款准备金率一直处于高位水平，影响了法定存款准备金率这一货币政策工具对贷款供给的有效调节；另外，伴随着我国金融创新产品的日渐增多，商业银行通过表外业务和其他方式进行非存款性外部融资的能力也越来越强，调节贷款供给，表外融资能力较强的商业银行可以通过其他方式融资，再发放贷款。所以中央银行通过法定存款准备金率对商业银行贷款供给产生影响的效果比较差。

表2-4 存款准备金率对银行贷款的影响（样本按资本充足率分类）

	GLOAN			
	全样本（1）	全样本（2）	资产大的银行（3）	资产小的银行（4）
RR	0.528 ** (0.038)			
*HK * RR*		-3.923 *** (0.000)	-3.841 *** (0.000)	
*LK * RR*		-0.336 (0.167)		-0.287 (0.244)
K	-0.273 ** (0.017)			
P	-2.666 *** (0.002)	-1.113 (0.107)	-1.340 ** (0.046)	-1.297 * (0.063)
ROA	-8.901 *** (0.000)	-4.685 *** (0.001)	-5.527 *** (0.000)	-4.899 *** (0.001)
ASSET	-5.370 ** (0.043)	-6.440 ** (0.042)	-6.104 * (0.054)	-6.424 ** (0.046)
LIQ	-0.391 *** (0.000)	-0.051 (0.260)	-0.069 (0.111)	-0.069 (0.129)
GDP	-0.499 *** (0.010)	-0.468 ** (0.029)	-0.465 ** (0.031)	-0.513 ** (0.019)
Effects	FE	FE	FE	FE
R^2	0.560	0.433	0.430	0.414

资料来源：Stata 软件计算。

注：（1）括号里的数值为P值；（2）***、**、*分别表示在1%、5%和10%的水平下显著；（3）FE表示模型采用的是固定效应形式。

但是，通过观察第（2）列的回归系数，可得法定存款准备金率（*RR*）的变化无论对资本充足率高还是资本充足率低的银行贷款供给影响的系数都是负的，这一结果与CC-LM理论银行资产负债表渠道的分析一致。换言之，所有银行资产负债表指标中资本充足率指标都会受到紧缩性货币政策的负面影响。同时，通过两个系数间的比较，资本充足率高的银行的系数大于资本充足率低的银行，也就是说资本充足率高的银行更易受到紧缩货币政策的影响。第（3）和第（4）列的比较分析对这一推论进一步加以确认，分别使用47家资本充足率高的银行和47家资本充足率低的银行的样本进行了回归分析。

第（3）和第（4）列表明，使用分样本的回归估计结果与全样本回归的结果一致：存款准备金率系数为负值，而且资本充足率高的银行的回归系数绝对值大于资本充足率低的银行，即资本充足率高的银行更易受到紧缩货币政策的影响。

从其他变量和控制变量系数观察，主要考察资本充足率的回归方程中，贷款损失准备金率和净资产收益率、资产比率、流动性比率对贷款供给有负向影响，控制变量（经济增长率）对贷款供给也有负向影响。

表2-3的结果显示，商业银行资产负债表中的资本充足率指标在货币政策工具（存款准备金率）的传导过程当中具有重要作用，货币政策可以有效影响到商业银行的贷款供给，并且法定存款准备金率对资本充足率高的银行贷款供给影响更大。

2. 贷款基准利率对贷款供给的影响：按资本充足率分类

表2-5中反映了一年期贷款基准利率对商业银行贷款供给的影响情况，回归系数为负，并且统计结果显著。这说明：中央银行紧缩性的价格型货币政策实施后，商业银行的贷款供给将减少，这与CC-LM模型当中银行资产负债表渠道理论和贷款基准利率货币政策对商业银行贷款供给的分析一致。

第（2）列中，贷款利率对资本充足率高的银行和对资本充足率比较低的银行的影响都为基准负值，并且在统计结果上显著，数值上前者的系数绝对值大于后者，说明利率的波动对资本充足率高的银行的贷款供给影响要大于对资本充足率低的银行，同时，估计利率对资本充足率高的银行和资本充足率低的银行信贷行为的影响系数。

第（3）、（4）列的结果显示与第（2）列的结果一致：与资本充足率比较低的银行相比，利率水平的变动可以更好地影响资本充足率比较高的银行的贷款供给。从控制变量的系数可以发现，表2-4与表2-5均为负值。

表 2 -5 贷款基准利率对银行贷款的影响（样本按资本充足率分类）

GLOAN				
	全样本（1）	全样本（2）	资产大的银行（3）	资产小的银行（4）
LR	-2.511 ** (0.044)			
HK ∗ LR		-10.143 *** (0.004)	-9.431 *** (0.008)	
LK ∗ LR		-2.843 ** (0.050)		-2.412 ∗ (0.097)
K	-0.310 *** (0.006)			
P	-2.332 *** (0.007)	-1.467 ** (0.031)	-1.626 ** (0.016)	-1.344 ** (0.049)
ROA	-6.754 *** (0.000)	-5.354 *** (0.000)	-5.958 *** (0.000)	-5.083 *** (0.000)
ASSET	-5.850 ** (0.027)	-6.139 ∗ (0.053)	-6.191 ∗ (0.052)	-6.088 ∗ (0.058)
LIQ	-0.299 *** (0.000)	-0.073 ∗ (0.095)	-0.074 ∗ (0.089)	-0.084 ∗ (0.055)
GDP	-0.244 (0.311)	-0.096 (0.720)	-0.402 ∗ (0.067)	-0.256 (0.333)
Effects	FE	FE	FE	FE
R^2	0.560	0.428	0.422	0.416

资料来源：Stata 软件计算。

注：（1）括号里的数值为 P 值；（2）***、**、* 分别表示在 1%、5% 和 10% 的水平下显著；（3）FE表示模型采用的是固定效应形式。

表 2 -5 的结果显示了，货币政策工具（一年期贷款基准利率）对银行资产负债表中的资本充足率有显著影响，而且资本充足率高的银行受到的影响更为显著，对资本充足率低的银行影响效率较低。

3. 货币供应量对贷款供给的影响：按资本充足率分类

表 2 -6 中的结果检验的是全样本资本充足率下银行贷款供给与货币供应量 M1 增长率之间的关系，第（1）列回归系数当中货币供应量增长率的系数为正，统计意义显著，说明货币政策与银行贷款供给之间存在正相关关系，减少或增加货币供应量会影响到商业银行的资产负债表，进而影响到贷款供给，与 CC - LM 理论的分析一致。

第（2）列中的高资本充足率和低资本充足率的银行贷款供给的回归系数均为正，统计意义显著，资本充足率高的银行的回归系数大于资本充足率低的银行。从经济意义上表明：资本充足率高的银行更易受到货币政策的影响，说明银行资产负债表中资本充足率指标对货币政策传导有重要影响。

第（3）、（4）列使用分样本对47家高资本充足率银行和47家低资本充足率银行的贷款行为进行了研究，结果与第（2）列中的基本一致，货币政策变化对资本充足率高的银行影响更显著，回归系数更大。控制变量与其他回归变量系数与表2－4和表2－5一致，都是负值。

表2－6　货币供应量对银行贷款的影响（样本按资本充足率分类）

	GLOAN			
	全样本（1）	全样本（2）	资产大的银行（3）	资产小的银行（4）
*GM*1	0.502*** (0.001)			
HK＊*GM*1		1.206*** (0.004)	1.062** (0.011)	
LK＊*GM*1		0.481*** (0.005)		0.420** (0.015)
K	－0.305*** (0.006)			
P	－2.281*** (0.008)	－1.445** (0.031)	－1.559** (0.021)	－1.380** (0.042)
ROA	－6.954*** (0.000)	－5.587*** (0.000)	－5.870*** (0.000)	－5.340*** (0.000)
ASSET	－5.857** (0.025)	－6.106＊ (0.054)	－6.181＊ (0.053)	－6.064＊ (0.058)
LIQ	－0.302*** (0.000)	－0.075＊ (0.083)	－0.073＊ (0.096)	－0.088** (0.043)
GDP	－0.093 (0.686)	－0.007 (0.978)	－0.386＊ (0.082)	－0.193 (0.442)
Effects	FE	FE	FE	FE
R^2	0.569	0.433	0.422	0.421

资料来源：Stata软件计算。

注：（1）括号里的数值为P值；（2）***、**、*分别表示在1%、5%和10%的水平下显著；（3）FE表示模型采用的是固定效应形式。

根据表2-6的估计结果，货币供应量对银行资产负债表中的资本充足率指标有重要影响，会影响到贷款供给的多少，说明货币政策传导的银行资产负债表渠道有效，另外，货币供应量变化冲击对高资本充足率的银行影响更大。

总之，表2-4、表2-5、表2-6中的结果显示，货币政策（存款准备金率、一年期贷款基准利率、货币供应量）对资本充足率高的银行的影响程度大于对资本充足率低的银行的影响程度。所以，无论是从总体上来看，还是从分样本（资本充足率高的银行和资本充足率低的银行）上进行观察，对银行贷款供给行为影响最大的货币政策是贷款基准利率。即，价格型货币政策工具对银行贷款供给行为影响最大，货币政策传导的银行资产负债表渠道传导效率最高。

（二）流动性不同的银行面对货币政策冲击下的贷款行为

对流动性不同的银行面对货币政策冲击下贷款行为的考察与表2-4、表2-5和表2-6对资本充足率考察的方法类似，参见表2-7、表2-8、表2-9。

1. 存款准备金率对贷款供给的影响：按流动性分类

表2-7是法定存款准备金率对银行贷款供给的影响，第（1）列使用全样本对存款准备金率进行回归，回归系数显著；第（2）列考察流动性强弱不同的银行在法定存款准备金率的影响下对总体样本银行贷款供给的影响，回归系数不显著，说明存款准备金率对银行资产负债表中的流动性比率有重要影响，进而可以调控贷款供给，但对不同银行的影响仍然有待进一步验证。

第（3）（4）列中进一步对存款准备金和流动性强弱不同的银行进行回归，以解释贷款行为的变化。从回归系数上观察，存款准备金率对流动性强的银行影响系数较大，也就是说货币政策工具对流动性强的银行贷款供给行为影响更大；对于流动性较弱的银行回归系数为负，说明存款准备金率与贷款供给在小银行中呈负相关。拥有强流动性的银行，随着存款准备金率的提高贷款供给反而下降，流动性弱的银行贷款供给反而随着存款准备金率的提高而提高。强流动性银行对货币政策的反应与CC-LM理论分析一致，但是弱流动性银行贷款行为对货币政策的反应却与CC-LM理论分析相反。

表 2-7　存款准备金率对银行贷款的影响（样本按流动性分类）

	GLOAN			
	全样本（1）	全样本（2）	资产大的银行（3）	资产小的银行（4）
RR	0.528 ** (0.038)			
HLIQ * *RR*		-0.716 (0.261)	-0.717 (0.259)	
LLIQ * *RR*		0.045 (0.850)		0.047 (0.843)
LIQ	-0.391 *** (0.000)			
K	-0.273 ** (0.017)	-0.554 *** (0.000)	-0.553 *** (0.000)	-0.557 *** (0.000)
P	-2.666 *** (0.002)	-3.676 *** (0.000)	-3.633 *** (0.000)	-3.716 *** (0.000)
ROA	-8.901 *** (0.000)	-5.841 *** (0.000)	-5.723 *** (0.000)	-5.898 *** (0.000)
ASSET	-5.370 ** (0.043)	-5.896 ** (0.033)	-5.958 ** (0.030)	-6.348 ** (0.020)
GDP	-0.499 ** (0.010)	-0.652 *** (0.001)	-0.652 *** (0.001)	-0.662 *** (0.001)
Effects	FE	FE	FE	FE
R^2	0.560	0.534	0.534	0.533

资料来源：Stata 软件计算。

注：（1）括号里的数值为 P 值；（2）***、**、* 分别表示在 1%、5% 和 10% 的水平下显著；（3）FE表示模型采用的是固定效应形式。

2. 贷款基准率对贷款供给的影响：按流动性分类

表 2-8 中的结果列示了价格型货币政策工具（一年期贷款基准利率）对银行贷款供给的影响，第（1）列与表 2-5 中估计结果类似，一年期贷款基准利率对银行贷款供给的影响，系数显著，且呈负相关关系；在第（2）列中，贷款利率对强、弱流动性分样本银行回归系数为负，绝对值前者大于后者，表明一年期贷款基准利率对强流动性银行贷款供给行为影响更大。利用 47 家强流动性银行和 47 家弱流动性银行分样本回归系数与第

（2）列结果一致。

表 2-8　贷款基准利率对银行贷款的影响（样本按流动性分类）

	GLOAN			
	全样本（1）	全样本（2）	资产大的银行（3）	资产小的银行（4）
LR	-2.511 ** (0.044)			
HLIQ * LR		-9.756 *** (0.000)	-9.394 *** (0.001)	
LLIQ * LR		-1.239 (0.352)		-0.540 (0.687)
LIQ	-0.299 *** (0.000)			
K	-0.310 *** (0.006)	-0.507 *** (0.000)	-0.510 *** (0.000)	-0.555 *** (0.000)
P	-2.332 *** (0.007)	-3.510 *** (0.000)	-3.582 *** (0.000)	-3.641 *** (0.000)
ROA	-6.754 *** (0.000)	-6.254 *** (0.000)	-6.488 *** (0.000)	-5.660 *** (0.000)
ASSET	-5.850 ** (0.027)	-5.798 ** (0.030)	-5.772 ** (0.031)	-6.436 ** (0.018)
GDP	-0.244 (0.311)	-0.362 (0.133)	-0.491 ** (0.013)	-0.609 *** (0.010)
Effects	FE	FE	FE	FE
R^2	0.560	0.551	0.549	0.533

资料来源：Stata 软件计算。

注：（1）括号里的数值为 P 值；（2）***、**、* 分别表示在 1%、5% 和 10% 的水平下显著；（3）FE表示模型采用的是固定效应形式。

表 2-8 中的回归结果显示，银行资产负债表中的银行流动性指标对价格型货币政策工具（一年期贷款基准利率）的传导效果更明显，且强流动性银行的资产负债表传导效率较高，流动性弱的银行传导效率比较低。

3. 货币供应量对贷款供给的影响：按流动性分类

表 2-9 中的结果显示了货币供应量 M1 增长率对银行贷款供给的影

响。第（1）列与表2-6的结果一致，货币供应量增长率系数为正，统计意义上显著，表明货币供应量会影响到银行贷款供给。第（2）列中进一步将流动性强、弱不同的银行合并回归后发现总的回归系数为正，结果显著；第（3）（4）列将流动性强、弱不同的银行分别估计后发现两种类型针对货币供应量的回归系数均为正，结果显著，与第（2）列的结果一致，但对流动性强的银行贷款供给行为影响大于对流动性弱的银行贷款供给行为的影响。从控制变量系数上看，表2-4和表2-5的结果一致，均为负值。

表2-9　货币供应量对银行贷款的影响（样本按流动性分类）

	GLOAN			
	全样本（1）	全样本（2）	资产大的银行（3）	资产小的银行（4）
GM1	0.502 *** (0.001)			
HLIQ * GM1		1.202 *** (0.000)	1.077 *** (0.002)	
LLIQ * GM1		0.381 ** (0.016)		0.296 * (0.062)
LIQ	-0.302 *** (0.000)			
K	-0.305 *** (0.006)	-0.510 *** (0.000)	-0.511 *** (0.000)	-0.559 *** (0.000)
P	-2.281 *** (0.008)	-3.391 *** (0.000)	-3.498 *** (0.000)	-3.603 *** (0.000)
ROA	-6.954 *** (0.000)	-6.111 *** (0.000)	-6.378 *** (0.000)	-5.513 *** (0.000)
ASSET	-5.857 ** (0.025)	-6.264 ** (0.019)	-6.274 ** (0.019)	-6.418 * * (0.018)
GDP	-0.093 (0.686)	-0.190 (0.413)	-0.487 ** (0.015)	-0.448 ** (0.047)
Effects	FE	FE	FE	FE
R^2	0.569	0.554	0.546	0.537

资料来源：Stata 软件计算。

注：（1）括号里的数值为P值；（2）***、**、* 分别表示在1%、5%和10%的水平下显著；（3）FE表示模型采用的是固定效应形式。

根据表2－9可得，商业银行的流动性对货币政策（货币供应量）传导的银行资产负债表渠道有重要影响；另外，流动性强的银行受到货币供应量的影响比流动性比较弱的银行受到的影响要大。

总之，结合表2－7、表2－8和表2－9在流动性强弱相同的情况下进行对比：三种货币政策工具中，贷款基准利率的影响最大，存款准备金率的影响最不显著。也就是说，我国贷款基准利率传导的银行资产负债表渠道要比存款准备金率和货币供应量两个货币政策工具的传导效率高，即价格型货币政策工具比数量型货币政策工具对贷款供给的影响更有效。

（三）净资产收益率不同的银行面对货币政策冲击下的贷款行为

接下来对货币政策传导过程中净资产收益率不同的银行产生的传导效果进行实证检验。

分类同上述按流动性和资产规模分类一致，具体结果见表2－10、表2－11和表2－12，分别是法定存款准备金率、贷款基准利率和货币供应量对银行贷款供给的影响。

1. 存款准备金率对贷款供给的影响分析：按净资产收益率的分类

表2－10中列示了法定存款准备金率对银行贷款供给的影响，净资产收益率高的银行的回归系数为正，统计意义显著，对净资产收益率低的银行的回归系数为负，且不显著。第（3）、（4）列对第（2）列进行了补充说明，和第（2）列的统计结果类似，结果都不显著。尤其值得注意的是，存款准备金率对净资产收益率低的银行影响大于净资产收益率高的银行。即货币政策对净资产收益率低的银行影响效率高于对净资产收益率高的银行的影响效率。

表2－10中列示了在不同净资产收益率下一年期贷款基准利率对银行贷款供给的影响，第（2）列中，一年期贷款利率对净资产收益率高与净资产收益率低的银行的影响系数均为负值，且统计意义上显著，影响程度基本一致。同时，利用分类样本，贷款基准利率对47家净资产收益率高的银行和47家净资产收益率低的银行的信贷供给影响系数进行了估计。第（3）、（4）列表明，结果与第（2）列一致。

表 2-10 存款准备金率对银行贷款的影响（样本按净资产收益率分类）

	GLOAN			
	全样本（1）	全样本（2）	资产大的银行（3）	资产小的银行（4）
RR	0.528 ** (0.038)			
HROA * RR		0.036 (0.897)	0.081 (0.770)	
LROA * RR		-0.474 (0.160)		-0.479 (0.153)
ROA	-8.901 *** (0.000)			
K	-0.273 ** (0.017)	-0.564 *** (0.000)	-0.562 *** (0.000)	-0.563 *** (0.000)
P	-2.666 *** (0.002)	-2.830 *** (0.002)	-2.895 *** (0.001)	-2.814 *** (0.002)
ASSET	-5.370 ** (0.043)	-5.580 ** (0.043)	-5.314 * (0.054)	-5.611 ** (0.041)
LIQ	-0.391 *** (0.000)	-0.190 ** (0.020)	-0.224 *** (0.004)	-0.187 ** (0.018)
GDP	-0.499 ** (0.010)	-0.674 *** (0.001)	-0.677 *** (0.001)	-0.675 *** (0.001)
Effects	FE	FE	FE	FE
R^2	0.560	0.525	0.522	0.525

资料来源：Stata 软件计算。

注：（1）括号里的数值为 P 值；（2）***、**、* 分别表示在 1%、5% 和 10% 的水平下显著；（3）FE表示模型采用的是固定效应形式。

2. 贷款基准利率对贷款供给的影响分析：按净资产收益率分类

表 2-11 中的结果列示了价格型货币政策工具（一年期贷款基准利率）对银行贷款供给的影响，一年期贷款基准利率对银行贷款供给的影响，系数显著，且呈负相关关系；在第（2）列中，贷款基准利率净资产收益率高、低的样本银行回归系数均为负，绝对值前者大于后者，表明一年期贷款基准利率对净资产收益率高银行贷款供给行为影响更大。利用 47 家净资产收益率高银行和 47 家净资产收益率低银行分样本回归系数与第（2）列结果一致。

表 2－11　贷款基准利率对银行贷款的影响（样本按净资产收益率分类）

	GLOAN			
	全样本（1）	全样本（2）	资产大的银行（3）	资产小的银行（4）
LR	−2.511** (0.044)			
HROA * LR		−3.455** (0.030)	−2.817* (0.070)	
LROA * LR		−2.913* (0.081)		−2.083 (0.201)
ROA	−6.754*** (0.000)			
K	−0.310*** (0.006)	−0.528*** (0.000)	−0.538*** (0.000)	−0.556*** (0.000)
P	−2.332*** (0.007)	−2.633*** (0.003)	−2.723*** (0.002)	−2.819*** (0.002)
ASSET	−5.850** (0.027)	−5.303* (0.052)	−5.222* (0.056)	−5.461** (0.047)
LIQ	−0.299*** (0.000)	−0.223*** (0.003)	−0.231*** (0.002)	−0.212*** (0.005)
GDP	−0.244 (0.311)	−0.293 (0.239)	−0.486** (0.030)	−0.571*** (0.008)
Effects	FE	FE	FE	FE
R^2	0.560	0.531	0.527	0.524

资料来源：Stata 软件计算。

注：（1）括号里的数值为 P 值；（2）***、**、* 分别表示在 1%、5% 和 10% 的水平下显著；（3）FE表示模型采用的是固定效应形式。

表 2－11 中的回归结果显示，银行资产负债表中的银行资产收益率指标对价格型货币政策工具（一年期贷款基准利率）的传导效果明显，且净资产收益率高的银行资产负债表传导效率较高，净资产收益率低的银行传导效率比较低。

3. 货币供应量对银行贷款的影响：按净资产收益率分类

表 2－12 中的结果显示了不同净资产收益率下，货币供应量 M1 增长率与银行贷款供给间的关系。第（3）（4）列通过分样本对货币供应量变动情

况下净资产收益率高和低的银行贷款行为进行了分析，结果与第（2）列中的保持一致：货币供应量变动对净资产收益率高的银行贷款行为的影响效率大于净资产收益率低的银行。

根据表2－12的结果，可以得出银行资产负债表中的净资产收益率指标对货币政策传导的银行资产负债表渠道具有重要影响，可以有效影响银行的贷款供给；净资产收益率高的银行贷款供给受到货币供应量的影响更大。

表2－12　货币供应量对银行贷款的影响（样本按净资产收益率分类）

	GLOAN			
	全样本（1）	全样本（2）	资产大的银行（3）	资产小的银行（4）
GM1	0.502*** (0.001)			
HROA * GM1		0.647*** (0.001)	0.579*** (0.002)	
LROA * GM1		0.377* (0.067)		0.243 (0.236)
ROA	-6.954*** (0.000)			
K	-0.305*** (0.006)	-0.531*** (0.000)	-0.533*** (0.000)	-0.561*** (0.000)
P	-2.281*** (0.008)	-2.589*** (0.003)	-2.622*** (0.003)	-2.858*** (0.001)
ASSET	-5.857** (0.025)	-5.363** (0.047)	-5.421** (0.046)	-5.338* (0.052)
LIQ	-0.302*** (0.000)	-0.230*** (0.002)	-0.238*** (0.002)	-0.212*** (0.005)
GDP	-0.093 (0.686)	-0.205 (0.388)	-0.383* (0.079)	-0.586*** (0.006)
Effects	FE	FE	FE	FE
R^2	0.569	0.540	0.535	0.524

资料来源：Stata软件计算。

注：（1）括号里的数值为P值；（2）***、**、*分别表示在1%、5%和10%的水平下显著；（3）FE表示模型采用的是固定效应形式。

综合表2－10、表2－11、表2－12的结果得到，净资产收益率是货币政策传导的银行资产负债表中的重要影响因素；在三种货币政策工具的冲击下，贷款基准利率、货币供应量的调控下，净资产收益率高的银行的贷款供给受到的影响更大。

另外，三种货币政策工具中，无论是总体考察还是分样本考察，贷款基准利率对银行贷款供给的影响最大。也就是说，中国货币政策中贷款基准利率的银行资产负债表传导渠道效率高于法定存款准备金率和货币供应量。

（四）资产规模不同的银行面对货币政策冲击下的贷款行为

和上面三种分类、估计方法一致，具体结果见表2－13、表2－14和表2－15。

1. *存款准备金率对贷款供给的影响：按资产规模分类*

表2－13是法定存款准备金率和银行贷款供给间的回归结果，第（2）列中显示在不同银行资产规模下，法定存款准备金率对贷款供给间呈正相关，资产规模大的银行的系数显著，资产规模小的银行的系数不显著。第（3）、（4）列进行了分样本回归后补充了第（2）列的结果。存款准备金率对资产规模大的银行贷款供给的影响更大。也就是说存款准备金的传导效率，资产规模大的银行高于规模小的银行。

表2－13　存款准备金率对银行贷款的影响（样本按资产规模分类）

	GLOAN			
	全样本（1）	全样本（2）	资产大的银行（3）	资产小的银行（4）
RR	0.528** (0.037)			
HASSET * RR		0.939** (0.019)	0.818** (0.037)	
LASSET * RR		0.425 (0.134)		0.288 (0.307)
ASSET	−5.370** (0.043)			
K	−0.273 (0.017)**	−0.253** (0.029)	−0.276** (0.016)	−0.307*** (0.007)
P	−2.666*** (0.002)	−2.465*** (0.006)	−2.238** (0.011)	−2.629*** (0.003)
ROA	−8.901*** (0.000)	−8.832*** (0.000)	−7.617*** (0.000)	−7.728*** (0.000)

续表

GLOAN				
	全样本（1）	全样本（2）	资产大的银行（3）	资产小的银行（4）
LIQ	-0.391*** (0.000)	-0.414*** (0.000)	-0.362*** (0.000)	-0.339*** (0.000)
GDP	-0.499** (0.010)	-0.502*** (0.010)	-0.527*** (0.007)	-0.527*** (0.007)
Effects	FE	FE	FE	FE
R^2	0.560	0.556	0.553	0.549

资料来源：Stata 软件计算。

注：（1）括号里的数值为 P 值；（2）***、**、* 分别表示在 1%、5% 和 10% 的水平下显著；（3）FE表示模型采用的是固定效应形式。

2. 贷款基准利率对贷款供给的影响：按资产规模分类

表 2-14 中表示了一年期贷款基准利率和银行贷款供给间的关系，第（2）列中，贷款利率对资产规模大的银行的贷款行为影响系数为正，但统计上不显著，对贷款规模小的银行贷款行为的影响系数为负，在统计上显著。贷款利率对资产规模小的银行的回归系数绝对值大于资产规模大的银行。这个结果表明，贷款基准利率对资产规模小的银行是负向冲击更有效率，符合上述 CC-LM 模型的理论分析，但贷款利率对资产规模大的银行冲击与理论分析不一致。第（3）和第（4）列使用分样本，估计了利率对资产规模大的银行和资产规模小的银行贷款供给的影响系数，其结果与第（2）列一致。

表 2-14　贷款基准利率对银行贷款的影响（样本按资产规模分类）

GLOAN				
	全样本（1）	全样本（2）	资产大的银行（3）	资产小的银行（4）
LR	-2.511** (0.044)			
HASSET * LR		0.023 (0.992)	1.061 (0.655)	
LASSET * LR		-3.137** (0.019)		-3.139** (0.017)
ASSET	-5.850** (0.027)			

续表

GLOAN				
	全样本（1）	全样本（2）	资产大的银行（3）	资产小的银行（4）
K	-0.310 *** (0.006)	-0.299 *** (0.008)	-0.317 *** (0.005)	-0.299 *** (0.008)
P	-2.332 *** (0.007)	-2.270 *** (0.009)	-2.456 *** (0.005)	-2.270 *** (0.009)
ROA	-6.754 *** (0.000)	-6.674 *** (0.000)	-7.016 *** (0.000)	-6.672 *** (0.000)
LIQ	-0.299 *** (0.000)	-0.321 *** (0.000)	-0.314 *** (0.000)	-0.321 *** (0.000)
GDP	-0.244 (0.311)	-0.238 (0.325)	-0.564 *** (0.005)	-0.238 (0.304)
Effects	FE	FE	FE	FE
R^2	0.560	0.555	0.548	0.555

资料来源：Stata 软件计算。

注：（1）括号里的数值为 P 值；（2）***、**、* 分别表示在 1%、5% 和 10% 的水平下显著；（3）FE表示模型采用的是固定效应形式。

3. 货币供应量对贷款供给的影响：按资产规模分类

表 2-15 中列示了货币供应量 M1 的增长率与银行贷款供给间的关系。第（2）列进一步考察了货币供应量变动对资产规模不同银行贷款供给的影响，回归系数为正且统计意义显著。

第（3）、（4）列分别估算出货币供应量变动对不同资产规模银行贷款行为的影响情况，结果与前面三组有所不同，货币供应量的变动对资产规模大的银行贷款供给的影响不显著，对资产规模小的银行贷款供给影响系数更大更显著。

表 2-15　货币供应量对银行贷款的影响（样本按资产规模分类）

GLOAN				
	全样本（1）	全样本（2）	资产大的银行（3）	资产小的银行（4）
GM1	0.502 *** (0.001)			
HASSET * GM1		0.520 * (0.089)	0.373 (0.222)	

续表

GLOAN				
	全样本（1）	全样本（2）	资产大的银行（3）	资产小的银行（4）
LASSET * GM1		0.501 *** (0.002)		0.460 *** (0.004)
ASSET	-5.857 ** (0.025)			
K	-0.305 *** (0.006)	-0.301 *** (0.007)	-0.312 *** (0.006)	-0.312 *** (0.006)
P	-2.281 *** (0.008)	-2.245 *** (0.009)	-2.382 *** (0.006)	-2.351 *** (0.007)
ROA	-6.954 *** (0.000)	-6.824 *** (0.000)	-6.992 *** (0.000)	-6.806 *** (0.000)
LIQ	-0.302 *** (0.000)	-0.310 *** (0.000)	-0.310 *** (0.000)	-0.308 *** (0.000)
GDP	-0.093 (0.686)	-0.097 (0.677)	-0.485 ** (0.016)	-0.208 (0.354)
Effects	FE	FE	FE	FE
R^2	0.569	0.563	0.550	0.559

资料来源：Stata 软件计算。

注：（1）括号里的数值为 P 值；（2）***、**、* 分别表示在 1%、5% 和 10% 的水平下显著；（3）FE表示模型采用的是固定效应形式。

总之，从表 2-13、表 2-14 和表 2-15 的结果中，可以得出资产规模对货币政策传导的银行资产负债表渠道有重要影响，而且三种货币政策工具的冲击对大、小银行的贷款行为影响不一致，存款准备金率冲击对资产规模大的银行贷款供给影响更大，但贷款基准利率和货币供应量的冲击对资产规模小的银行贷款供给影响更大。从货币政策的银行资产负债表传导效率上看，三种货币政策工具都基本有效，但难分优劣。

小 结

为了研究货币政策传导的银行资产负债表渠道，分别从银行异质性的四个方面“资本充足率”“流动性”“净资产收益率”“资产规模”进行探讨，主要分析了货币政策对不同银行贷款供给的影响，得出了不同的结论：

（一）银行异质性：资本充足率

在存款准备金率、一年期贷款基准利率、货币供应量三种形式的货币政策冲击下，资本充足率比较高的银行贷款供给受到的影响更大，其他变量系数的变动方向与货币政策理论一致。在货币政策冲击下，商业银行为了应对冲击，一般有三种方法：（1）选择增加资本金；（2）增加风险权重较低的资产；（3）减少风险资产（减少贷款供给）。第（1）种方法会增加融资成本，第（2）种方法中增加风险低的资产在市场中成本较高；第（3）种方法减少贷款供给是商业银行普遍选用的。为了能够达到监管层的最低要求，通常商业银行都会减少贷款供给。

上述推论与本节的实证研究存在差异，原因在于银行是经济、金融的核心组成部分，国家与政府对银行等金融机构承担了隐性担保，基本上不存在破产情况；所以，即使银行存在破产风险，投资者仍然会继续进行投资，资本充足率的高低对银行的融资状况无关，也就是说，无论监管层对资本充足率的要求如何，银行都有可能筹措到资金用于贷款；而且，银行资本充足率低，说明银行的贷款余额较多，银行盈利能力强，外部投资者对银行盈利的预期也相应提升，必定争相投资于该银行，进一步降低银行融资成本。因此，货币政策冲击对资本充足率高的银行贷款供给影响反而更大。

结合上述分析，资本充足率需要保持在不会影响银行融资能力的水平之上，同时也不能够影响到投资者对银行盈利能力的判断。

（二）银行异质性：流动性比率

三种货币政策冲击对流动性强的银行贷款供给影响最大。这与 CC - LM 的理论分析一致，银行流动性指银行满足存款人支取现金和偿付债务的能力，需要保有一定的现金和易变现资产。如果银行的流动性较高，说明银行的贷款供给少，银行盈利现金减少，盈利能力较差，投资者将不愿投资于盈利能力较差的银行，该银行外部融资成本升高，面对紧缩货币政策，银行难于从外部筹措资金满足贷款供给；反之，流动性较差的银行，反而被投资者看好，更易获得外部融资，面对货币政策冲击更易筹措资金发放贷款。

另外，贷款基准利率和货币供应量冲击下，流动性不同银行贷款供给的变化方向符合 CC – LM 理论，但存款准备金率冲击却相反。这可能是由于中国存款准备金率传导效率较差，政策工具实施效应不明显的原因造成。

本书认为，商业银行需要保持合理的流动性水平，流动性过低容易产生经营风险，流动性过高外部融资成本变大，贷款供给的下降幅度会较大。

（三）银行异质性：净资产收益率

三种货币政策工具冲击下，贷款基准利率和货币供应量对净资产收益率高的银行贷款供给影响更大，变动方向与 CC – LM 货币政策理论一致。

但存款准备金率冲击下，净资产收益率低的银行贷款供给受到的影响更大，且存款准备金率与净资产收益率高的银行贷款供给呈正相关，这与 CC – LM 货币政策理论不符。

（四）银行异质性：资产规模

存款准备金率冲击下，资产规模大的银行贷款供给受到影响更大，且所有银行贷款供给变化与资产规模呈正相关关系，随着存款准备金率的提高，贷款供给增加。贷款基准利率和货币供应量冲击下，资产规模小的银行受到影响更大，与货币政策变动方向一致。我国资产规模大的银行盈利能力强于小规模银行，所以外部投资者对小银行盈利预期较低，会提高小规模银行的外部融资成本，在货币政策冲击下，影响小银行的贷款供给减少更多。

（五）货币政策工具的有效性：数量型与价格型货币政策工具

三种货币政策工具中存款准备金率、货币供应量可视为数量型货币政策工具，一年期贷款基准利率为价格型货币政策工具。在上述实证检验过程当中，贷款基准利率对银行贷款供给的影响最强，传导效率最高，存款准备金率对贷款供给的影响效果最差；换言之，价格型货币政策工具对商业银行的调控最有效，数量型货币政策工具的调控效果较差。

这是由于我国存款准备金率是最常使用的货币政策工具，中央银行试图通过存款准备金率影响银行贷款供给行为，进而影响到实体经济。但是，我国商业银行的超额存款准备金率一直处于较高水平，阻碍了存款准备金率货币政策工具对商业银行的影响。而且随着金融创新、表外业务的增多，银行的外部融资能力逐渐变强，中央银行对商业银行存款准备金率的调整对其贷款供给的影响较差。

从货币政策中介目标上看，我国货币政策从直接调控改为间接调控以来，一直使用货币供应量作为货币政策中介指标[①]，但其有效性一直受到质疑，就货币供应量与银行贷款供给间的可控性、可测性、相关性学界一直存在争论，货币供应量与实体经济间的关系也一直是研究的焦点。实体经济活动当中微观经济主体的融资活动在传统的货币供应量统计口径中无法反映，大多数居民储蓄、投资行为都受到商业银行贷款基准利率的影响。所以，在我国货币政策实施过程当中，对银行等金融机构应更多地使用贷款基准利率等价格型货币政策工具进行调控。

① 罗刚、陈黎明：《从我国的货币政策传导机制看当前的货币政策选择》，载《西北大学学报（哲学社会科学版）》2012 年第 7 期：34－55。

第三章　货币政策传导的居民资产负债表渠道：居民财富效应

货币政策效应是微观经济主体综合反应的结果，居民作为消费的最终主体，其消费、储蓄、资产等内容与货币政策工具实施是否有效密切相关。因此，深入研究货币政策传导的居民资产负债表渠道具有重要意义。刘向耘等（2009）的研究发现中国居民资产负债表中资产由金融资产（储蓄、证券、非证券金融资产等）、住房资产等科目构成，因此探讨中国货币政策传导的居民资产负债表渠道必然要从以上几种资产内容入手①。货币政策通过居民资产负债表传导的主要途径有托宾Q效应、财富效应等机制。

根据《新帕尔格雷夫经济学大辞典》（1992）② 的解释，财富效应是指："当其他条件相同时，货币余额的变化，将会在总消费开支的方面引起变动。这样的财富效应通常被称为庇古效应或实际余额效应"。换言之，财富效应是指资产价格的上升使得资产持有者的财富增加，并由此导致消费支出增长的现象；或者说，资产价格的上涨或者下跌，引起资产持有者的财富增加或减少，进而促进或抑制消费增长，影响短期边际消费倾向，促进或抑制经济增长的效应。由于社会财富构成的多元化以及财富结构的不断变化，各种资产价格的变动均可能引起财富水平变化，因此，现代意义上的财富效应主要指居民净资产价值变化对居民消费需求的影响。

目前关于财富效应的分析，大多数都是围绕着 Friedman（1961）所创立的持久收入理论③和 Ando & Modigliani（1963）创立的生命周期理论的传

---

① 刘向耘、牛慕鸿、杨娉：《中国居民资产负债表分析》，载《金融研究》，2009 年第 10 期，第 107 - 117 页。

② 约翰·伊特韦尔等：《新帕尔格雷夫经济学大词典》，中文版，北京，经济科学出版社，1992 年。

③ Friedman, M., *Monetary Data and National Income Estimates*, Economic Development and Cultural Change [J], 1961, 9 (3): 267 - 286.

统框架下进行分析的[①]。

考虑到数据的可得性，本章根据骆祚炎（2012）[②] 和 Benjamin et al.（2004）对货币政策和居民资产负债表的模型进行拓展研究，通过居民财富效应来探讨货币政策对居民资产负债表的影响[③]。

第一节 货币政策与居民财富效应的稳定性

在 1990 年以前关于居民财富效应的研究主要集中于金融资产（如股票、债券）对居民消费的影响，研究表明股票市场的波动对居民的消费产生了影响。Romer（1990）表示股价波动对耐用消费品的影响将会在 3 – 4 个月后发生，由于股票价格波动的不确定性，将会对居民的消费支出产生影响[④]。Pindyck et al.（1991）也支持股票价格的波动对居民消费产生影响[⑤]。Ling（2005）则对其研究进行拓展，首先他将股票价格对消费的影响从 3 – 4 个月调整到 12 个月后才会产生影响，认为股票市场波动对居民消费的影响是比较小的[⑥]；Fama（1990）[⑦]、Schwert（1990）通过实证研究支持了 Ling 的观点，他们都认为股票市场价格的波动将会使居民在其生命周期之内均匀地进行消费[⑧]。

---

① Ando, A., F. Modigliani, The *Life Cycle Hypothesis of Saving: Aggregate Implications and Tests* [J], American Economic Review, 1963: 53 (1): 55 – 84.

② 骆祚炎：《资产价格波动、财富效应稳定性与货币政策调控分析》，载《上海金融》，2012 年第 9 期，第 42 – 47 页。

③ Benjamin, John D., P. Chinloy and G. Donald Jud, *Real Estate Versus Financial Wealth in Consumption* [J], Journal of Real Estate Finance and Economics, 2004, 29 (3): 341 – 354.

④ Romer, C., *The Great Crash and the Onset of the Great Depression* [J], Quarterly Journal of Economics, 1990, 105 (3): 597 – 624.

⑤ Pindyck, R. S., *Irreversibility, Uncertainty and Investment* [J], Journal of Economic Literature, 1991, 29 (3): 1110 – 1148.

⑥ Ling, T. He and J. Mcgarrity, *A Reexamination of the Wealth Effect and Uncertainty Effect* [J], International Advances in Economics Research, 2005, 11 (4): 379 – 398.

⑦ Fama, E. F., *Stock Returns, Expected Returns, and Real Activity* [J], Journal of Finance, 1990, 45 (4): 1089 – 1108.

⑧ Schwert, W. G., *Stock Returns and Real Activity: a Century of Evidence* [J], Journal of Finance, 1990, (45): 1237 – 1257.

一、居民财富效应与货币政策调控的研究线索

根据上述研究，国内外学者争论的焦点有两个：一是货币政策传导的居民资产负债表渠道的确存在，尤其是货币政策对居民财富效应的影响是否显著的问题；二是资产价格波动与居民财富效应之间的关系。因此，对居民财富效应稳定性的进一步研究是非常重要的，国内外学者对财富效应的稳定性进行了许多实证检验，Benjamin et al（2004）的研究发现，金融资产的边际消费倾向（MPC）的取值区间为0－0.15，不动产的MPC则维持于0.08－0.15，美国家庭总资产的MPC在0.08－0.15间波动，说明美国家庭的MPC波动幅度较大。按照美国国家养老退休基金研究所的研究结果显示：金融资产的MPC为0.023（根据美国居民可支配收入口径计算），而住房资产的MPC为0.079①。骆祚炎（2007）的研究发现不同财富程度的中国居民边际消费倾向有较大的差别②。也有许多国内外文献对造成居民财富效应不稳定性的原因加以探讨，其中Potter（2006）将此边际消费倾向变化较大的原因归结于因为消费者在消费时需要考虑不同的金融资产，金融资产价格的波动幅度不一致，从而使资产价格波动来源不一致③；Hamburg et al.（2008）则将资产价格波动区分为永久性和暂时性的变化，并将他们认定为对居民消费的影响在程度和效果上是不一样的④。

根据上述前人研究内容可以发现：财富效应不断波动的一个重要原因是资产价格的波动。另外的一些研究文献对于货币政策是否能够有效地调控资产价格波动从而影响财富效应进行了探讨，主要形成了两种不同的观点：

第一种观点认为资产价格波动应该被加入到货币政策调控目标体系当中，货币政策需要对资产价格波动进行有效干预。Bordo & Jeanne（2002）在泰勒规则中对此观点进行了研究，认为货币政策和资产价格波动存在联

① Benjamin, J. D., P. Chinloy and G. Donald Jud, *Real Estate Versus Financial Wealth in Consumption* [J], Journal of Real Estate Finance and Economics, 2004, 29 (3): 341－354.

② 骆祚炎：《财富效应理论研究新进展》，载《经济学动态》，2007年第6期，第105－109页。

③ Potter, S., *Consumption and Wealth*, *Paper Presented at the BIS Autumn Economists' Meeting* [R], 2006, Basel.

④ Hamburg, B., M. Hoffmann and J. Keller, *Consumption, wealth and business cycles in Germany*. Empirical Economics [J], 2008, 34 (3): 451－476.

系，货币政策的调控也是有效的[①]；Srejber（2004）金融加速器效应和资产价格波动效应互相加强，影响宏观经济的稳定，货币政策目标不能仅关注物价稳定[②]。IMF（2009）的报告指出，货币政策需要关注宏观金融风险，并力图阻止资产价格波动所造成的风险。许多研究者不仅主张使用货币政策来干预资产价格波动，而且认为资产价格也应该成为货币政策调控的目标，比如 Bordo & Wheelock（2004）在其研究中认为，货币政策的目标应该加入资产价格波动[③]。

第二种观点则认为资产价格波动不应该成为货币政策的关注目标。Grande（2006）的研究发现货币政策调控目标当中如果加入资产价格波动会产生一系列问题，由于合理的资产价格难以确定，如果将市场中的资产价格直接纳入到货币政策调控目标当中会影响货币政策调控决策的意愿，对资产价格的过于关注，将忽略对其他目标的关注[④]。Assenmacher - Wesche & Gerlach（2008）认为，如果将资产价格加入到货币政策调控目标当中将会引起宏观经济更大的波动[⑤]。Malkiel（2010）的研究发现，资产价格存在泡沫，而且资产价格波动对货币政策的反应比较滞后，货币政策制定者在获取资产价格方面与市场参与者相比没有更多的优势，反而会在试图调控过程当中挤压泡沫而造成货币政策调控目标无法完成，货币政策对资产价格波动的反应并不敏感[⑥]。

国内对财富效应的研究集中于财富效应是否存在和财富效应是否应该成为货币政策的调控依据两个方面。本节将股票、储蓄存款、社保和房地产四种资产合并进行研究，探讨城镇居民资产负债表效应中的财富效应，并重点针对房地产价格对居民资产负债表的影响进行了分析，提出维护居民财富效应的对策。

---

① Bordo, M. D., and D. Jeanne, *Boom busts in asset prices, economic instability, and monetary policy* [R], NBER Working Paper, 2002, No. 8966.

② Srejber, E., *What Role Do Asset Prices and Credit Play in Monetary Policy* [R]. Speech by Ms Eva Srejber, Thun, Switzerland, 30 June 2004.

③ Bordo, M. D. and D. C. Wheelock, *Monetary Policy and Asset Prices: A Look Back at Past U. S. Stock Market Booms* [R]. Review - Federal Reserve Bank of St. Louis; Nov/Dec 2004: 19 - 44.

④ Grande, G., *Asset prices and central bank policy: an Overview of Recent Research and Policy Analysis at the Bank of Italy* [J], Paper presented at the BIS Autumn Economists' Meeting, 30 - 31 October, 2006.

⑤ Assenmacher - Wesche, K. and S. Gerlach, *Ensuring Financial Stability: Financial Structure and the Impact of Monetary Policy on Asset Prices* [R], Institute for Empirical Research in Economics University of Zurich Working Paper, No. 361, 2008.

⑥ Malkiel, B. G., *Bubbles in Asset Prices* [R]. CEPS working paper, No. 200, January 2010.

二、居民财富效应稳定性的实证检验

根据以上文献研究，发现 Benjamin（2004）的居民财富效应研究模型考虑得比较全面，微观基础良好。该理论将居民财富分为收入和支出两类，可以取得收入的有金融资产 F_t 和实物资产 A_t；可支配收入分成转移性收入 T_t 和工资收入 S_t，财产性收入无关的收入总和为 S_t+T_t。在财富转换的过程当中，S_t+T_t 转化为另一种资产，将转化过程当中 S_t+T_t 的变化定义为 b_S 和 b_T。假设金融资产相对于住房资产的流动性为 θ_f，则按照 Benjamin et al.（2004）①的方法加总后，可以计算出居民拥有的总财富数由公式（3－1）表示。

$$W_t=b_SS_t+b_TT_t+\theta_fF_f+A_t \tag{3-1}$$

将公式（3－1）两边同时除以居民可支配收入 Z 得到：

$$W_t=b_S+\left(b_T-b_S\right)T_t+\theta_fF_t+A_t \tag{3-2}$$

如果 $C_t=C_t/Z_t$（相当于收入的平均消费倾向）。另外，定义总资产边际消费倾向为 P，则有 $C_t=PW_t$，将公式（3－2）代入得到：

$$C_t=\beta\left[b_S+\left(b_T-b_S\right)T_t?\ +\theta_fF_t+A_t\right] \tag{3-3}$$

公式（3－3）中的自变量是通过各种财产收入与可支配收入相除后得到的，尽管其性质仍属资产，但其流动性已经发生了变化。

本节根据 Benjamin（2004）的模型进行以下拓展。

一是假设方面，Benjamin 认为 b_S 和 b_T 不同，但从居民的角度来看，可支配收入由 Y_t+G_t 共同组成，则 b_Y 和 b_G 应该是性质一致的。根据上述假设，公式（3－3）变为：

$$C_t=\beta\left[b_z+\theta_fF_t+A_t\right] \tag{3-4}$$

二是根据中国实际情况对证券类和非证券类金融资产进行区分。由于对中国居民来说这两种金融资产所产生的收入，以及在其整个财产中所占的比重、依赖程度不同，两种不同形式的金融资产对居民消费的影响差异也比较大。所以，本节将居民所拥有的金融资产划分为证券类金融资产 F 和非证券类金融资产 NF。

按照上述假设公式（3－4）变为公式（3－5）：

$$C_t=\beta\left[b_z+\theta_{f1}F_t+\lambda_{f2}nF_t+A_t\right] \tag{3-5}$$

公式（3－5）的经济含义是，居民边际消费倾向 MPC 将会受到证券类

① Benjamin，J. D.，P. Chinloy and G. Donald Jud，*Real Estate Versus Financial Wealth in Consumption* [J]，Journal of Real Estate Finance and Economics，2004，29（3）：341－354.

金融资产 F、非证券类金融资产 NF、住房资产 A 的影响。

公式（3-5）中需要考虑金融资产对居民消费滞后期的影响。根据 Romer（1990）的研究设为 3 个月①，Dynan & Maki（2001）设为 12 个月②，Gabaix et al.（2001）③ 和 Ling（2005）④ 也认为是 12 个月。综合上述研究，本节将各资产对居民消费影响的滞后期定为 1 年，可以得到公式（3-6）：

$$C_t = \beta \left[b_z + \theta_{f1} F_{t-1} + \theta_{f2} nF_{t-1} + A_{t-1} \right] \tag{3-6}$$

（一）状态空间模型的建立

1. 城镇居民数据来源

根据《中国统计年鉴》从 1985—2012 年的各期数据，城镇居民资产负债表中的资产部分主要包括：金融资产、住房资产、转移性收入和可支配收入四种。其中居民金融资产按照国家统计局的统计口径涵盖三个部分：（1）储蓄存款；（2）股票；（3）社会保险账户资金余额。

为剔除通货膨胀的影响，在统计局公布的名义数据基础上以城镇居民 1978 年居民消费价格指数为 100，计算出时间序列数据，公式为：城镇居民可支配收入 = 居民名义可支配收入 ÷（城市居民消费价格定期指数 ÷ 100），其他实际数据采取类似方法计算出来。

2. 数据的平稳性

使用 ADF 对公式（3-6）当中所涉及的各时间序列变量进行检验，发现三种资产的统计量不平稳，对三个变量使用差分方法后进行 ADF 检验，得到三种居民资产均满足平稳条件。ADF 检验结果如表 3-1 中所示，其中 d（c_t）、d（A_t）、d（nf_t）、d（f_t）分别代表了（1）边际消费倾向 MPC；（2）住房资产；（3）非证券类金融资产；（4）证券类金融资产的一阶差分。由于需要剔除通货膨胀对数据的影响，本节在统计局公布的名义数据

---

① Romer, C., *The Great Crash and the Onset of the Great Depression* [J], Quarterly Journal of Economics, 1990, 105 (3): 597-624.

② Dynan, K. and M. Dean, *Does stock market wealth matter for consumption* [R]. *Working Paper at Richmond Federal Reserve. In Ling T. He and Josephp Mcgarrity. A reexamination of the wealth effect and uncertainty effect* [J]. International Advances in Economics Research, 2005 (11): 379-398.

③ Gabaix, X. and D. Laibson, *The 6D Bias and the Equity-Premium Puzzle* [R], NBER Macroeconomics Annual 2001, Cambridge Massachusetts: The MIT Press, 2001: 257-311.

④ Ling, T. He and J. Mcgarrity, *A Reexamination of the Wealth Effect and Uncertainty Effect* [J], International Advances in Economics Research, 2005, 11 (4): 379-398.

基础上以城镇居民1978年居民消费价格指数为100，计算出时间序列数据，公式为：城镇居民可支配收入 = 居民名义可支配收入 ÷（城市居民消费价格定期指数 ÷100），其他实际数据采取类似方法计算出来。

表3－1　各变量单位根检验结果表

变量	类型	ADF 值	1%临界	5%临界	10%临界	结论
dct	(c，0，0)	-9.90243	-3.75295	-2.99806	-2.63875	平稳
dA	(c，0，0)	-9.90243	-3.75295	-2.99806	-2.63875	平稳
dnft	(c，0，1)	-5.28269	-3.7696	-3.00486	-2.64224	平稳
dft	(c，0，5)	-5.32076	-3.78803	-3.01236	-2.64612	平稳

资料来源：Eviews7.2软件计算。

注：1.（c，0，3）表示滞后3阶，无趋势项，c表示带截距项，其他与此类似：2. 所有变量均在3%的显著水平上平稳。

3. 实证分析模型的建立

按照中国的实际情况，根据ADF的检验结果，将公式（3－6）变为公式（3－7）。

$$dc_t = \beta\ [bS + \lambda Fdf_{t-1} + \lambda NFdnf_{t-1} + A_{t-1}] \qquad (3-7)$$

其经济意义为：边际消费倾向MPC将受到居民证券类金融资产F、非证券类金融资产NF、住房资产 *A* 的影响。

本节在实证分析过程中使用公式（3－7），其经济意义为：居民三种资产（证券类金融资产、非证券类金融资产和住房资产）的变化将会导致MPC的变化。

（二）财富效应时间波动特性检验

状态空间模型适于研究平稳时间序列下的动态时域估计，由于本书当中各变量均为时间序列数据，且隐含时间为自变量的条件，因此使用状态空间模型对其进行估计，来据以分析各种资产（储蓄资产、住房资产、证券类资产）的时间序列特征。

根据状态空间模型的建立结构，建立如下状态方程：

$$dc_t = c + sv1 \times dT_{t-1} + sv2 \times df_{t-1} + sv3 \times dA_{t-1}$$

$$sv1_t = sv1_{t-1},\ sv2_t = sv2_{t-1},\ sv3_t = sv3_{t-1} \qquad (3-8)$$

从总体上看，根据表3－2中三种资产财富效应系数的时间变动特征可以得到，1987—2013年中国居民的边际消费倾向 *MPC* 总体呈下降趋势，而且住房资产、证券类金融资产、非证券类金融资产对居民边际消费倾向

MPC 财富效应系数均为正数，显示出三类资产对居民财富的影响均为负向影响，也就是说三类资产的增加使居民的边际消费倾向减少，削弱了居民的消费能力。三类资产中住房资产对 *MPC* 的影响最为稳定，从 1987—2013 年也基本处于影响 *MPC* 最大的位置。

表 3－2　城镇居民三种资产财富效应系数的时间变动特征（绝对值）

时间	1987	1988	1989	1990	1991	1992	1993	1994
证券类金融资产		0.0197	0.0479	0.0009	0.0761	0.0044	0.0197	0.0479
非证券类金融资产	–	0.0538	0.003	0.0434	0.0273	0.02	1E－04	0.0019
住房资产	0.083	0.204	0.333	0.212	0.031	0.1	0.097	0.01
时间	1995	1996	1997	1998	1999	2000	2001	2002
证券类金融资产	0.0911	0.0197	0.0006	0.0189	0.0072	0.0078	0.0261	0.0269
非证券类金融资产	0.0003	0	0.0003	0.0001	0.0005	0.0004	0.0003	0.0002
住房资产	0.11	0.11	0.109	0.109	0.107	0.131	0.031	0.11
时间	2003	2004	2005	2006	2007	2008	2009	2010
证券类金融资产	0.0197	0.0006	0.0189	0.0072	0.0078	0.0261	0.0197	0.0006
非证券类金融资产	1E－04	0.0016	0.0004	1E－04	0.0002	0.00018	0.00028	0.0001
住房资产	0.238	0.005	0.109	0.109	0.003	0.238	0.005	0.2380
时间	2011	2012	2013					
证券类金融资产	0.001	0.004	0.0197					
非证券类金融资产	0.00028	0.0001	0.0538					
住房资产	0.131	0.131	0.204					

资料来源：Eviews7.2 软件计算。

具体进行分析可以得到以下两个结论，第一，三种资产的财富效应都比较微弱，呈现出递减趋势，也就是说三种资产对于居民 MPC 的影响比较小。证券类金融资产和非证券类金融资产从 1988 年到 2013 年都在 0.001 的水平波动。住房类金融资产表现优于证券类和非证券类金融资产，但影响也较弱；第二，住房资产的财富效应相对较强，其次是非证券类金融资产，证券类金融资产的财富效应最微弱。

基于此，本书将在第三、第四节继续探讨房地产价格对中国居民财富效应的影响。

（三）财富效应强弱性和稳定性检验

居民资产负债表中三种资产财富效应的稳定性可以使用 VAR 模型继续

进行验证，使用三种资产的财富效应系数，解释 MPC 的变化，对其进行脉冲响应和方差分解分析。

1. 三种资产财富效应系数的平稳性检验

表 3－3 各资产财富效应系数的单位根检验

变量	类型	ADF 值	1%临界	5%临界	10%临界	结论
dcf_t	(c，0，0)	－5.32076	－3.78803	－3.01236	－2.64612	平稳
$dcnf_t$	(c，0，4)	－5.28269	－3.7696	－3.00486	－2.64224	平稳
dcA_t	(0，0，4)	－9.90243	－3.75295	－2.99806	－2.63875	平稳

资料来源：Eviews7.2 软件计算。

注：1.（c，0，2）表示滞后 2 阶，无趋势项，c 表示带截距项，其他与此类似；2. dcf_t、$dcnf_t$、dcA_t分别表示证券类金融资产、非证券类金融资产和住房资产的效应系数；3. dc_t的检验见表 3－2。

三种资产财富效应系数的单位根检验显示，三种资产财富效应系数平稳，可以进行脉冲响应分析。

2. VAR 模型的分析

VAR 模型图示中脉冲响应曲线均趋近于 0，说明该 VAR 模型稳定，通过滞后阶数检验可以发现，一阶滞后适用于此类模型，经残差检验后得出该模型不存在自相关，也没有异方差，所以该模型稳健，结果显著。

表 3－4 居民消费倾向对各资产冲击的脉冲响应函数值

未来期限	消费习惯	证券类金融资产	非证券类金融资产	住房资产
1	0.071688	0	0	0
2	－0.04084	0.003938	－0.01066	0.012904
3	0.036451	0.001298	－0.0107	0.021923
4	－0.03019	0.004634	0.010384	0.008452
5	0.02123	－0.00873	0.005405	－0.00194
6	－0.01209	0.003576	－0.00594	－0.00317
7	0.007133	0.003682	－0.00678	－0.00047
8	－0.006	－0.00042	0.005316	－0.00249
9	0.004132	－0.00542	0.005208	－0.00236
10	－0.00227	0.000821	－0.00287	0.000849
Cholesky 顺序分别为：消费习惯、证券类金融资产、非证券类金融资产、住房资产				

资料来源：Eviews7.2 软件计算。

由表 3－4 和图 3－1 的结果可以得到，居民边际消费倾向对各资产的冲击和脉冲响应的表现不尽一致。其中，住房资产对 MPC 的影响主要表现为负向效应，也就是说将会减少居民消费，而且在 2－3 个单位时间内收敛；三种资产中住房资产的脉冲响应最为明显，证券类金融资产和非证券类金融资产对 MPC 的影响比较弱。

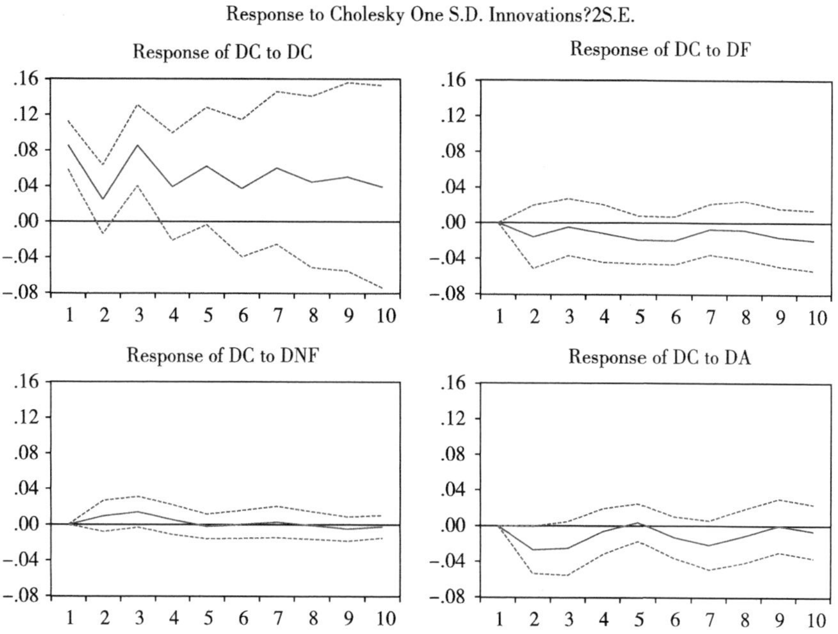

图 3－1　MPC 对自身、证券类金融资产、非证券类金融资产、住房资产冲击的脉冲响应（从左至右）

从 VAR 方差分解的结果来看，边际消费倾向 MPC 受其自身影响较大，也就是说消费习惯对于 MPC 的影响贡献最大；住房资产对 MPC 的影响均高于证券类金融资产和非证券类金融资产。

但从总体上看，三种资产对居民 MPC 的影响均小于其自身，说明三种资产的财富效应均比较弱。

表 3－5　各变量对 MPC 变动的方差贡献（单位：%）

未来期限	消费习惯	证券类金融资产	非证券类金融资产	住房资产
1	100	0	0	0
2	89. 21937	0. 381318	3. 312968	7. 086342
3	95. 83738	0. 218351	1. 600054	2. 34422
4	90. 11492	0. 190453	2. 526644	7. 167986
5	89. 21937	0. 381318	3. 312968	7. 086342

续表

未来期限	消费习惯	证券类金融资产	非证券类金融资产	住房资产
6	88.7634	1.073296	3.412614	6.750689
7	88.44081	1.170451	3.672375	6.716365
8	88.01402	1.28176	4.053333	6.650887
9	87.77787	1.275141	4.282392	6.664601
10	87.30893	1.528951	4.494958	6.667159
Cholesky 顺序分别为：消费习惯、证券类金融资产、非证券类金融资产、住房资产				

资料来源：Eviews7.2 软件计算。

第二节　房地产价格财富效应的实证检验

根据上一节的研究发现，在居民资产负债表中的住房资产对财富效应的影响最为稳定，需要对房地产价格的财富效应进一步实证，由于中国各地区内的房地产价格不尽一致，价格波动明显，而且区域间差异比较大，因此本节继续使用面板数据模型，检验分析我国各大中城市房地产价格波动的财富效应。本节使用的是 2000 年到 2012 年间中国 34 个大中城市的房地产价格的年度数据，根据全国城市和区域划分，将中国地域划分东、中、西部三个区域，再进行回归分析。

一、变量选择与数据处理

在第一章中使用了面板 VAR 模型，第二章中使用了面板回归模型，本节继续使用面板回归模型检验各区域房地产价格财富效应。对数据首先进行检验以判断使用固定效应、随机效应或混合模型；然后再进行面板单位根检验。根据所用面板数据模型的不同有不同的估计方法，这里不做一一介绍①。

本节根据现代消费函数理论，研究 31 个省市房地产价格的居民财富效应，最主要的影响居民资产负债表中消费支出项目的因素是当期的居民收

① 参见第一章第二节对面板单位根和面板数据回归模型的介绍。

入和居民实际拥有的财富数量，因此本节构建的房价财富效应面板数据模型如下：

$$\ln CON_{it} = \alpha_{it} + \beta_{it}\ln INC_{it} + \lambda \ln HP_{it} + u_{it} \tag{3-9}$$

根据公式（3－9），用消费、房地产价格和收入三个变量作为主要影响因素来对中国房地产价格财富效应的作用方向和力度进行分析。

根据 Malkiel（2010）的研究方法，使用社会零售品消费总额和居民人均消费支出衡量居民消费①。由于我国社会零售品消费总额反映的是城乡居民总体的消费水平，本节研究的主要是城镇居民的房价财富效应，所以，本节使用各省市的城镇居民人均消费支出表示消费支出变量；同时，使用各省市人均可支配收入作为收入水平。

本节的研究样本区间为 2000—2012 年，每个变量均使用该省市的城镇居民消费价格指数进行平减处理，消除价格波动。对平减后各变量进行对数处理，以消除异方差。所有数据来自于中经网。

二、实证检验与结果分析

（一）实证检验

数据平稳性检验：回归之前，检验数据的平稳性，首先对三个变量的面板数据进行面板单位根检验，面板单位根检验使用 LLC 检验、IPS 检验、Fisher－ADF 检验和 Fisher－PP 检验四种方法，表 3－6 显示了 linc、lxf 和 lpr 序列进行单位根检验的结果，从结果来看，三个数据序列均为一阶单整。

表 3－6 面板单位根检验结果

	LLC	IPS	Fisher－ADF	Fisher－PP
lcon	－11.835	－5.174	73.383	129.321
lhp	－12.263	－6.987	175.577	221.644
linc	－21.175	－8.030	185.802	166.672
dlcon	－0.180***	3.369***	4.630***	4.457***
dlhp	4.846***	7.344***	13.185***	11.371***
dlinc	0.554***	6.633***	27.839***	71.824***

资料来源：Stata 软件计算。

注：*** 表示在 1% 的显著性水平下显著。

① Malkiel, B. G., *Bubbles in Asset Prices* [R]. CEPS working paper, No. 200, January 2010.

协整关系检验：通过检验三个面板数据序列间是否存在协整关系避免伪回归的存在，使用 KAO 检验[①]。KAO 检验的结果表明 ADF = -4.416，p 值 =0.000，变量之间存在着显著协整关系，可进行下一步分析。

模型设定检验：使用 Hausman 检验和 F 检验对模型形式的具体设定方式进行验证。F 检验结果 F =4.672，P 值显著，应该建立固定效应模型[②]，同时 Hausman 检验拒绝了随机效应模型的原假设[③]。由于 31 个省市间的个体差异较大，人均可支配收入和住房销售价格区域之间跨度极大，所以需要建立固定效应模型。

建立人均消费支出对人均可支配收入和住房销售价格的面板回归固定效应模型，尽管固定效应模型中的三个变量存在着截面异相关，因此 OLS 估计虽然无偏一致，但并不是最有效的估计。面板模型分成两个层次：一是 31 个省市层面；二是分为东、中、西三大区域的回归模型。

两部分的模型估计结果见公式（3 -10） - （3 -13）

$$lcon = 1.117 + 0.852linc - 0.008lhp$$

全国：（12.14）（37.12）（ -0.28） [④] （3 -10）

（00.00）（00.00）（0.78）

$R^2 = 0.989$　$DW = 1.74$　F =787.85

$$lcon = 0.857 + 0.924linc - 0.056lhp$$

东部地区：（6.04）（25.48）（ -1.83） （3 -11）

（0.00）（0.00）（0.06）

$R^2 = 0.989$　$DW = 1.83$　F =798.416

$$lcon = 1.138 + 0.882linc - 0.048lhp$$

中部地区：（9.10）（ -1.31）（23.49） （3 -12）

（0.00）（0.00）（0.19）

$R^2 = 0.979$；$DW = 1.46$；F =455.94

$$lcon = 1.371 + 0.79linc + 0.032lhp$$

西部地区：（9.84）（24.46）（0.80） （3 -13）

（0.00）（0.80）（0.00）

---

① 面板协整检验方法有很多，这里用的 Kao 检验的原假设为：各个变量之间不存在协整关系。

② F 检验的原假设为不同个体的截距项相同。

③ Hausman 检验的原假设为随机影响模型中个体影响与解释变量不相关。

④ 括号里面表示 t 统计量的值，下同；下面括号里面表示参数的显著性水平，下同。

$$R^2=0.975;\ DW=1.67;\ F=312.21$$

从（3－10）和（3－13）的式中可以得到，由全国范围看，居民消费的最主要决定因素是收入；房地产价格对居民消费的影响系数是－0.008，财富效应为负，且统计显著性较差。从经济意义上讲，31个省市房地产价格的上涨对居民的消费性支出产生了比较微弱的负向影响。

分地域进行观察后得到，负向影响的房地产价格财富效应在东部发达地区表现非常明显，系数为－0.056，换言之，当房地产价格上升1%，会引起居民消费水平下降0.056%；中部地区房价财富效应为负，系数是－0.048，绝对值小于东部地区，统计显著性水平较差，换言之，中部地区居民消费水平受房价影响小于东部地区，西部地区房价财富效应为正，绝对值比东、中部均小，显著性水平最低。

（二）实证结果分析

根据上述实证研究发现，房价对居民消费财富效应的影响为负相关，也就是房价上涨将会使居民消费下降，同时对比东、中、西三地区房价财富效应的系数绝对值和显著性水平，可得：经济发达程度越高，房价负向的财富效应越强。

从总体上观察，房地产价格对居民财富效应的影响在31个省市中比较微弱，但房地产价格的上涨的确会对居民消费产生负向影响，即房地产价格对居民消费的预算约束效应和替代效应将对居民消费产生挤出。

1. 房地产价格财富效应对消费的负向影响

东部地区的经济发展水平明显比中西部地区发达，但房地产价格财富效应显著为负，说明由于房地产价格上涨使房地产市场投资需求增大，居民消费减少。如果房地产价格过高，居民将会拿出资产中的很大一部分比例进行房地产市场的投资，以期获得暴利，使房地产的需求增加，将进一步推高房价；同时，对房地产行业的大规模投资也将带动与房地产行业相关的其他上下游行业的投资，房地产市场的升温带来建筑材料、运输等行业价格的上涨，使这些行业的投资同时增加，全社会的投资率也因此进一步上升。在这些原因的综合作用下，居民资产负债当中用于消费部分的资金会进一步减少。

2. 房地产价格财富效应对居民消费的挤出

房地产价格急剧上涨会使消费者预期在未来的购房支出将不断增多，挤占当期消费。对于未来有购房计划的消费者，预期到未来购房支出不断增加，会减少当期消费。因为住房对大部分消费者来说是一种刚性需求，也是消费者日常生活中一项最大的消费支出。

3. *房地产价格财富效应导致贫富差距扩大*

根据上述研究发现，房地产价格上涨会使整个社会的边际消费倾向降低，而且住房是生活必需品，房价上涨会使低收入群体推迟住房购买，变得愈加贫困。高收入群体出于投资需求会将资产负债表中的大部分资金投向房地产市场，以获取利润，从而变得更加富有，根据凯恩斯主义的消费理论，高收入群体的消费倾向比低收入群体的消费倾向要低，房地产价格上涨会使社会平均边际消费倾向降低，贫富差距拉大，消费需求难以扩大。

第三节　货币政策传导的房价财富效应实证检验

根据 Bernanke①、Gertler & Waston （1997）②、Sims & Zha （1999）③，Lettau，et al. （2002）、Giuliodori （2005） 等所采用的二阶段分析法，研究房地产价格财富效应在传导货币政策冲击中的影响强度和方向。二阶段分析法分为两个步骤，第一步：用一个动态向量自回归方程作为基本估计模型，得到一个标准的脉冲响应函数，这一步可以清晰地观测到货币政策如何冲击居民消费，主要是货币政策冲击对居民消费行为的总体影响，另外也可观测到房价对消费的影响；第二步：通过反事实模拟，关闭第一阶段中货币政策通过当期房地产价格影响当期消费的渠道进行研究，主要得到房地产价格财富效应在货币政策传导机制中的作用。

一、变量选择与数据处理

本节的目的是研究数量型和价格型两种货币政策工具冲击下居民资产负债表中房地产资产消费响应的差别，所以构建两个模型，进行两次反事实模拟。因此，构建两组变量，每组中含有 6 个内生变量，第一组中内生变

① Bernanke，Ben S. ，M. Gertler and M. Wstson，*Systematic Monetary Policy and the Effects of Oil Price Shocks* [R]，Brookings Paper on Economic Activity，1997，No. 91 – 142.

② Sims，C. A. and T. Zha，*Error bands for impulse respinses* [J]，Econometrica，1999，67 （5）：1113 – 1116.

③ Lettau，M，S. Ludvigston and C. Steindel，*Monetary Policy Transmission through the Consumption – Wealth Channel* [J]，FRBNY Economic Policy Review，2002 ，35 （3）：117 – 133.

量包括：房地产价格、利率、收入、消费①、土地价格与物价水平，可以表示为：$X_t=(LHP_t, LR_t, LINC_t, LCON_t, LTP_t, LCPI_t)$，第二组中的内生变量包括：房地产价格、广义货币供应量、收入、消费、土地价格与物价水平，可以表示为：$X_t=(LHP_t, LM2_t, LINC_t, LCON_t, LTP_t, LCPI_t)$。

为探讨货币政策房地产价格财富效应传导的效应大小，本节使用结构向量自回归模型进行分析。与传统回归方法比较，VAR 模型没有严格的经济理论依据，在建模过程当中，仅需将已知存在关系的经济变量写入 VAR 模型中，确定滞后阶数 p，即可建立 VAR 模型。尽管 VAR 模型属于多参数估计模型，但方程右侧没有当期变量。

如果 VAR 模型变量间相互关系表达确切，VAR 可转化为结构 VAR，结构向量自回归模型 SVAR（Structural VAR）是在 VAR 模型中，方程中的变量有确定的当期关系，这点比 VAR 模型更符合现实情况。

若存在有 K 个变量的 P 阶向量自回归模型 SVAR（P）可用下述公式表示：

$$B_0X_t=\Gamma_1 y_{t-1}+\Gamma_2 y_{t-2}\cdots+\Gamma_p y_{t-p}+u_t \tag{3-14}$$

其中：

$$B_0=\begin{pmatrix} 1 & -b_{12} & \cdots & -b_{12} \\ -b_{12} & 1 & \cdots & -b_{12} \\ \vdots & \vdots & \ddots & \vdots \\ -b_{12} & -b_{12} & \cdots & 1 \end{pmatrix},\ \Gamma_i=\begin{pmatrix} r_{11}^{(i)} & r_{12}^{(i)} & \cdots & r_{1k}^{(i)} \\ r_{21}^{(i)} & r_{22}^{(i)} & \cdots & r_{1k}^{(i)} \\ \vdots & \vdots & \ddots & \vdots \\ r_{11}^{(i)} & r_{11}^{(i)} & \cdots & r_{11}^{(i)} \end{pmatrix},\ u_t=\begin{pmatrix} u_{1t} \\ u_{2t} \\ \vdots \\ u_{kt} \end{pmatrix} \tag{3-15}$$

B_0 为内生变量同期相关性矩阵，Γ_i 为内生变量滞后项的系数矩阵，u_t 为 SVAR 的 k 维随机误差项，u_{it}不具有序列相关性，且满足 E（u_tu_t'）$=\Lambda_t$，Λ_t 为对角矩阵。由于在 SVAR 模型中，直接将模型之间的同期相关关系表示于等号左侧，可以由模型参数解释，因此称公式（3－15）为 VAR 模型的结构式。

VAR 模型的简化式和结构式之间可以进行转换。假设 ε_t 为简化式模型的随机误差项，那么公式（3－16）刻画了 SVAR 模型和简化式模型随机误差项之间的关系。

$$u_t=B_0\varepsilon_t \tag{3-16}$$

模型的识别问题在经济模型和简化模型之间进行转化时会经常遇到：

---

① 消费用居民人均消费性支出表示，模型估计前，消除了价格因素的影响和季节变动的影响。

是否可以从简化的参数估计中得到结构式参数。对于 k 元 p 阶简化 SVAR 模型，需要对结构式施加的限制条件个数为 k（k-1）/2 个条件才有可能估算出结构模式参数。这些约束条件可以是同期（短期）的，也可以是长期的。因为本节研究的是货币政策房地产价格财富效应的传导效应，因此采用短期约束条件的方式进行约束。

建立 SVAR 模型之前需对其中各变量进行单位根检验和协整检验，单位根检验发现这里的 7 个变量为一阶单整序列，采用 Johansen 协整检验对此两组中的 6 个变量加以分析，根据判别准则，滞后阶数为 1 得到的检验结果如表 3-7 所示。

表 3-7 说明，两组变量中 6 个协整变量构成的系统中具有协整关系，统计量显示第一组变量系统中至少有两个协整向量；第二组变量构成的系统中至少有一个协整向量。所以，在此最需关注的是系统中内生变量间的短期互动关系，根据 Sims et al.（1990）的理论，如果几个变量间存在协整关系时，他们都为一阶单整关系，若用这些变量构造 VAR 便不会出现识别错误，本书也使用这些变量值加入到变量当中去①。

表 3-7　各变量 Johansen 协整检验结果

协整向量数最大值	第一组变量				第二组变量			
	特征值	迹统计量	5%临界值	概率值	特征值	迹统计量	5%临界值	概率值
0	0.703	118.167	95.754	0.001	0.671	104.332	95.754	0.011
1	0.627	76.853	69.819	0.012	0.522	66.544	69.819	0.089
2	0.467	43.366	47.856	0.124	0.435	41.476	47.856	0.174
3	0.394	22.001	29.797	0.298	0.347	22.066	29.797	0.295
4	0.135	4.985	15.495	0.811	0.189	7.569	15.495	0.513
5	0.002	0.062	3.841	0.804	0.012	0.426	3.841	0.514

注：Stata 软件计算。

二、实证检验与结果分析

为了识别各种冲击形式，要用相关的经济理论和经验对矩阵加以约束，

① Sims, C. A, J. H Stock, M. W Watson, *Inference in linear time-series models with some unit roots*, Econometrica, 1990, 58 (1): 113-144.

根据已有经济理论，本书的 $B_0$①矩阵如下式所示：

$$\begin{pmatrix} \mu_{hpz} \\ \mu_{r,m2} \\ \mu_{inc} \\ \mu_{con} \\ \mu_{lp} \\ \mu_{cpi} \end{pmatrix} = \begin{pmatrix} 1 & b_{12} & b_{13} & 0 & b_{15} & b_{16} \\ 0 & 1 & 0 & 0 & 0 & 0 \\ 0 & 0 & 1 & b_{34} & 0 & 0 \\ b_{41} & 0 & b_{43} & 1 & b_{45} & 0 \\ b_{51} & b_{52} & 0 & 0 & 1 & b_{56} \\ 0 & b_{62} & b_{63} & b_{64} & 0 & 1 \end{pmatrix} \begin{pmatrix} \varepsilon_{hpz} \\ \varepsilon_{r,m2} \\ \varepsilon_{inc} \\ \varepsilon_{con} \\ \varepsilon_{lp} \\ \varepsilon_{cpi} \end{pmatrix} \tag{3-17}$$

根据公式（3－17），本书提出的假设如下：

（1）假定房地产价格对其他变量都有影响，而且不受当期消费影响，所以 $b_{14}=0$；

（2）假设利率和货币供应量为外生变量，由中央银行控制，所以，两个货币政策变量利率与货币供应量对其他各变量短期反应为 0，即 $b_{21}=b_{23}=b_{24}=b_{25}=b_{26}=0$；

（3）假设只有当期消费对可支配收入水平有影响，其他变量对当期居民收入水平没有影响，即 $b_{31}=b_{32}=b_{35}=b_{36}=0$；

（4）假设居民消费水平仅受到收入、房价、地价水平的影响，其他变量对消费没有影响，即 $b_{42}=b_{46}=0$；

（5）假设土地价格只受房价、货币政策、物价水平影响，其他变量对土地价格没有影响，即 $b_{53}=b_{54}=0$；

（6）假设物价水平只受居民收入水平、消费和货币政策的影响，其他变量对物价没有影响，即 $b_{61}=b_{65}=0$；

1. 第一组变量的估计结果，即 $X_t=(LHP_t, LR_t, LINC_t, LCON_t, LTP_t, LCPI_t)$

第一步，估计基本模型。按照前述估计方法，建立起变量 VAR 模型，根据 AIC 和 SC 准则，选择各变量滞后一阶，经检验后发现，该模型特征根位于单位圆内，也就是说所估计 VAR 模型符合稳定性条件。

如图 3－2 和图 3－3 中所示，对 1 个标准差的价格型货币政策：利率冲击，各变量反应轨迹基本类似，消费呈负向响应，也就是说利率与居民消费间呈负相关，第一期为 0.19%，短暂调整后，第 5 期后这种负向反应持续增加，峰值在第 18 季出现，为－1.65%，之后趋于平稳归零。这说明紧缩性货币政策将使居民的消费水平下降。图 3－3 中包含有房价内生变量，

① 这里的 B_0 矩阵为式（11）中的 B 矩阵。

所以此脉冲响应函数图中包括了房价对消费的影响因素。

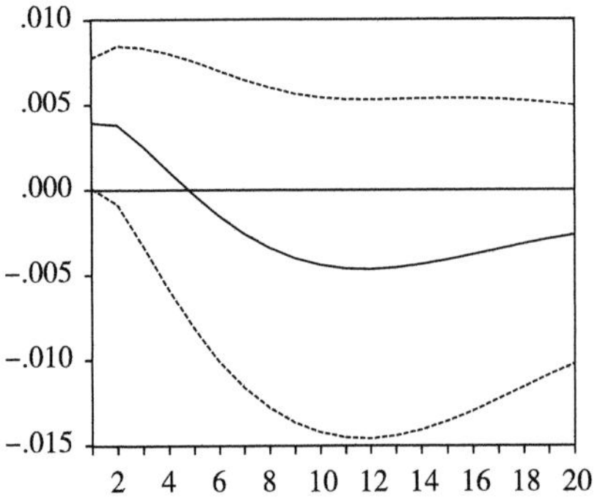

图 3-2　利率冲击下房价和收入的脉冲响应

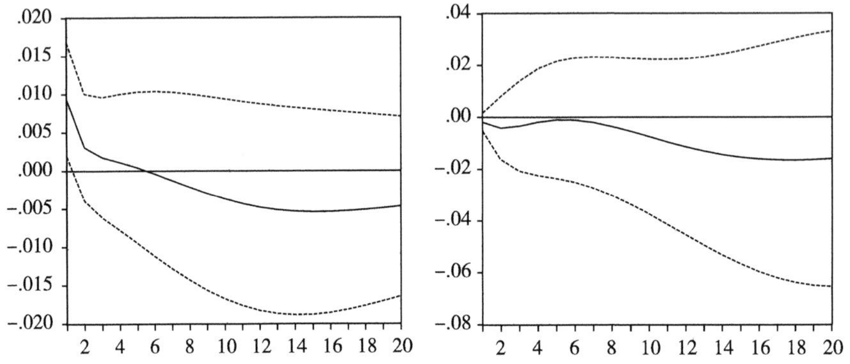

图 3-3　利率冲击下地价和消费的脉冲响应

第二步，根据 Bernanke et al. (1997)① 的做法，为考察货币政策对居民消费的影响中房地产价格因素所起到的作用如何，使用反事实模拟的办法，假设房地产价格不进入货币政策传导过程的情形。这里将 SVAR 中系数矩阵 $B_1 \cdots B_p$ 中表示房地产价格影响消费的系数设为 0，假设房地产价格对当期消费不产生影响，同时保持货币政策、居民消费等其他变量系数不变，重新计算消费对货币政策冲击的脉冲响应函数，得到脉冲响应函数图 3-4。

如图 3-4 所示，实线表示基本模型中消费的脉冲响应，虚线表示反事实模拟中消费的脉冲响应。在紧缩货币政策冲击后的两个季度内，图形与未关闭房价因素对消费影响的情况一致，之后反事实模拟下消费的响应幅

① Bernanke, Ben S., M. Gertler and M. Wstson. *Systematic Monetary Policy and the Effects of Oil Price Shocks* [R], Brookings Paper on Economic Activity, 1997, No. 97-5.

度小于基本情况下消费的响应幅度。这两种情况出现在第18季，但在模拟情况下消费响应峰值为1.41%，低于基本情况下消费的峰值响应1.65%。从以上两种状况来看，紧缩性货币政策发生的半年之内，房价波动对消费几乎没有影响，但在冲击后的1－5年间，房价波动会对消费产生比较微弱的负向影响。这也进一步表明紧缩性的货币政策发生之后的很长一段时间内，房地产价格对消费的影响为挤出效应，即房价对居民消费有负财富效应。这与前述面板回归模型的估计结果一致。

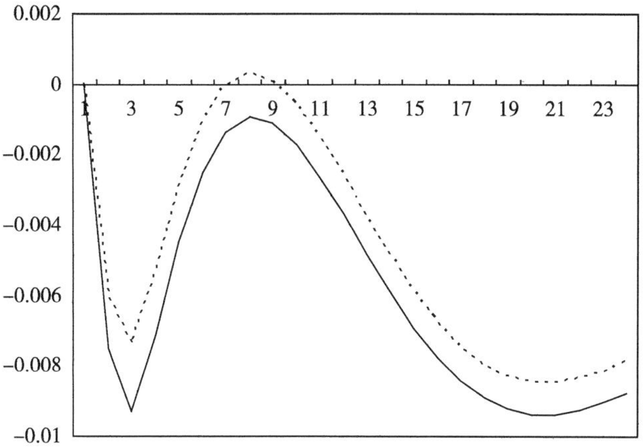

图3－4　反事实模拟下消费的响应情况对比①

2. 第二组变量的估计结果，即 $X_t = (LHP_t, LM2_t, LINC_t, LCON_t, LTP_t, LCPI_t)$

第一步，估计基本模型。按照前述基本方法，建立水平型VAR模型，加入常数项，由AIC和SIC准则，设最佳滞后阶数为1，检验得到，该模型方程特征根均在单位圆内，可推出所有变量满足VAR模型的稳定状态。

根据模型得到脉冲响应图3－5和3－6，各变量响应与上节模型类似。对于扩张性的货币政策，各变量都是短期内先上升，长期内再下降。这说明数量型货币政策工具（货币供应量）会对物价、收入、房价、消费等产生显著影响。其中，居民消费在一个单位广义货币供应量的冲击下，在第3期达到峰值0.46%，之后下降并趋于稳定。

第二步是反事实模拟，根据上述假设关闭房地产价格对居民消费的影响渠道，模拟广义货币供应量对消费的影响情况，与利率带来的冲击引起

① 实线表示基本模型中消费的脉冲响应，虚线表示反事实模拟中消费的脉冲响应。

居民消费变化不同，在广义货币供应量的冲击下，模拟的消费响应函数与基本模型中的响应函数几乎没有变化，说明房价在数量型货币政策工具（广义货币供应量）的传导过程中未起到重要作用，由于差异很小，所以这里没有列出货币供应量对消费的冲击的对比图，货币供应量对居民消费的冲击可能是由其他渠道所引起的。

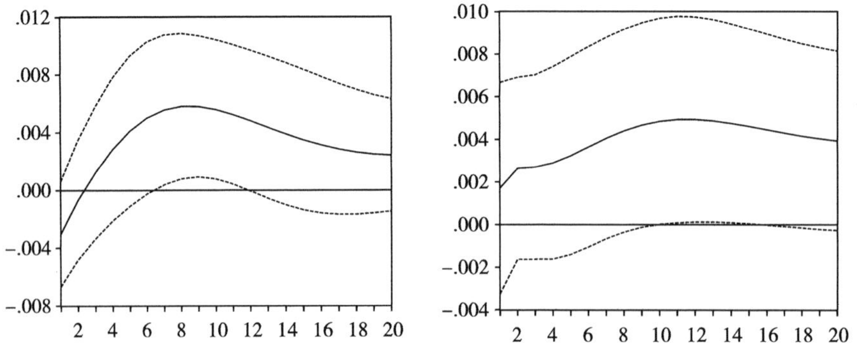

图 3-5　货币供应量冲击下房价和收入的脉冲响应

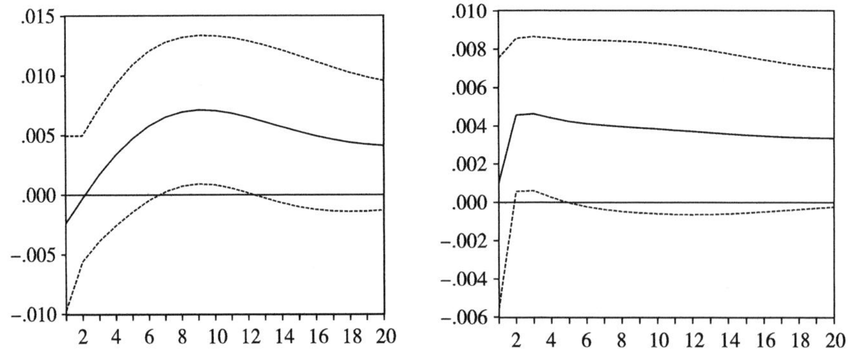

图 3-6　货币供应量冲击下地价和消费的脉冲响应

结果显示，中国货币政策传导的房地产价格财富效应渠道并不明显，传导效率并不高，货币政策对居民资产负债表的影响大部分是通过其他途径完成的。

对比数量型货币政策工具（广义货币供应量）与价格型货币政策工具（利率），在紧缩货币政策条件下，房价在价格型货币政策工具（利率）的传导过程效果更显著，但在短时期内，两种货币政策调控房地产价格对居民消费几乎不产生影响，换言之，从长期来看，房价波动对消费的影响比较微弱。

运用反事实模拟分析后发现，在不考虑房价对消费的影响后，短期内房价对消费几乎没有影响。从长期来看，房价对居民消费有挤出效应，居民消费的最大负响应绝对值减少了 0.24%，作用效果比较微弱。因此，货币政策对居民消费的影响不是房地产价格，更可能是通过其他渠道发生的，换言之，货币政策对居民资产负债表的影响可能是通过其他途径实现的。

综合上述研究结果可以得出，使用SVAR模型与基于面板数据模型得到的房地产价格负的财富效应结论基本一致，房地产价格上涨对居民消费产生的影响比较微弱。从总体上来看，中国货币政策仍然可以有效影响到房地产价格，但是房地产价格财富效应的作用不十分明显，也就是说房地产价格对货币政策的反应并不显著，货币政策对居民资产负债表的影响不够显著，传导渠道仍有待继续畅通。

小　结

通过对城镇居民资产负债表中的证券类金融资产、非证券类金融资产和住房资产财富效应的研究，分析了住房资产财富效应与货币政策传导间的联系。从住房资产、证券类金融资产、非证券类金融资产财富效应系数来看，住房资产对居民边际消费倾向最为明显；但从整体影响上来说，财富效应对边际消费倾向的影响都比较微弱；而货币政策对住房资产价格的影响并不十分显著，价格型货币政策工具对住房资产价格的影响高于数量型货币政策工具。主要得到了以下几点结论：

（一）证券类金融资产价格波动影响居民财富效应

由于无法形成稳定有效的收入预期，证券类金融资产价格波动比较频繁，无法影响到居民对财富的预期，因此财富效应比较微弱。另外，投资者在投资活动过程当中也因为股票市场的反复波动而出现较大亏损，造成证券资产对投资者的居民边际消费倾向产生影响。因此，货币政策在关注居民资产负债表时需要加强对于资本市场预期的管理，熨平经济波动中的资本市场波动，以使货币政策能有效实施。

（二）住房资产价格的波动和住房功能的异化弱化其财富效应

我国住房价格从1990年开始，每年都呈现出较快的增长，从1994年至2013年间我国商品住房价格年均增长率如图3－7所示。

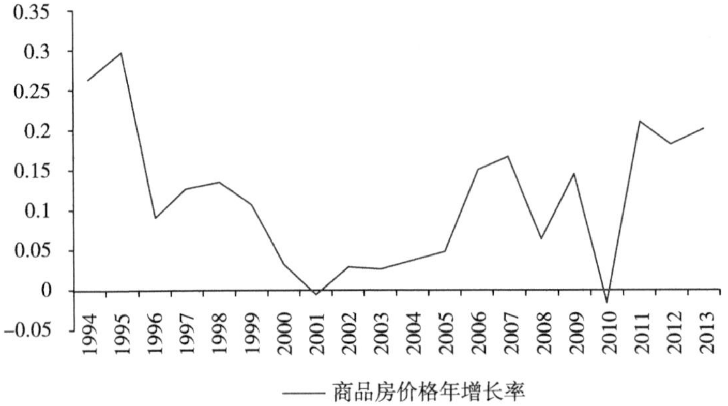

图3－7　商品房价格年增长率

从1994年起，除2000年和2009年房价环比负增长外，其他年份增幅基本都维持在10%以上。住房价格增长的预期不断增强，也使居民被迫储蓄，从而引起财富效应的整体弱化。

（三）国际经济形势的不稳定性加剧了财富效应的波动

传统金融学理论指出，财富效应、托宾Q效应等机制将导致资产价格波动，对居民资产负债表中的消费、资产、投资产生重要影响。全球经济间的联系日益深化，特别是在2008年金融危机之后中国居民可以深切地感受到来自国际资本市场的价格波动，金融危机通过财富效应来影响中国居民的消费与投资。正如朱孟楠等（2011）① 的研究发现，房地产价格上涨将导致人民币汇率的实际升值。所以，关注国际资产价格波动，加强资本项目下的流动性管理，对于使用好货币政策稳定居民资产负债表中的财富效应至关重要。

根据上述结论，对提高货币政策调控居民资产负债表的能力有如下启示。

① 朱孟楠、刘林、倪玉娟：《人民币汇率与我国房地产价格——基于Markov区制转换VAR模型的实证研究》，载《金融研究》，2011年第5期，第58－71页。

1．资产价格应当纳入货币政策调控目标当中

随着经济金融化的日益深入，金融市场对实体经济的作用日益强劲。在20世纪90年代后期，一些国家放弃原有的“泰勒规则”“麦克拉姆规则”和“相机抉择”，开始使用“通货膨胀目标制”规则，这一货币政策规则实施之后，对稳定物价起到了重要作用。但是，由于低物价的维持却导致了金融和住房资产价格不断出现泡沫，并最终造成了2008年的金融海啸。

这也说明：货币政策调控目标仅仅使用物价是不够的，还需要对资产价格进行关注。

2．货币政策加强对居民资产负债表的关注

从本章的研究可以发现，在各种资产当中住房资产对于居民资产负债表的影响最强，财富效应系数最高，住房资产的价格和房地产市场价格的走势应当重点关注。另外，货币政策应更具前瞻性、针对性和灵活性，房地产市场对货币政策传导的反应并不十分敏感，在今后的调控过程当中应当更加关注房地产价格财富效应这一渠道；另外，由于证券类金融资产、非证券类金融资产隶属于虚拟经济，而住房市场既属于商品市场，又属于资产市场，相对于其他虚拟经济而言具有更好的基础。

因此，货币政策调控过程当中应更多地关注居民资产负债表中住房资产价格的波动，以使货币政策的传导更加有效。

第四章 货币政策与国家资产负债表调整机制：风险评估

在世界历史上，主权国家的债务危机是诱发国际金融危机的重要原因，特别是21世纪以来经济一体化的深入发展，全球经济金融化的步伐也在逐渐加快的背景下，主权国家债务危机频发，因此，探讨主权国家债务危机如何产生、发展、演进、蔓延，并且讨论如何解除主权国家债务危机已成为当务之急。由于一国经济状况的好坏均反映在该国的政府资产负债表上，分析和追溯主权国家的资产、负债状况，并且探讨政府资产负债表与货币、财政政策的动态平衡关系是最为重要的。国内外越来越多的学者开始使用资产负债表分析框架来研究宏观经济问题，特别是经济周期的演变与发展，大部分学者将20世纪80年代以来的历次全球性经济危机称为是“资产负债表冲击”。

中国地方融资平台大量举债，截至2012年年末，地方债数额达19.97万亿元，中央政府与地方政府加总债务接近28万亿元，占当年GDP的53%，须引起高度关注。中国经济整体的债务规模为111.6万亿元，全社会杠杆率为215%①。据此，国内外学界和实务界纷纷开始关注中国政府的主权国家债务问题，并有许多悲观论调认为中国即将爆发主权国家债务危机。深入剖析中国政府债务的渊源，发展现状以及货币政策、财政政策等宏观经济政策对其的影响迫在眉睫。

政府资产负债表使用了精心设计的资产负债表理论框架以及一系列数据处理方法，将整个国家的“资产负债状况”展现于世人，并且可以展示出各微观经济主体间经济活动的联系，资产负债表分析方法也能够使学者更加清晰地认识一国宏观经济状况，并且分析来自资产负债表外的冲击的大小和强弱，同时在出现债务危机的情况下，政府资产负债表可以为对策的探讨提供依据，同时可以分析该国多年来经济增长的“累积效果”。如

① 李扬、张晓晶、常欣、汤铎铎、李成：《中国政府资产负债表2013》，中国社会科学出版社，2013年12月。

果分部门、分行业地去进行资产负债表内容、结构的相关考察，可以从资产、负债存量的角度对本国已有的经济结构和经济体制格局有更加深入的认识，从而梳理清楚转型发展的方向，为未来货币、财政政策的制定提供依据。

本章旨在通过李扬等（2013）《中国政府资产负债表编制与风险评估》研究中的中国政府资产负债表①，并尝试运用其提供的数据探讨中国政府资产负债表与货币政策之间的关系问题。

第一节　货币政策与主权债务风险理论

目前我国的市场经济是在政府宏观调控下的市场经济，对宏观经济加以管理的主要手段即财政政策和货币政策，而政府债务管理政策不同，必定会产生不同的宏观经济效应。

货币政策与主权国家资产负债表中的债务风险有密切的关联，其中"制度性失衡"理论，"金融加速器"理论与"三元悖论"均可以对货币政策影响主权国家资产负债表的方式加以注解，本节用上述三个理论阐释欧洲国家的主权债务危机出现的原因，同时为中国资产负债表风险中的债务风险防控提供借鉴。

一、财政政策与货币政策制度性的失衡

作为宏观经济调节的两大重要基本政策工具——财政政策和货币政策，在促进要素流动和优化资源配置方面起着非常重要的作用。由于财政政策和货币政策有着各自的政策指向和作用机制，使得两者有效的结合可以很好地解决一国面临的各种经济问题。当经济出现低迷、财政收支不断恶化的情况时，一国可以实施扩张的货币政策和积极的财政政策，通过降低利率、实行本币贬值来刺激出口，促进一国经济增长，同时，配以紧缩的财政政策，通过增税等方式增加财政收入并减少政府财政开支，双管齐下可

① 李扬、张晓晶、常欣、汤铎铎、李成：《中国政府资产负债表及其风险评估（上）》，载《经济研究》，2012年第6期，第4－19页。

以很好地改善一国的经济状况①。

1. 财政政策是从经济结构上调控经济

财政政策调控侧重于对资金的再分配，调控以国家政府为主体，受政治和社会环境的影响比较大。财政政策可以通过自己的收支活动，将部分货币引导到特定的产业上去，从而达到实现优化经济资源配置的目的。

2. 货币政策是从货币总量上调控经济

货币政策通过对货币总量关系的调节来实现社会总供给和总需求的平衡，它一般不采取行政性的指令计划手段，主要是通过经济机制来间接调节经济变量。

3. 政府债务管理政策是财政政策和货币政策的连结纽带

在财政政策中，发行公债是财政收入的重要组成部分，通过发行公债，政府可以筹措建设资金和周转资金，政府债务管理政策是财政弥补赤字和筹集建设资金的手段。而对货币政策而言，一些发达国家的中央银行执行货币政策主要就是运用政策债券。当执行扩张性政策时，中央银行买进政府债券，以此向流通领域注入货币；当执行紧缩性货币政策时，中央银行就抛售政府债券，以回笼货币。

在欧洲一体化的过程中，欧元区内实行的是统一的货币政策和分散的财政政策制度，即欧元区内的货币政策由欧洲央行统一制定，而财政政策由成员国根据各自国情独立制定，这种财政制度上的安排本身就存在很大的弊端。保持物价稳定和稳定欧元币值是欧洲央行的首要目标。由美国次贷危机所引发的金融危机给全球经济带来巨大冲击，也给本来经济发展速度就较慢的欧洲各国造成了不利的影响，使欧洲各国的经济发展陷入了低迷状态。由于各国国情的不同，统一的货币制度使得各国不能通过利率和汇率等货币政策工具来调节本国经济，而只能把希望寄托于各自独立的财政政策上。为刺激本国经济增长和促进就业，各国不约而同地实施了积极的财政政策，这种政策的实施一方面会导致政府支出的不断增加，造成财政状况不断恶化，另一方面也会引发政府债务规模的不断增加。单一的货币制度和分散的财政制度下，政府财政赤字的增加和对外债务的扩大主要通过三种作用机制而产生：（1）欧洲一些国家如希腊，在加入欧元区之前本身的财政赤字水平就很高，加入欧元区后，为促进本国经济的进一步发

① 贾康、孟艳：《关于财政政策与货币政策协调配合的简要认识》，载《财经研究》，2008 年第 6 期，第 23 - 27 页。

展，利用欧洲央行所提供的低利率融资平台扩大财政预算，从而导致政府财政赤字和对外债务的不断增加。（2）金融危机的爆发使得欧洲国家经济发展低迷、失业率不断上升，为了刺激本国经济，政府不得不实施扩张性的财政政策，在政府财政收入一定的条件下，这样的政策必然导致政府赤字规模和对外债务的增加。（3）通过扩大赤字规模、刺激经济增长和增加就业也是十分地符合民意，有利于政治家们赢得民心，同时，因赤字而产生的通货膨胀风险又可以传递给其他成员国，因此，政府有这个动力去扩大赤字规模。表4－1列举的是欧洲主要国家的政府财政赤字和公共债务占GDP的比重。可以看出，各国两项指标的比重总体上均在逐年上升，尤其是受金融危机的影响，这种上升的速度更快。

表4－1　欧洲主要国家的财政赤字和公共债务占GDP的比重

		2006	2007	2008	2009	2010	2011
德国	财政赤字	－1.64	0.19	0.04	－3.30	－4.95	－1.5
	公共债务	67.6	64.9	66.3	73.4	75.7	54.3
法国	财政赤字	－2.32	－2.73	－3.34	－7.58	－7.79	－5.7
	公共债务	63.7	63.8	67.5	78.1	83.0	64.3
英国	财政赤字	－2.73	－2.79	－4.89	－11.41	－11.84	－9.5
	公共债务	43.4	44.5	52.1	68.2	77.8	62.8
爱尔兰	财政赤字	2.96	0.14	－7.26	－14.28	－32.30	－18.3
	公共债务	24.8	25.0	44.3	65.5	97.4	70.5
希腊	财政赤字	－3.84	－5.37	－7.67	－13.52	－9.37	－6.8
	公共债务	106.1	105.0	110.3	126.8	140.2	120.2
西班牙	财政赤字	2.02	1.91	－4.06	－11.19	－9.80	－6.8
	公共债务	39.6	36.1	39.8	53.2	64.4	54.2
葡萄牙	财政赤字	－3.94	－2.65	－2.90	－9.43	－8.53	－6.5
	公共债务	63.9	62.7	65.3	76.1	82.8	60.2

资料来源：欧盟统计局数据整理而成，http：//epp.eurostat.ec.europa.eu/portal/page/portal/government_finance_statistics/data/database。

注：负号表示财政赤字占GDP比重，正号表示财政盈余所占比重。

虽然《马斯特里赫特条约》中规定各成员国的财政赤字和政府债务不得超过GDP的3%和60%，但由于在欧盟内部缺乏有效的监督和惩罚机制，使得许多国家政府的赤字和债务规模不断超过这一限定。例如，表4－1中数据显示金融危机之后的2009年开始，除西班牙的公共债务外各国赤字和公共债务规模均超过《马斯特里赫特条约》中所规定的上限（2010年西班牙的公共债务也突破这一上限）。由此可见，财政政策和货币政策的失衡使得宏观经济政策的目标很难得到统一，独立财政政策的实施也使得政府财政赤字的规模不断地上升，这也是欧元区在成立之初就存在的固有体制弊端。

二、"金融加速器"与债务风险

Bernanke et al.（1995）的"金融加速器"效应，是指由于信贷标准的改变而导致信贷市场放大了初始冲击对其的影响，造成宏观经济波动性增大的效应。具体而言，"金融加速器"效应是指在信息不对称的信贷市场上存在代理成本，当融资主体受到外部经济的冲击时，其自身的资产负债表质量会因此发生改变，从而导致代理成本的变动进而引起融资成本的改变。一国的产出会随着其融资成本的变化而变化，融资主体产出的变动又会导致其下一期资产负债表质量的改变，如此循环下去，使得外部冲击的影响被不断地放大①。

"金融加速器"具有一种顺周期效应。经济学家 Rogoff（2008）通过研究发现，政府财政赤字和对外债务总量在金融危机后都一致性地大幅增加，政府债务危机的风险程度也因此大幅提高②。正是两种危机的顺周期特征使得"金融加速器"可以通过某种渠道放大两者之间的相互作用。在作用渠道上，"金融加速器"主要是借助资产价格和汇率两种渠道来放大这种效应。在资产价格渠道上，当一国经济出现持续高速增长时，政府和私人部门的资产负债表的规模将会随着资产价格的上升而得到扩张，债务规模的增加使得一国用于投资和消费的资金增加，在乘数效应的作用下，导致一国产出规模的不断扩大，而产出规模的增加又会带来投资者市场信心的上涨和融资成本的下降，推动一国债务的增加。在经济低迷和萧条时，资产价格的下降会使得政府和私人的资产负债表的质量出现恶化，市场出于对违约成本的担心，融资成本会不断上升，"去杠杆化"使得政府和私人的资产负债表进一步缩水，在乘数效应的作用下经济将更加低迷。为刺激经济的增长，政府通常会实行积极的财政政策，这样在财政收入有限的条件下，

---

① Bernanke Ben S. , M. Gertler and S. Gilchrist. *The Financial Accelerator and the Flight to Quality* [J], The Review of Economics and Statistics, 1996, 78 (1): 1 - 15.

② Reinhart, C. M. , K. S. Rogoff , *Is the* 2007 *US Sub - Prime Financial Crisis So Different? An International Historical Comparison* [J], American Economic Review, 2008, 98 (2): . 339 - 344.

积极的财政政策会推动政府债务规模的不断上升。“金融加速器”效应的另一个作用渠道是汇率，债务危机会导致国际资本大量流出，对本币的需求减少，本币贬值。本币贬值的一个重要效应是政府以外币表示的债务规模的上升，出于对违约风险的担心，政府融资成本将会上升，经济增长困难。

在金融危机的冲击下，欧洲各国的政府债务规模都在不断地上升。当一国经济低迷、萧条时，“金融加速器”通过资产负债表和汇率途径不断地放大各国的债务规模，使欧洲各国在债务泥潭中越陷越深，最终导致债务危机的爆发。

三、“三元悖论”与债务风险

“三元悖论”原则又叫作三难选择，由 Krugman（1999）提出①。他认为在开放的经济中一国不能够同时实现货币政策的独立、汇率稳定和资本的自由流动三大目标，最多能同时实现其中的两个目标。Mundell（1963）提出的蒙代尔—弗莱明模型（即 M—F 模型）为“三元悖论”的提出奠定了理论基础②。

蒙代尔—弗莱明模型是用来说明开放经济中，当资本完全流动时小国货币政策的有效性问题。这一模型中主要分为两种情况，一种是在开放的经济条件下，当资本完全流动时一国实行固定汇率制度时的货币政策有效性问题。在这种情况下，一国的扩张性货币政策会带来名义货币供给量的增加，导致利率下降。由于资本具有完全的流动性，此时，资本将外流，国际收支恶化，进而引发本币贬值压力。在固定汇率之下，为了防止汇率变动，一国的中央银行将抛外币购本币，这个过程将一直持续下去，直到利率恢复到原来的均衡水平为止，此时，货币供应量又达到最初水平。当一国实行紧缩性货币政策时，名义货币供给量减少，利率上升，国际资本流入，国际收支顺差增加，迫使本币升值，为保持固定汇率，中央银行只有抛本币购外币，直到利率重新回到均衡位置这一过程才停止。另一种情形是在资本完全流动时一国实行浮动汇率制度，若一国的中央银行实行扩张性的货币政策，则名义货币供给量将增加，利率下降，资本外流，本币

① Krugman, P., B. P. Bosworth and R. N. Coope, *Domestic Policies in a Global Economy with Comments and Discussion* [R], Brookings Trade Forum, 1999: 73 - 103.

② Mundell, R. A. *Capital Mobility and Stabilization Policy under Fixed and Flexible Exchange Rates* [J], Canadian Journal of Economics, 1963, 29 (4): 475 - 485.

贬值，在间接标价法下汇率下降，此时，出口增加，国际收支实现顺差，在乘数效应的作用下，国民收入大幅增长，收入的增加使公民愿意持有新创造的货币，直至经济达到一个新的均衡点为止。反之，若一国实行紧缩性货币政策，则利率上升，国际收支恶化，在乘数效应下，国民收入大幅下降。因此，蒙代尔—弗莱明模型得出的结论是：在资本完全流动的条件下，若一国实行固定汇率制度，则货币政策无效；若一国实行浮动汇率制度，则货币政策有效，即货币政策对收入的变化有着实质性的影响。M—F模型也等价地说明，在资本充分流动的条件下，货币政策的独立性和固定汇率制不可同时存在，即所谓的“二元悖论”，这为克鲁格曼的“三元悖论”奠定了理论基础。

“三元悖论”说明的是资本自由流动、固定汇率制和货币政策的独立性三者不能同时兼得，最多只能同时拥有两种。如图 4 -1 所示：

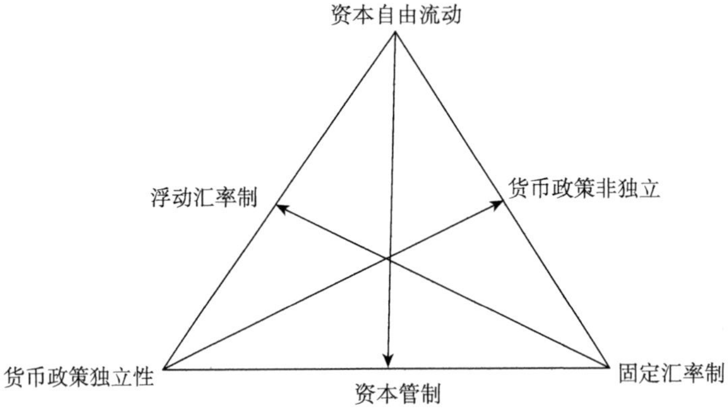

图 4 -1　“三元悖论”图

在“三元悖论”理论中，一国的政策选择只有三种：一是货币政策独立性 + 资本管制 + 固定汇率制；二是货币政策独立性 + 浮动汇率制 + 资本自由流动；三是资本自由流动 + 固定汇率制 + 货币政策非独立。这一理论反映了开放经济中的内在矛盾性，一国若能根据“三元悖论”结合自身的实际国情来合理地选择宏观政策组合，则可以实现宏观经济的稳定运行，反之，则可能激发矛盾并引发危机。根据“三元悖论”，作为一个整体的欧元区来说，在资本自由流动的条件下，实行独立的货币政策和浮动汇率制是一种最优的政策组合。它可以降低货币区内成员国间的贸易成本，提高资源的配置效率，同时，统一的货币不仅可以获得国际铸币税，而且能够在国际货币体系中实现与美元的抗衡。然而，在“三元悖论”的指导下，统一的欧元使得对欧元区内部的一些成员国而言，在资本自由流动的条件下，实行固定汇率制和货币政策的非独立却是一种最优的选择。这是一种整体和部分之间的矛盾，即在资本自由流动的条件下，根据“三元悖论”理论，作为整体的欧元区独立的货币政策和浮动汇率制度是一种最优组合与欧元区内作为部分的某一国而言固定汇率制度和货币政策的非独立是一种最优组合之间的矛盾，当这种矛盾在金融危机的冲击下不可调和时，主权债务危机随之而爆发。

四、中国主权国家资产负债表的现状

主权国家资产负债表包括了中央和地方政府、金融机构（包括央行）、非金融企业三个部门。这张资产负债表中的政府主权资产主要是政府可以掌控的经济资源，而主权负债则来自于政府的直接负债和以国家信誉为担保进行的融资过程中产生的或有负债和直接负债。

政府资产负债表不包括纯粹的私人部门。第一，居民资产负债表不包括在内，这是由于居民资产政府无法直接掌握；第二，私人企业资产负债表不包括在内，这是由于私人企业资产不能被政府直接掌握；第三，尽管政府的宏观经济政策，如货币和财政政策会影响到私人企业、居民的资产与负债，而且企业与居民的资产负债也会影响到政府资产负债表，但是三者还是应该区别对待。基于此，李扬等（2012）将中国政府资产负债表界定如下，政府资产与负债各六项，2000—2011 年的政府资产负债表从主权资产和负债结构上看，都与货币政策之间有密切的关联①。见表 4－2 所示。

表 4－2　中国主权国家资产负债表的构成

主权国家资产	主权国家负债
国有经营性资产	中央政府的债务（内债和外债）
国有非经营性资产	“准国债”（各政府部门和政策性机构所发行的有财政担保的债券）
政府所拥有的资源性资产	地方政府债务
对外主权资产	国有企业债务
全国社会保障基金国有资产	以金融不良资产及其转化形式存在的或有负债
政府在中央银行的存款	以隐性养老金债务为主的社会保障基金缺口

① 李扬、张晓晶、常欣、汤铎铎、李成：《中国政府资产负债表及其风险评估（下）》，载《经济研究》，2012 年第 7 期，第 4－21 页。

主权资产包括，国有经营性资产、国有非经营性资产、政府所拥有的资源性资产、对外主权资产、全国社会保障基金、政府在中央银行的存款六个部分，各类主权资产加总后得到中国主权资产的构成情况，如图4－2所示。从中可以看出，由于2000—2011年间，中国大多数时间都实行较为宽松或稳健的货币政策，甚少收紧货币政策。受其影响，非金融企业国有资产、储备资产、国土资源性资产的增速较快，政府在中央银行的存款和全国社保基金、金融行业国有总资产三项变动较小。

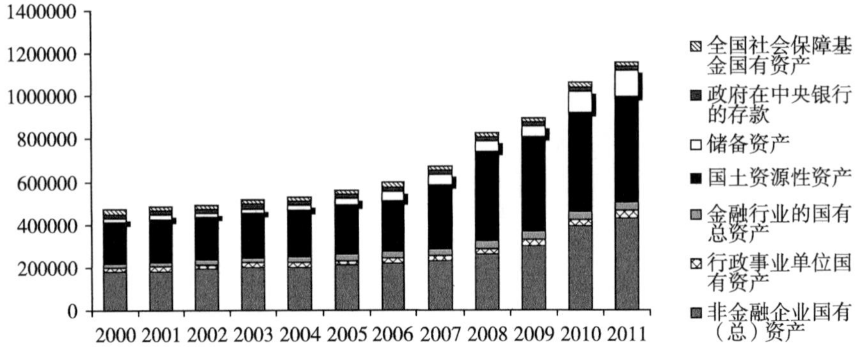

图4－2 中国主权资产的规模与构成（单位：亿元）

资料来源：财政部、国家审计署、国家统计局、李扬等（2013）。

注：囿于数据可得性和精确性，资产规模为估算。

中央政府的债务（内债和外债）、准国债、地方政府债务、国有企业债务、以金融不良资产及其转化形式存在的或有负债、以隐性养老金债务为主的社会保障基金缺口共六部分。根据以上主权债务的分析合计，得到2000—2011年的中国主权负债的构成情况（见图4－3）。由于六类负债均与利率、汇率等金融市场价格机制联系密切，六种负债受货币政策等宏观经济政策的影响较大，从中可以看出，中央和地方政府债务的增速最快，其次国有企业债务和不良资产处置过程中产生的负债同样增长速度较快。

根据以上对中国政府资产和负债的分析，可以得出各年度中国政府的资产与负债合计。图4－4中列示了2000—2011年中国政府资产、负债和其净值的变动情况。从图4－4中可以得出，中国12年来的资产和负债都呈急速增长的趋势，特别是政府资产的增速很快，要高于政府负债的增长速度，正因如此，我国政府资产负债表的净值处于持续增长阶段。

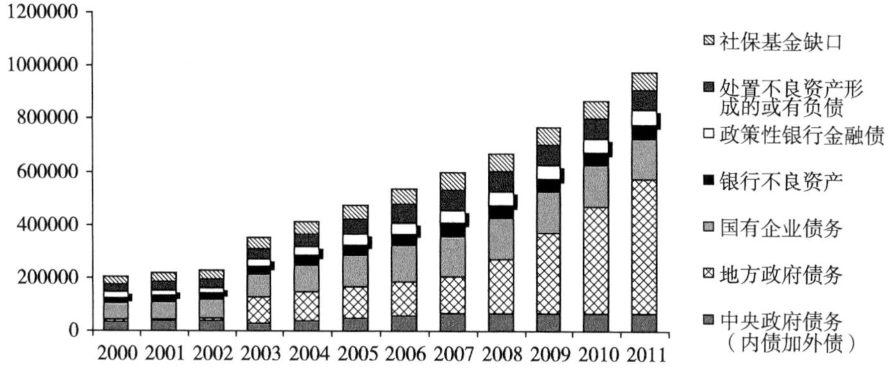

图4－3　中国主权负债的规模与构成（单位：亿元）

资料来源：财政部、国家审计署、国家统计局、李扬等（2013）。

注：囿于数据可得性和精确性，负债规模为估算。

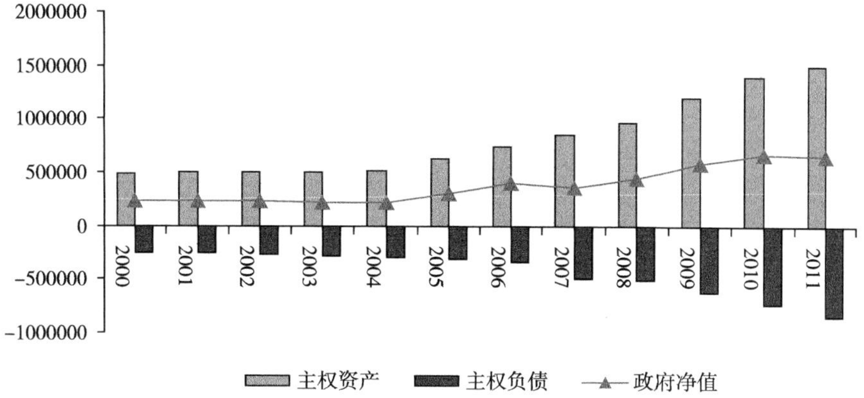

图4－4　中国主权资产/负债及政府净值（2000—2011）

资料来源：财政部、国家审计署、国家统计局、李扬（2013）。

注：囿于数据可得性和精确性，政府净值规模为估算。

根据政府资产和政府负债的全面分析，得到了2000－2011年中国政府资产负债表，以2011年政府资产负债表为例，见表4－3所示，2011年中国政府资产净值86.99万亿元，由于行政事业单位的资产无法迅速变现，国土资源使用权也无法进行卖断型出售和一次性转让，主权资产中扣除这两部分从166.3万亿元减少到106万亿元，主权净值剩余26.99万亿元。无论从宽口径还是窄口径进行测算，中国政府资产净值均为正，而且从窄口径进行测算，中国政府资产净值数额更大，因此，中国政府拥有足够的能力和保障偿付外债，在短期内发生主权债务危机的几率比较小。

表 4－3　2011 年中国主权资产负债简表　（单位：万亿元）

资产		负债和政府净值	
政府在中央银行的存款	2.3	中央财政国内债务	7.1
储备资产	21	主权外债	2.9
国土资源性资产	52	非融资平台公司的地方政府债务	6.11
行政事业单位的国有资产	8.8	地方政府融资平台债务	11.42
非金融企业国有总资产	70.3	非金融国有企业债务（扣除地方政府融资平台债务）	37.18
金融行业的国有总资产	11.1	政策性银行金融债	6.5
		银行不良资产	0.4
		处置银行不良资产形成的或有负债	4.2
全国社会保障基金国有资产	0.8	养老金隐性债务	3.5
资产合计	166.3	负债合计	79.31
		政府净值	86.99

资料来源：李扬等，《中国政府资产负债表 2013》，中国社会科学出版社，2013 年 12 月。

关于负债的测定，不考虑负债风险的程度以及或有负债发生概率而将或有负债和确定性负债简单加总后得到负债总额，计算政府资产净值的目的是为了能够研判在最大负债可能性水平下中国发生债务危机的可能性，尽管高估了负债规模，但并不影响对资产负债表风险的总体判断。

综上所述，欧洲主权债务危机的发生是由于欧洲各国的严重财政赤字，以至于无法偿还到期债务。在统一的货币制度下，欧洲各国政府通过债务融资来维持政府支出、扩大投资和促进经济增长，在有限的财政收入下，这种财政收支模式很难维持。统一的货币政策和分散的财政政策使得政府只得通过实施积极的财政政策来促进经济增长，这样政府的财政状况将不断恶化，财政赤字率不断提高。

中国在建设社会主义市场经济时要以此为戒，虽然我国的政府债务在可容忍的范围内，但也不可就此放松警戒。截至 2013 年年底中国发行公债总额 85948.11 亿元，占 2013 年 GDP 比重的 15.1%，占 2013 年财政收入总额比例为 66.5%[①]。与欧元区国家和美国以及日本相比，短期内我国不会出现主权债务危机，但是我国仍然不能放松警惕，主要原因如下：（1）虽然我国国债短期内不会引起主权债务危机，但是由于地方政府债券比例过高，已经达到了风险预警指标，所以我国应该加强管制。分税制体制的实施，使得我国地方

① 国家统计局 2014 年 1 月 20 日公布的数据显示，2013 年全年国内生产总值 568845 亿元；财政部 2014 年 1 月 23 日公布 2013 年财政收支情况，2013 年 1 月至 12 月，全国公共财政收入 129143 亿元。

政府可以自行管理地方财政收支。自金融危机发生后，我国政府为了避免经济衰退，采取宽松的财政政策，地方政府在大规模地刺激经济的同时也面对着财政赤字压力，于是中央政府容许地方政府进行融资。地方政府债务的80%是从银行进行融资的，而地方政府的财政税收收入有限，当债务到期时，如果地方政府不能偿还到期债务，银行就会出现高比例的坏账，而当银行出现危机时，房地产行业就会出现资金链断裂问题，而地方政府将难以通过出售土地进行融资，到时地方政府无法偿还债务，这些债务最终将会转移到中央政府处。(2) 主权债务危机的发生都与短期外债过高有关。虽然我国目前债务总额还未达到国际警戒线，但是这些年我国的外债总额一直都在保持着两位数的增长速度。我国政府应该提高警惕，加强国债及地方债务的管理。

第二节　货币政策与国家资产负债表风险

本节主要从宏观和结构层面去评估政府资产负债表的风险，主要有以下几个方面。资产负债表宏观层面的风险主要来自于无法及时清偿债务。政府资产负债表风险的指标主要有两个，一个是全社会债务水平，另一个是全社会杠杆率①。正如第一节分析中所指出的一样，希腊等“欧猪五国（PIIGS）”和欧洲其他发达经济体陷入主权国家债务危机而无力自救，均因其主权国家资产负债表陷入到高负债和高杠杆率的境地，使其政府清偿力受到其他各国的质疑，一些国家甚至得不到其他国家的援助。但是，中国的资产负债表在负债被最大化预估的条件下仍然处于净值为正的水平，因此，在可以预见的时期内，不存在发生无法清偿主权债务的问题。

资产负债表错配、各部门债务转移和主权债务的动态变化是结构层面风险的三种主要形式。其中，资产负债表错配风险包括期限错配、货币错配和资本结构错配三种形式，三种错配的风险集聚成为流动性风险；其二是债务部门间转移的风险，各部门间的风险转移和联动中所蕴藏的危机也是资产负债表风险难以把握的一个重要原因；其三是由于主权债务存在着动态演进和持续发展的特性。由于各种宏观经济变量的影响，例如政策赤字率、通货膨胀率、经济增长率、利率和汇率等因素使得主权债务处于不

① 杠杆率一般是指资产负债表中总资产与权益资本的比率，本书中指主权国家资产负债表中主权资产除以主权负债。

断发展当中，债务的动态化和可持续性刻画了政府资产负债表的风险。以上三种风险构成了资产负债表风险的主要形式。

从2007年后，中国地方债务融资规模不断扩大，有愈演愈烈的趋势，使政府资产负债表中产生了巨大风险，为了化解债务危机维持政府财政的有序发展，需要建立一个风险评估模型，以便能够及时检测和发现风险；根据已有研究和本书研究主题，将货币政策变量加入到债务风险评估当中构建起合理的风险指标体系，从而建立一个警报系统，通过这个模型得出的结论可以了解中国政府债务风险的现状和货币政策在债务风险当中所起到的作用。

一、债务风险指标选取说明

刘尚希等（2002）① 的研究认为目前债务风险评价有关的指标主要有：债务依存度、偿债率、债务负担率、居民应债能力以及政府财政赤字率等②。

这些指标主要有以下两点不足：第一，理解债务风险局限于政府承担的直接债务，很少讨论政府的或有负债；第二，债务风险评价指标体系只考虑了债务本身，并未从系统的角度考虑与债务风险紧密相关的其他因素的影响。引起债务风险的因素除了债务管理本身之外，还有其他很多因素，如区域经济发展水平、社会稳定水平、货币政策等相关因素，它们都可能直接或间接地促使债务危机的发生。因此，构建一套全面、灵敏、有效的债务危机预警指标体系对于中国经济的发展和社会的稳定是十分关键的。

相比其他国家，国内学者对债务风险的评估较为落后，对风险评估体系的认识存在局限。构建的评估模型必须要能够考虑到复杂的经济形势，选取的指标要有代表性具备很强的意义，同时评估模型要具备稳定性和可操作性，还要能够兼顾债务的复杂情况。因此，根据刘尚希（2002），余永定（2000）③ 的模型，结合中国国情，在外部监控指标体系中加入货币政策变量：利率与通货膨胀率，从三个层面构建债务风险评估体系：内部指标、外部监控指标和综合指标变量，见图4－5、图4－6和图4－7中所示。

① 刘尚希、赵全厚：《政府债务：风险状况的初步分析》，载《管理世界》，2002年第5期，第22－32页。

② 债务依存度指当年的债务收入与财政支出的比例关系；偿债率指当年的国内外还本付息额与财政收入（政府总收入）的比值；债务负担率指一定时期内的国内外债务累积余额与同期国内生产总值的比值；居民应债能力指内债余额占当年居民储蓄存款或居民储蓄存款余额的比例；政府财政赤字率指政府财政赤字额与当年GDP的比例。

③ 余永定：《财政稳定问题研究的一个理论框架》，载《世界经济》，2000年第6期，第3－12页。

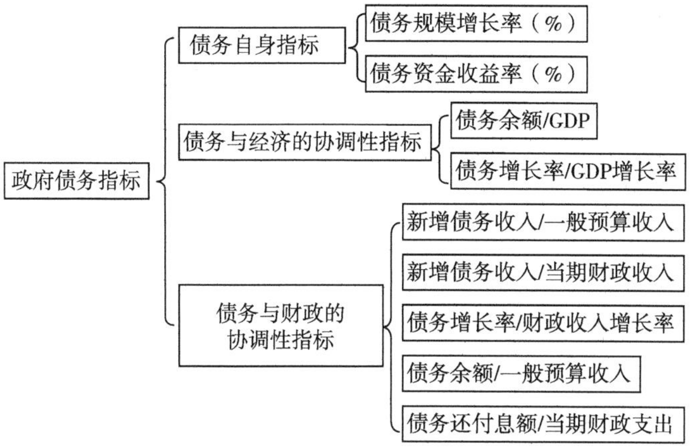

图4－5　内部评估指标体系①

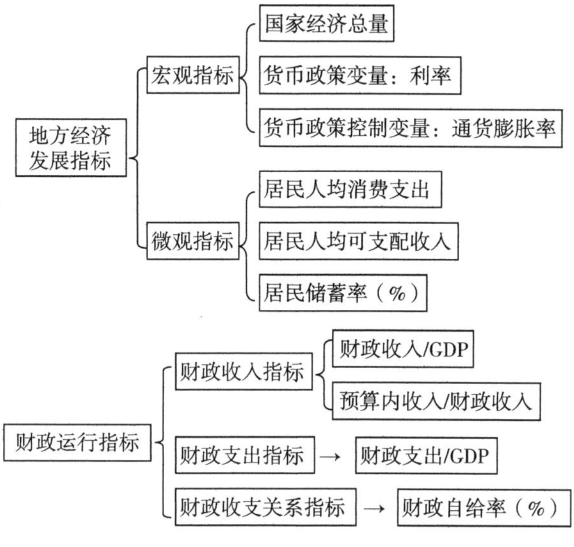

图4－6　评估体系的外部监控指标②

① 债务余额/GDP衡量国家经济总量能够承担债务的能力；新增债务/一般预算收入衡量财政的稳定程度；政府债务规模增长率是反映政府借款的最直接的指标；政府债务资金收益率指的是政府有效地利用借贷资金的程度。

② 国家经济总量用来表示政府能够承担风险的水平；居民人均可以消费的支出和可以自由支配收入表示了居民可以承购债务的最大限额；居民的储蓄率表示居民可以买进政府债券的实力；货币政策变量，使用一年期贷款利率和通货膨胀率表示，如果利率较低，则说明政府实行较为宽松的货币政策，有利于经济发展；通货膨胀率对名义利率的水平和居民消费、收入均有影响；政府财政收入与政府GDP的比值、政府预算内的收入与政府财政收入的比值用来表示政府财政实力的大小；政府财政支出与政府GDP的比值用来表示政府的支出规模；政府财政自给率表示财政收入相对于财政支出的自给比率。

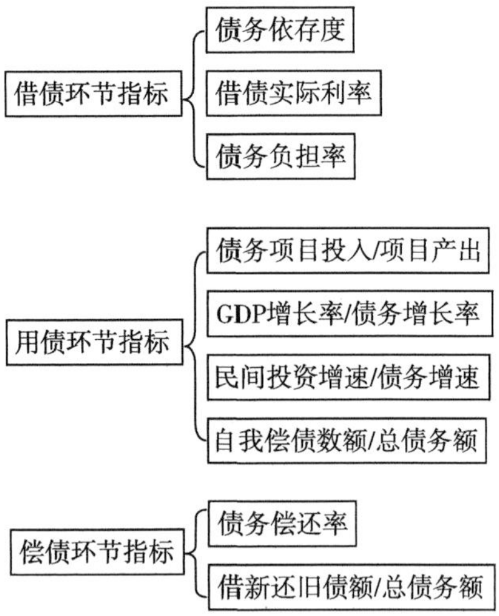

图 4-7　风险评估体系的指标变量集合①

二、债务风险的实证评估

根据李扬等（2013）估计的 2009—2011 年中国国家资产负债表的数据和财政数据来预估中国的债务风险等级，具体测量中国债务的规模和风险程度，同时建立评估体系评估中国债务风险的等级，并对中国爆发债务危机的可能性进行了预估②。

（一）债务风险评估体系的数据处理

债务风险的具体情况是错综复杂的，同时又具备一些独特的特点，为减少统计难度，有效地反映政府债务所欠债款的现状以及财政系统内部隐含的债务风险的等级，本节的风险评估体系着重从三个方面作为切入点进行研究，分别是内部监控指标，外部监控变量以及债务评定。对中国已经收集的资料整理以后，通过运算得到需要的指标变量值，具体情况如表 4-4、表 4-5 所示：

① 政府债务运行有三个基本环节，分别是借债、用债和偿债。

② 李扬、张晓晶、常欣、汤铎铎、李成：《中国政府资产负债表 2013》，中国社会科学出版社，2013 年 12 月。

表4-4　中国债务风险内部监控评估体系指标

项目	2009	2010	2011
债务规模增长率	19.01%	31.00%	34.50%
债务余额/GDP	0.1066	0.1179	0.1363
债务增长率/GDP 增长率	0.8046	1.4355	2.6018
新增债务收入/一般预算收入	0.1385	0.2298	0.2403
新增债务收入/当期财政支出	0.1017	0.1646	0.1587
债务增长率/财政收入增长率	0.6171	0.9737	2.2688
债务余额/一般预算收入	0.8672	0.8961	1.0153

资料来源：根据中国财政部、国家统计局和李扬等（2013）的数据估算。

由表4-4，从债务规模增长率、债务余额/GDP、债务增长率/GDP 增长率三个比值可以得出中国的债务总量正在变大，政府债务规模逐年增大，趋势明显；新增债务收入/一般预算收入、新增债务收入/当期财政支出、债务增长率/财政收入增长率三个比值的变化可以得出，财政收入的增长幅度小于新增债务的增长幅度，政府偿债压力较大；债务余额/一般预算收入的趋势可以看出，新增债务收入与一般预算收入的比例逐年增多，政府迫切需要谋求新收入增长点，不能单纯依靠借债增加收入。

表4-5　中国债务风险预警系统的外部监控指标

项目	2009	2010	2011
经济总规模（亿元）	340902	401512	472881
货币政策变量：利率	6%	6%	6%
货币政策变量：通货膨胀率	2%	3.5%	3.5%
居民人均消费支出指数	104.80	105.10	100.10
人均可支配的收入（万元）	1.12	1.28	1.40
居民的储蓄额（亿元）	260772	303302	343635
财政收入/GDP	19.06	19.71	22.07
预算内收入/财政收入	2.0246	1.9990	2.0062
财政支出/GDP	0.1772	0.1836	0.2032
自给率	0.3629	0.3583	0.3293

资料来源：根据中国财政部、国家统计局和李扬等（2013）的数据估算。

根据表4-5中的经济总规模、人均可支配收入和居民储蓄总额三个指标可以得出中国的经济总量水平是在逐年增长，承受债务风险的能力一年比一年强，在突发状况的情况下，中国人均消费水平会出现走低的趋势，同时个人的收入水平提高，他们购买政府债券的能力进一步地增强；根据财政收入/GDP 比值、预算内收入/财政收入、财政支出/GDP 的变化程度，可以发现中国政府财政收入占 GDP 的比例逐年提高，抵御风险的能力不断变强；从外部监测指标的货币政策变量来看，中国一直维持 6% 的低利率、3% 左右的通货膨胀率，实际利率水平较低，政府借债和实体经济债务所承担的利息水平较低，宽松的货币政策水平对维护经济稳定起到了至关重要的作用。

表 4-6　中国债务风险评定的主要指标

项目	2009	2010	2011
债务依存度	63.71%	63.17%	67.07%
债务负担率	10.66%	11.79%	13.63%
债务实际利率	4%	2.5%	2.5%
GDP 增速/债务增速	1.2429	0.6966	0.3844
民间投资增速/债务增速	0.1632	0.1253	0.1507
自我偿债额/政府负债总额	0.5695	0.5583	0.4910
债务偿还率	30.95%	32.02%	27.84%

资料来源：根据中国财政部、国家统计局和李扬等（2013）的数据估算。

根据中国债务评定的主要指标，对相关数据处理，得到如表 4-6 所示，债务依存度、债务负担率都说明中国国家资产负债表中的债务水平较高，中国政府在财政支出这一项上对于债务收入有较强的依赖性，财政体系目前负担较重，累积了比较严重的风险，债务负担率越来越高，政府偿债能力还是仍有待加强；GDP 增速/债务增速、民间投资增速/债务增速、自我偿债额/政府负债总额、债务偿还率四个指标的变化趋势，也都证明政府的偿债能力仍有待进一步加强；但是政府借债的实际利率较低，换言之，就是借债过程当中，国债、地方债、公债都维持了较低的借债利率，宽松货币政策对债务风险的稳定效应显著；如第一节中所述，政府信誉隐性担保资产、政府资产负债表中的大部分土地资产、行政事业单位资产都无法变现，偿债环节的各指标在短期内表现较弱情有可原，但中国在短期内不会爆发债务危机。

（二）中国债务风险的实证分析

政府的债务并不是单一的，它受到很多因素的影响，模糊性和不确定性是债务的两个重要特点，因此采用模糊评价分析法来构建债务风险评估体系，根据这个系统来评估地方的具体风险程度，及时报告风险情况。

首先综合分析债务的基本情况和现实债务规模，同时参考债务的特征，利用了层次分析法和模糊评价法的独特优势来建立一个评估系统和预警模型，通过刘谊等（2004）的方法和程序建立模型①：

1. 建立中国政府债务风险的评语集合 U

在考量了各方面的因素，根据刘谊等（2004）的分析把评语等级概括为5个层次，具体是这样规定的，U = {$U1$（很安全），$U2$（安全），$U3$（一般），$U4$（危险），$U5$（很危险）}。这个评语集合有很强的综合性，包括了各种可能性，有很强的现实意义，通过这个集合可以清楚地识别风险大小。

2. 中国债务风险评估指标集合 G

采用前文介绍的第三个层次中“借债、用债、偿债”三环节9个风险评估指标变量：G = {G1，G2，G3，G4，G5，G6，G7，G8，G9}。G1表示债务依存度，G2表示政府债务负担率，G3是借债实际利率，G4是政府债务项目投入产出比，G5是财政GDP增速与中国债务增速的比值，G6是民间资金的增速与债务增速的比值，G7是政府自我偿债额与负债总额的比值，G8是债务偿还率，G9是借新还旧额占总债务额的比例。

3. 集合 G 中的单个指标变量进行模糊评价可以获得矩阵 M

从指标集合G中取出指标变量进行评价，运用专家评定法可以求出这个变量因素在G中的所属程度，对于任意一个指标进行这样的指标分析得到如下的矩阵：

$$M=\begin{bmatrix} M_1 \\ M_2 \\ M_3 \\ M_4 \\ M_5 \\ M_6 \\ M_7 \\ M_8 \\ M_9 \end{bmatrix}=\begin{bmatrix} M_{11} & M_{12} & M_{13} & M_{14} & M_{15} \\ M_{21} & M_{22} & M_{23} & M_{24} & M_{25} \\ M_{31} & M_{32} & M_{33} & M_{34} & M_{35} \\ M_{41} & M_{42} & M_{43} & M_{44} & M_{45} \\ M_{51} & M_{52} & M_{53} & M_{54} & M_{55} \\ M_{61} & M_{62} & M_{63} & M_{64} & M_{65} \\ M_{71} & M_{72} & M_{73} & M_{74} & M_{75} \\ M_{81} & M_{82} & M_{83} & M_{84} & M_{85} \\ M_{91} & M_{92} & M_{93} & M_{94} & M_{95} \end{bmatrix}=\begin{bmatrix} 0.34 & 0.15 & 0.15 & 0.23 & 0.13 \\ 0.13 & 0.17 & 0.27 & 0.18 & 0.25 \\ 0.22 & 0.12 & 0.23 & 0.30 & 0.13 \\ 0.07 & 0.19 & 0.23 & 0.40 & 0.11 \\ 0.22 & 0.15 & 0.24 & 0.26 & 0.13 \\ 0.23 & 0.21 & 0.25 & 0.17 & 0.14 \\ 0.12 & 0.25 & 0.28 & 0.31 & 0.14 \\ 0.17 & 0.22 & 0.19 & 0.24 & 0.18 \\ 0.25 & 0.17 & 0.23 & 0.14 & 0.21 \end{bmatrix}$$

---

① 刘谊、刘星、马千真、陈元春：《地方财政风险监控体系的建立及实证分析》，载《中央财经大学学报》，2004年第7期，第1－5页。

4. 建立中国各个风险指标的权重集合 W

采用层次分析法来对 G 集合中所有的指标变量赋予一个权重 W_i，这个值表示的是各指标在评估系统中的重要程度。其中 $G = \{G_1, G_2, G_3, G_4, G_5, G_6, G_7, G_8, G_9\}$，所有权重的和加起来等于单位 1。

债务举债过程有借债、用偿、偿债三个基本环节，参照刘谊等（2004）根据这三个环节在评估中的重要程度，得到权重集合 $W_j = (0.25, 0.42, 0.33)$ $(j = 1, 2, 3)$，进一步计算得到 $W = \{0.17, 0.08, 0.05, 0.28, 0.09, 0.06, 0.13, 0.04, 0.10\}$。

5. 对中国债务进行分析并求得综合矩阵 R

先前已经求得了模糊矩阵 M 和权重集合 W，通过以下运算计算 $R = W \square$

$$M^{①} = [W_1, W_2, W_3, W_4, W_5, W_6, W_7, W_8, W_9] \square \begin{bmatrix} M_{11} & M_{12} & M_{13} & M_{14} & M_{15} \\ M_{21} & M_{22} & M_{23} & M_{24} & M_{2\ 5} \\ M_{31} & M_{32} & M_{33} & M_{34} & M_{35} \\ M_{41} & M_{42} & M_{43} & M_{44} & M_{45} \\ M_{51} & M_{52} & M_{53} & M_{54} & M_{55} \\ M_{61} & M_{62} & M_{63} & M_{64} & M_{65} \\ M_{71} & M_{72} & M_{73} & M_{74} & M_{75} \\ M_{81} & M_{82} & M_{83} & M_{84} & M_{85} \\ M_{91} & M_{92} & M_{93} & M_{94} & M_{95} \end{bmatrix}$$

$$= [R_1, R_2, R_3, R_4, R_5]$$

将相关的数据代入上述算式：$R = \{0.17, 0.19, 0.23, 0.18, 0.13\}$，得到如下结论，中国债务风险的具体情况为：U = {17%（很安全），19%（安全），23%（一般），18%（危险），13%（很危险）}。根据运算规则，取 R 向量中最大的一个数 R_i，它在 U 中的等级就是我们的最终结果，最终得出中国的风险界别为 23%，这个数字处于“一般”的临界水平，中国暂时不会发生主权国家债务危机，但仍需做好对债务风险的评估、处理，同时防范、预警债务风险，做好控制，防止债务风险的不断增大和演进。为此，需要对中国债务风险的主要影响因素进行分解，接下来参考 Reinhart &

① 其中□是模糊算子的意思，计算法则如下：W 与 M 中的每一列先取小数再取大数；W 在这里面用来表示比重；M 为模糊矩阵的意思；R 视为隶属向量。

Sbrancia（2011）的研究，对影响债务风险的因素进行推演①。

三、主权债务与货币政策间的动态调整

上述主权国家资产负债表的风险需要妥善加以控制解决，而宏观经济政策中的货币政策、财政政策是防范和解决此类风险的有力武器。

金融危机之后，中国政府的一个最大挑战是削减公共债务。第一，从宏观调控的角度明确：政府是宏观经济运行的观测者、调控者和稳定器，应当更多地充当裁判员的角色。而且，必须认识到政府去杠杆化的时间要远远大于私人部门。也就是在私人部门削减了自身债务，完成了去杠杆化之后的很长一段时间后，宏观经济的增长才可能恢复，只有在改善了宏观经济状况的条件下，政府才能在力所能及的范围内解决自身的债务问题；第二，根据 Reinhart & Sbrancia（2011）的研究，在温和的通货膨胀和适度的金融抑制的条件下，政府可以比较有效地削减自身债务。

在稳定的货币政策条件、温和的通货膨胀和经济增长率下，政府财政赤字将发生怎样的变化需要加以预测。按照中国目前的宏观经济现状，如果存在一个稳定的经济增长率和比较温和的通货膨胀，另外中央银行实施低利率的货币政策，将有利于削减政府的公共债务。因此，参考 Reinhart & Sbrancia（2011）和李扬等（2013）② 的有关设定，探讨货币政策特别是利率和汇率政策与政府资产负债表之间的动态演进关系。

政府债务余额由政策赤字和利息支出共同决定，如公式（4－1）中所示。

$$\frac{dZ(t)}{dt} = -[T(t) - E(t) - Z(t)i(t) - Z(t)\lambda(t)] \tag{4-1}$$

其中 $z = \frac{\text{政府债务}}{GDP}$，Z 主要由四个变量共同决定，$T$ 财政税收收入，政策赤字率 f，通货膨胀率用 π 表示，经济增长率用 n 表示，λ 表示外汇率波动率，根据中国的实情情况，货币政策变量使用价格型货币政策工具利率 i

---

① Reinhart, C. M. and M. B. Sbrancia, *The Liquidation of Government Debt* [R], NBER Working Papers, 2011, No. 16893.

② 李扬、张晓晶、常欣、汤铎铎、李成：《中国政府资产负债表 2013》，中国社会科学出版社，2013 年 12 月。

和汇率波动率 λ 来表示，政府债务余额 z 的变化由政策赤字、利息和贸易支出。公式4－1主要表明财政自主支出 T、利息支出 i 和贸易支出 λ 增加时将会使得债务余额 z 增加，而财政收入 T 增加将会使债务余额 z 减少。

根据余永定（2000）的设定，可得下式：

$$\frac{dz(t)}{dt}=\frac{d[Z(t)\ GDP(t)]}{dt}=\frac{\left\{\frac{dZ(t)}{GDP(t)}-\frac{Z(t)}{GDP(t)}\left[\frac{dY(t)}{Y(t)}+\frac{dP(t)}{P(t)}\right]\right\}}{dt}$$

将 $\frac{dY(t)}{Y(t)}=n(t)$ · $\frac{dP(t)}{P(t)}=\pi(t)$ · $\frac{E(t)-T(t)}{GDP(t)}=f(t)$ · $\frac{Z(t)}{GDP(t)}=z(t)$ 代入后，可以得到在任何时间 t，政府的债务负担率变化情况均由公式4－2决定：

$$\frac{dz(t)}{dt}=f(t)-z(t)[n(t)+\pi(t)-i(t)-\lambda(t)] \quad (4-2)$$

假设除了政府债务负担率之外的其他四个变量为常数形式，公式（4－2）转化为一阶微分方程，通过求解公式（4－2）可以讨论政府债务负担率的变化路径，并通过改变其中的参数数值来进行动态的比较分析，公式（4－2）的解是：

$$z(t)=\frac{f}{n+\pi-i-\lambda}+ce^{-(n+\pi-i-\lambda)t} \quad (4-3)$$

其中 c 为任意常数。国债负担率 z 将会在经济增长率 n、通胀率 π 和货币政策代理变量 i 和汇率波动率 λ 保持稳定的情况下逐渐收敛到稳定状态。其中 $n+\pi-i-\lambda$ 的值起决定作用，z 要稳定下来的必要条件是 $n+\pi-i-\lambda>0$。从经济意义上讲，在实际经济活动当中的名义增长率 $n+\pi$ 需要大于名义利率 i 和汇率波动幅度 λ，或者说在实际情形当中实际增长率 n 大于实际利率（$i-\pi$）和汇率波动幅度 λ。否则国债负担率 z 将会持续增长，另外 $n+\pi-i-\lambda$ 的大小也使政策赤字率的水平得以确定。

$\frac{f}{(n+\pi-i-\lambda)}$ 代表 z 的最后均衡数值，$n+\pi-i-\lambda$ 的数值大小会使国债负担率 z 的波动区间得以确定。

从（4－3）中可以得出，增长率 n、利率 i、汇率波动幅度 λ 对政策赤字 f 亦有影响，如果增长率 n 和利率 i 的差越大，政策赤字 f 的空间也就会越大，也就是说经济增长率越高，则政府可以负担的财政赤字就越多。债务负担率的合理水平为50%，2%的经济增长率和利率差便意味着政策赤字率不能超过0.4%，2%的增长率和利差意味着政策赤字率为1.5%。

根据差分方程系统和余永定（2000）[①] 的做法类似，公式（4－1）、（4－2）、（4－3）可以进行动态演绎和模拟。各种变量的基本形式不变，将时间 t 进行更改，则政府债务负担率 $z_t = Z_t/Y_tP_t$ 的动态演进路径将由以下差分方程系统形式进行决定：

$$Z_t - Z_{t-1} = \lambda Z_{t-1} + iZ_{t-1} + Y_tP_tf \tag{4-4}$$

$$Y_t = Y_0\ (1+n)^t \tag{4-5}$$

$$P_t = P_0\ (1+\pi)^t \tag{4-6}$$

其中，f、π、n、i、λ 都是常数，可以通过不同赋值来探讨 z_t 的演化方式。如上述论证，关键是 $n+\pi-i-\lambda$ 的值，国债负担率究竟是发散还是收敛，以及速度的快慢，均由其决定。

公式（4－4）至公式（4－6）的经济意义是：$\frac{政府债务}{GDP}$的大小和演进方式取决于经济增长率 n 和 i、λ 之差。国债负担率会收敛取决于经济增长率和利率、汇率波动率之差。第一，当 $n>i+\lambda$（经济增长率大于利率和汇率波动幅度），国债负担率 z 才会收敛，否则就会出现发散的情况；第二，$n>i+\lambda$ 之间的差值越大，国债负担率 z 收敛的速度才会越快；第三，$n>i+\lambda$ 差值的大小还决定了 f 的水平，也就是决定了未来财政赤字率 f 的水平和大小。

只要中国宏观经济环境实际经济增长率一直为正数，利率、通胀水平较低、汇率波动幅度在合理区间；换言之，名义经济增长率与名义利率、汇率波动率之差为正（即 $n>i+\lambda$），则政府出现自身债务风险的问题就可以解决，$\frac{政府债务}{GDP}$的比率将会处于稳定的水平。所以，经济可持续增长是应对主权债务危机的重要武器，而较低的利率水平和较小的汇率波动幅度，宽松、稳健的货币政策也是一个重要的保障条件，同时汇率制度改革要考虑宏观经济的适应程度，保持渐进、稳健，维持合理波动范围。

小　结

本章通过对中国政府资产负债表的全面审视和其与货币政策之间的动

① 余永定：《财政稳定问题研究的一个理论框架》，载《世界经济》，2000 年第 6 期，第 3－12 页。

态关联，得到基本结论如下：根据李扬等（2013）的对中国政府资产负债表的预估和编制可以发现，2000－2010年间中国政府资产负债表呈快速扩张的态势，无论是资产还是负债都急剧增长，但政府资产净值仍然长期为正。其中，中国政府对外债券数额庞大、基础设施建设与固定资产投资规模不断扩张，也是政府资产急剧扩张的主要原因；而与房地产业相关贷款、地方融资平台债务则是负债迅速扩张的主要动因。这一时期政府体制机制的主要特征是政府资产和负债的迅速扩张。但是，中国政府资产负债表净值仍然为正，尽管政府资产负债表的负债方不断累积或有负债的风险，但是中国近期内可能不会发生主权国家债务危机。具体有如下几点结论：

（一）中国发生主权债务危机可能性较小

根据中国2000—2011年的各年政府资产净额为正，表明：目前中国有能力应对债务问题，而且在相当长一段时期内，中国主权债务危机发生的几率比较小。

（二）政府债务负担率决定于实际经济增长率

根据政府债务负担率、经济增长、利率、通胀率和汇率波动幅度五个变量之间的模拟发现，中国的$\frac{政府债务}{GDP}$的比值，取决于实际经济增长率与名义增长率n、名义利率i、通胀率π、汇率波动幅度λ。因此，在保证高速经济增长的同时，维持宽松的货币政策、稳定的汇率政策，将防止债务危机的发生。

（三）货币政策可以防控主权债务风险

货币政策可以用于解决中国政府资产负债表的风险，尤其是对地方债务融资中城投债风险的控制和住房抵押贷款的风险控制，中国政府资产负债表的中长期风险集中于对外债权、企业债务、政府隐性担保和社保欠账。短期和长期风险都与金融资产价格密切相关，解决好货币政策对金融资产价格的调控，便解决了债务风险。

结合对中国政府资产负债表的债务风险的评估，本书认为应该通过保持经济发展速度，转变经济发展方式；同时继续坚持实施宽松、稳健的货币政策，作为应对政府资产负债表风险的主要手段。具体有以下几种应对措施：

（一）货币政策：汇率制度

为降低资产负债表中货币错配的风险，应当稳步推进人民币汇率制度改革，保持汇率在合理区间波动；推动人民币国际化的不断前进，注重调整对外资产结构；同时藏汇于民，鼓励进行对外直接投资。更重要的是，在短期内无法解决货币错配现状的情况下，应该更加积极主动地使用主权国家财富基金进行投资，以减少货币错配存在的风险。

（二）货币政策：利率制度

加快利率市场化改革的同时，关注金融资产价格，特别是政府资产负债表中不良金融资产的价格波动，防范金融资产价格剧烈波动造成的风险。同时，改善依赖银行体系提供资金的资本结构错配风险，将利率定价的权利交给市场；加快多层次资本市场的建设，使社会各微观经济主体的融资方式多样化，降低政府资产负债表风险中的资本结构错配的风险，推动中国金融结构从债务性融资向股权性融资格局的改变。

（三）政策协调：货币与财政政策

不断减少政府对于市场经济活动的干预，降低政府或有负债的风险。政府应当减少对微观经济主体的直接干预，推动市场化机制的形成，特别是应该将政府提供的隐性担保或负债直接转化为政府的显性负债，同时明确好债权债务主体间的关系；在处理中央地方财政体制关系下，重塑中央地方关系，化解地方融资平台的债务风险，同时创新城镇化新型融资模式，推动财税体制制度改革，为地方提供新的税源主体；解决地方财政中存在的结构性错配的资产负债表风险问题。

第五章　货币政策与中央银行资产负债表调整机制：次债危机后

2007 年美国次债危机爆发之后，欧债危机又开始蔓延，致使美国和欧元区国家的宏观经济状况不断恶化，波动加剧，对全球其他主要经济体的外部需求也造成了负面影响，拖累了全球经济的增长速度。同时，中国为了应对危机也推出了四万亿投资计划，中国人民银行不断微调货币政策实施基调，以求能够保持中国经济增长速度稳定。

在一国经济运行体系当中，中央银行作为一种特殊的金融机构，其目标是为了实现国家宏观经济调控、发行货币、经理国库等任务，中央银行负责制定和执行宏观经济政策中的货币政策，要对国民经济和金融稳定及运行进行调控。确保高效执行这一中央银行的基本职能，对于中央银行是至关重要的，在当前复杂的国际经济、政治背景之下推动中国经济和金融的健康稳定发展更不可或缺。

世界上主要的经济体通过实施量化宽松的货币政策以确保能够熨平金融市场波动，并且期望以此种货币政策改善市场流动性，推动经济复苏增长。但是，频繁使用量化宽松货币政策却会引起中央银行资产负债表项目的特殊变化，特别是会引起央行资产的扩张和其负债结构的变化。中国人民银行资产负债表有效呈现了其各种经济活动所引致的资金来源和资金使用情况，涉及许多复杂经济、金融活动，对于厘清当前中国货币政策调控效果具有重要意义。

本章主要通过比较美、欧、英、日等国在危机后量化宽松货币政策对其央行资产负债表的不同影响，进而探究中国人民银行资产负债表在货币政策作用下的改变，以期得出对优化人民银行资产负债表提出对策建议。

第一节　中央银行资产负债表调整机制

量化宽松货币政策的实施使中央银行的资产负债表结构发生变化以增

加市场流动性，畅通货币政策传导机制，发达经济体使用量化宽松货币政策使中央银行的资产负债表在资产规模、结构方面进行改变以达到畅通货币政策传导机制，增加市场流动性和稳定市场流动性的目的，最终刺激经济有效增长。通过量化宽松货币政策来改善中央银行资产负债表的机制主要可以分成以下两种：

一、货币政策的央行资产负债表再平衡机制

金融学理论普遍认为，资产价格的波动将影响到投资者的收益，而资产组合是投资者投资过程中效用函数的一个重要变量。金融危机后的量化宽松货币政策会使中央银行的资产负债表规模迅速扩张，基础货币的数量骤增，导致私人部门现金持有量增多，私人部门根据现金和非现金比例的变化而不断增加金融资产的持有量。

全社会对金融资产需求的增加将会推高金融资产的价格，从而使企业的托宾 Q 值不断升高，进而刺激企业进行更多投资，在一定程度上使金融部门和企业部门的“资产负债表衰退”得到逆转，货币政策传导功能得以修复。

同时，中央银行资产负债表规模的扩张，可以使金融市场的流动性得以提升，从对现金和非现金资产的流动性溢价降低，使非现金资产的预期收益提升，进一步推动利率的降低，使经济复苏过程加快。

Krugman et al.（1998）的研究表明，中央银行可以通过购买国债以扩大中央银行的资产项目，变相地支持政府财政收入。这种扩大其资产项目的方式将会使中央银行基础货币投放增多，形成通胀预期，这种通胀预期将使政府的财政赤字减少，增加消费者消费和企业投资。同时，基础货币的增多也会使私人部门形成一定的通胀预期，温和的通货膨胀将有利于政府赤字的减少，下调对私人部门的赋税，从而使企业和居民的消费与投资增加①。

二、货币政策的央行资产负债表组合效应机制

组合效应机制主要指中央银行在货币政策实施过程当中，使用购买不同资产来改善其资产结构的行为机制，这种组合效应的过程当中，中央银行购买某一行业，例如购买房地产抵押证券（MBS）来支持房地产企业的

① Krugman, P. R. , K. M. Domiquez and K. Gogoff, *It's back: Japan's Slump and the Return of the Liquidity Trap* [R]. Brookings Paper on Economic Activity, 1998 (2).

发展，稳定金融资产价格，而中央银行资产方的 MBS 资产将会增加，市场因而形成 MBS 价格上涨的预期，从而推动金融市场中资产价格的上涨，在扩张资产负债表的同时，延缓本国经济衰退。同时，改变中央银行对某一行业金融资产的拥有数额，改变人们对于该行业的预期，释放出宽松的货币政策信号。修复公众对于货币政策的信心，从而达到货币政策的实施目的 Clouse et al.（2003）。

货币政策实施的过程亦是中央银行资产负债表不断变化的过程，由于各种货币政策对中央银行资产负债表项目的改变不一致，因此需要对各种常规和非常规货币政策对中央银行资产负债表的影响加以总结，见表 5 -1 和 5 -2 所示。

表 5 -1　常规货币政策工具对中央银行资产负债表主要因素的影响

常规货币政策工具	操作说明	央行资产负债表关键因素的变化			
		基础货币	国内资产净值	银行储备余额	国际储备净值
政策或基准利率	1. 提高政策利率	↓	↓	↓	不变
	2. 降低政策利率	↑	↑	↑	
公开市场操作	1. 买断证券或回购操作	↑	↑	↑	不变
	2. 卖断证券或逆回购	↓	↓	↓	
公开市场操作类型	1. 发行央行票据（净值为正值）	↓	↓	↓	不变
	2. 回笼央行票据（净值为负值）	↑	↑	↑	
常备借贷便利	1. 通过再融资便利增加贷款	↑	↑	↑	不变
	2. 通过存款便利吸收更多的存款	↓	↓	↓	
信贷和存款拍卖	1. 拍卖信贷	↑	↑	↑	不变
	2. 拍卖存款	↓	↓	↓	
转移公共部门存款	1. 将公共部门存款从央行转入银行	↑	↑	↑	不变
	2. 将公共部门存款从银行转入央行	↓	↓	↓	
法定存款准备金率	1. 提高法定存款准备金率	↑	↑	↑	不变
	2. 降低法定存款准备金率	↓	↓	↓	
外汇操作	1. 买入外汇	↑	不变	↑	↑
	2. 卖出外汇	↓	不变	↓	
	3. 外汇掉期交易（买入现汇，卖出 期汇）	↑	不变	↑	↑

资料来源：1. 中国人民银行网站资料；2. 中国人民银行国际司课题组：《中央银行资产负债表及其危机应对能力”研究（三）——央行应对危机措施对其资产负债表的影响》，《金融发展评论》2010 年第 11 期，第 115 -124 页。

表5-2　非常规货币政策工具对中央银行资产负债表主要因素的影响

非常规货币政策工具	操作说明	央行资产负债表关键因素的变化			
		基础货币	国内资产净值	银行储备余额	国际储备净值
买断金融机构和非金融机构的各类金融资产	各类资产包括政府证券、商业票据、有资产支持的证券、公司债券、公司股票	↑	↑	↑	不变
向私人部门直接提供贷款或担保	包括公司、个人	↑	↑	↑	不变
将政策利率下调至零或接近零水平	美联储、欧洲央行、英格兰银行、日本银行、加拿大银行、瑞士央行、瑞典央行均采取这样的极端调整措施	↑	↑	↑	不变
延长常规融资操作的期限	从隔夜或1周期融资扩展至3、6和12个周期的融资	↑	↑	↑	不变
扩大对手机构合格抵押资产的范围	扩大抵押资产的种类，降低抵押资产的信用评级	↑	↑	↑	不变
以货币互换获得的外币向国内对手提供外币流动性	主要发达经济体央行与美联储进行本币-美元的互换，美联储除增大货币互换规模外，还将货币互换安排扩展至一些新兴市场经济体	↑	不变	↑	↑

1. 中国人民银行网站资料；2. 中国人民银行国际司课题组：《“中央银行资产负债表及其危机应对能力”研究（三）——央行应对危机措施对其资产负债表的影响》，载《金融发展评论》2010年第11期，第115-124页。

第二节　货币政策与中央银行资产负债表调整的国别经验

2007年金融危机之后，世界各主要经济体的央行都采取了各种措施以应对危机。每种货币政策实施对中央银行资产负债表都会产生影响。量化宽松货币政策是各国央行应对危机时频繁使用的政策，也对各国央行的资产负债表产生了重要影响，根据上述四章的研究思路，接下来探讨美、欧、日等国家及经济实体实施量化宽松货币政策之后对其中央银行资产负债表的影响加以探讨，特别是其中的再平衡机制和组合作用机制，以期能够为中国人民银行货币政策实施提出针对性的建议。

一、美联储货币政策的央行资产负债表分析

从2008年金融危机之后，美国一共使用了四轮量化宽松货币政策，第一轮量化宽松始于2008年11月25日，第四轮量化宽松始于2012年12月。美联储资产负债表在各种货币政策实施下发生了许多改变，见表5-3所示。

（一）美联储量化宽松货币政策的央行资产负债表变化

从资产负债规模上讲，比实施量化宽松货币政策之前的资产负债规模扩大了3倍左右。特别是在第一、第二轮量化宽松货币政策之后，美联储购买了1.7万亿美元的资产和6000亿美元的国债，美联储资产负债规模迅速膨胀；美国在实施了四轮量化宽松货币政策之后，美联储资产负债表的结构发生了重要改变。

第一轮量化宽松（QE1）和第二轮量化宽松（QE2）每月购买850亿美元的资产使美国联邦储备委员会资产负债表中的资产结构改变明显，主要是持有国债比例明显下降，创新类产品在资产结构中不断增加，资产中美国国债的比例从2007年12月的85%下降到2012年9月的58%，同时美联储在资产负债表中也不减持短期国债，到2012年9月份为止，国债持有量为0。QE3和QE4主要针对美国国债进行资产负债结构的调整，而QE1和QE2更多购买的是美国的金融创新工具；负债方面，美联储并没有增发货币，货币发行数量保持平稳增长的状态，而存款科目的数额变化大于其他科目。

（二）四轮量化宽松货币政策的传导机制和政策效果分析

第一轮量化宽松货币政策（QE1）从2008年11月开始，此轮量化宽松货币政策的主要目标是直接购买金融市场中的创新型融资工具，向市场直接注入流动性。特别是在2010年3月此轮量化宽松货币政策结束之前，美联储主要购买了定期拍卖便利（TAF）和货币市场共同基金流动性工具（AMLF），AMLF和TAF是货币市场工具中最重要的创新。同时，美联储成立了Maiden Lane作为专门的金融危机救助机构。以上两种资产购买和新成立机构在其市场价值最高时，占到整个美联储总资产的80%左右。

本轮量化宽松货币政策通过使用中央银行资产负债表中资产组合效应和再平衡机制来支援特定行业的发展，以期稳定金融市场，从而改善央行

的资产负债表。本轮政策效果显著，特别是在美联储出手救助各金融机构，定向购买国债之后，市场信心逐步得以恢复，短期内金融市场的流动性增强，美国经济在短期内得以复苏，但是实体经济领域仍然起色不大。

从2010年11月开始美国实施了第二轮量化宽松货币政策，这一轮的量化宽松货币政策的目标非常明确，针对美国国内的两个方面进行调控：房地产业和美国国内就业。本轮政策的主要手段一方面增加国债购买量，特别是中长期国债的购买，基本计划是每月750亿美元的购买量；另一方面，置换第一轮量化宽松货币政策当中已经达到预期目的资产抵押支持证券和金融机构债券，回笼资金用于购买长期国债，增加了2500亿美元以上的美国国债购买量。

截至2012年9月15日此轮量化宽松货币政策结束时，它的主要目的基本完成，特别是对于房地产价格的支持和对美国居民就业的刺激使美国实体经济得以稳定。第二轮量化宽松货币政策有力地稳定了金融资产价格，该政策实施后美国国债和MBS在美联储的资产中占比大幅提高，达到85%左右。

表5-3　美联储资产负债表　（单位：亿美元）

项目	2007	2008	2009	2010-3	2011-6	2012-9
资产						
1. 黄金	110.37	110.37	110.37	110.37	110.37	110.37
2. 特别提款权账户	22	22	52	52	52	52
3. 硬币	11.73	16.8	20.47	20.98	21.14	21.77
4. 证券，回购协议，定期拍卖便利和贷款	8216.47	12137.41	20103.39	21036.14	26554.62	25851.62
4.1 证券持有	7546.12	4968.92	18447.22	20179.55	26426.17	25833.38
4.1.1 美国国债	7546.12	4760.14	7765.87	7766.67	16170.6	16460.98
4.1.2 联邦机构证券	0	208.78	1598.79	1674.88	1167.04	870.98
4.2MBS			9082.57	10738	9088.53	8501.42
4.3 回购协议操作	425	800	0	0	0	0
4.4TAC	200	4502.19	759.18	34.1	0	0
4.5 其他贷款	45.35	1866.3	896.99	822.49	128.45	18.23
5. LLC 商业票据融资便利净额		3316.86	140.72	77.76	0	0
6. Maiden Lane LLC 资产净额		269.66	266.67	273.17	238.49	17.39
7. Maiden LaneII LLC 资产净额		200.49	156.97	153.43	125.38	0.61
8. MaidenLaneIII LLC 资产净额		281.91	226.6	221.42	242.44	15.85

续表

项目	2007	2008	2009	2010－3	2011－6	2012－9
9. 持有的 TALFLLC 资产的净额			2.98	4.04	7.57	8.51
10. AIA AURORA LLC 和 ALICO Holdings LLC 资产优先权益			250	260.57	–	0
11. 在收款过程中的项目	18.81	12.03	2.77	1.85	2.38	1.37
12. 银行房产	21.28	21.86	22.49	22.39	22.1	23.51
13. 中央银行流动性互换			102.72	0	0	147.42
14. 其他资产	537.52	6198.07	914.43	940.64	1315.18	1983.07
总资产	8938.18	22587.44	22372.58	23165.25	28691.67	28233.48
负债						
1. 美联储票据，扣除联邦银行持有的逆回购协议	7918.01	8497.16	8896.78	8930.35	9857.88	10833.07
2. 逆回购协议	405.42	883.17	704.5	547.19	666.07	939.69
3. 存款	163.58	12419.84	12091.35	13008.84	17417	15784.09
3.1 存款机构在央行的定期存款	114.39	8194.04	10252.71	11477.47	50.87	30.4
3.2 存款机构一般存款				0	16223.95	14206.35
3.3 财政部一般存款账户	45.29	1180.58	1498.19	501.04	1055.82	756.76
3.4 财政部补充存款账户		2892.47	50.01	999.83	50	0
3.5 外国政府的存款	0.97	11.9	22.69	24.2	1.26	55.6
3.6 其他	2.93	140.85	267.74	6.29	35.11	734.98
4. 延迟入账现金项目	22.16	25.37	22.33	21.45	14.78	8.33
5. 其他负债及应付股息	57.89	336.73	136.42	127.04	206.19	119.87
总负债	8567.06	22162.27	21851.39	22634.87	28161.93	27685.05

资料来源：美国联邦储备委员会网站。

第三轮量化宽松货币政策的开始时间为 2012 年 9 月 15 日，本轮量化宽松依然使用上一轮的工具，直接购买“资产抵押贷款支持证券（MBS）”，在此基础之上同时使用“扭曲操作（OT）”。其目标为使长期利率降低，稳定金融资产价格并改善国内就业。此轮量化宽松当中，美国将所有已到期的债券、金融资产资金回笼后继续购买 MBS。

第三轮量化宽松货币政策主要使用的是资产负债表中的组合效应机制对房地产企业进行支持，并且将资产负债表再平衡机制用于降低长期利率。美联储此次量化宽松货币政策之后，美国失业率稳步下降，金融资产和房地产价格逐步趋于稳定。

第四轮量化宽松货币政策的推出时间为2012年12月13日，本轮量化宽松使用购买美国长期国债（450亿/月）来替代第二轮量化宽松货币政策当中即将到期的扭曲操作（OT）。

第四轮量化宽松货币政策当中主要是使用资产负债表组合机制，引导私人部门预期，以使本国经济迅速走出低谷。

二、欧洲各国央行货币政策的资产负债表分析

（一）欧洲央行量化宽松货币政策的资产负债表变化和效果分析

欧洲各国在2008年之后出现了主权国家债务危机，欧洲央行在2008年前后也推出了各种非常规货币政策，欧洲央行的资产负债表也从2007年开始迅速扩张，在2013年达到了3.5万亿欧元，增长率高达180%，比2007年初的1.2万亿欧元多出2.3万亿欧元。从欧洲央行的资产负债表结构来看，欧洲央行仅新增加了证券类子科目，见表5－4所示，并没有效仿美联储的做法，大规模地增加资产类科目；而且货币发行数量并没有大幅增加，同时，努力降低了央行资产负债率，从2008年的60%下降到2013年3月的28%。

表5－4　欧洲央行资产负债表　（单位：10亿欧元）

项目	2007	2008	2009	2010	2011	2012－9
资产						
黄金	184.494	219.707	238.147	367.402	423.458	479.292
对非欧元区居民的外币债权	138.005	149.65	191.909	223.995	244.621	256.413
从IMF应收款	9.25	12.528	61.354	71.319	85.655	90.069
在欧元区外的存款和证券投资	128.755	137.122	130.554	152.675	158.966	166.344
对居民的外币债权	43.167	229.518	31.708	26.941	98.226	39.858
对非居民的欧元债权	13.635	9.202	15.696	22.592	25.355	16.512
对欧元区信贷机构的贷款	637.107	843.197	728.584	546.747	863.568	1178.184
长期再贷款	268.476	616.901	669.296	298.217	703.894	1058.75
主要再贷款	368.607	224.4	59.221	227.865	144.755	117.383
周转准备金	0	0	0	20.623	0	0
结构性准备金	0	0	0	0	0	0
保证金放贷	0.022	1.82	0.04	0.025	14.823	2.047
偿还保证金的信贷	0.002	0.077	0.027	0.017	0.097	0.004

续表

项目	2007	2008	2009	2010	2011	2012 - 9
对其他欧元区信贷机构债权	23.752	58.438	25.765	45.654	78.652	212.652
对欧元区居民发行的有价证券	96.151	121.287	329.546	457.427	618.637	597.655
为货币政策而持有的证券			28.504	134.829	273.854	280.207
其他证券			301.042	322.598	344.783	317.448
欧元区内政府债务	37.091	37.496	36.188	34.954	33.926	30.01
其他资产	327.416	374.969	254.921	278.719	349.184	271.857
总资产	1500.818	2043.465	1852.463	2004.432	2735.628	3082.432
负债						
流通中的货币	678.563	765.413	807.191	839.702	888.676	892.496
欧元区信贷机构存款	376.51	455.784	368.683	378.008	849.477	1052.529
现金账户	223.155	225.947	204.594	212.739	223.539	525.83
存款资金	1.896	229.785	164.088	104.458	413.882	315.754
定期存款	149.999	0	0	60.784	211	209
周转准备金	0	0	0	20.623	0	0
保证金存款	1.46	0.052	0.001	0.027	1.056	1.945
欧元区信贷机构的其他负债	0.127	0.211	0.33	2.808	2.423	5.224
负债凭证发行	0	0	0	0	0	0
对其他欧元区居民的欧元负债	44.759	116.079	133.76	79.791	79.603	119.439
对非欧元区居民的欧元负债	45.508	285.988	46.459	47.703	156.873	6.626
对居民的外币债务	2.354	2.874	3.703	1.995	4.566	
对非居民的外币债务	16.238	10.191	9.567	14.346	9.027	
SDRs 的对应配额	5.398	5.384	50.906	54.48	55.942	56.243
其他负债	131.377	161.162	166.647	175.932	213.521	235.635
重估账户	131.06	168.685	192.254	331.524	394.031	452.824
资本和储备	68.924	71.694	72.964	78.143	81.489	85.551
总负债	1500.818	2043.465	1852.463	2004.432	2735.628	3082.432

资料来源：欧洲央行网站。

（二）欧洲央行货币政策资产负债表效应分析

欧洲各国中央银行主要使用的量化宽松货币政策工具为“国债购买”。主要通过长期再融资、证券市场计划、直接货币交易计划三种形式对金融市场进行支持。

第一，长期再融资操作（LTRO）。从2008年4月，LTRO开始实施，截止到2013年12月，LTRO共实施10次，特别是在2008年为拯救市场信心，欧洲央行多次再推出。在2009、2010年分别使用了四次为期一年的LTRO计划，特别是在2011和2012年又进行了两次大规模的3年期LTRO计划。

LTRO的主要目标是使金融资产的价格保持稳定，中央银行希望通过此举向金融市场当中注入流动性，主要通过降低资产抵押支持证券（ABS）的利率，使ABS更易获得青睐，便于商业银行的出售，以回笼市场资金，用于购买金融市场中的主权国债，再将主权国债抵押给欧洲央行。4年时间里，LTRO在欧洲央行总资产的比重不断增加，从2008年的20%上升到2013年年初的40%。

LTRO的政策效果明显，对于欧洲央行来说，相当于使用了一个逆回购，并将其自身拥有的一些不良资产进行处置，从而扩大银行的信贷规模，向金融市场注入流动性，刺激经济增长，见表5-5中所示。

表5-5　英国央行资产负债表　（单位：100万英镑）

项目	2007-10	2008-10	2009-10	2010-10	2011-10	2012-10
资产						
短期公开市场操作-逆回购	20610	0	0	0	0	0
长期英镑逆回购	14900	120884	33560	16250	13793	11285
英国政府预付款项	13370	370	370	370	370	370
通过市场交易获得的债券和其他证券	7663	10805	13555	14215	13974	13483
便利资产	35991	134337	187860	213530	233012	388730
总资产	92533	266396	235345	244365	261148	413868
负债						
流通中的货币	40817	43876	47164	51513	55061	57670
准备金余额	20062	42418	150669	143755	143395	280715
短期公开市场操作	0	n/a	n/a	n/a	n/a	n/a
公开发行外币证券	4492	4901	3739	3805	3809	3759
现金存款	2716	2280	2545	2548	2389	2419
其他负债	24447	121961	31227	42743	56494	69305
便利存款	0	n/a	n/a	n/a	n/a	n/a
总负债	92533	266396	235345	244365	261148	413868

资料来源：英国央行网站。

第二，证券市场计划（SMP）。SMP 从 2010 年 5 月开始实施，其主要工具是从金融市场当中购买政府债券，并从一级、二级市场当中购买欧元区国家发行的公共实体行业债券；同时，欧洲央行购买欧元区企业部门发行的公司债券。

SMP 主要通过央行资产负债表组合效应机制对欧元区各国实施点对点的援助，特别是对于已经出现危机的欧元国家，加大对其国债和公共、公司债券的购买力度。向特定国家的金融市场注入流动性来维持金融市场的资产价格。SMP 在实施过程当中购买了大量希腊、意大利、西班牙、葡萄牙国债，稳定了这些欧元区国家的金融市场，有效防止了部分国家的主权债务危机在欧元地区蔓延。

第三，直接货币交易计划（OMT）。从 2012 年 9 月 6 日开始。政策工具与 SMP 类似，但其实施前提条件是：欧洲央行购买国债的久期不能超过 3 年；另外，针对国债发行国也作了相应要求，比如，要求国债发行国或受援助国是申请了欧洲金融稳定基金（EFSF）和欧洲稳定机制（ESM）的国家，并且需要接受这两个机构的监督。

OMT 通过中央银行的资产负债表组合效应实现对援助国家金融市场、金融资产价格的稳定。但与 SMP 不同之处在于，OMT 设定了严格的援助前提。OMT 实施效果良好，受援助国家的金融市场稳定，并有效提升了金融市场的信心。

（三）英国央行量化宽松货币政策的资产负债表传导机制和政策效果分析

从 2008 年 4 月起，英格兰银行开始实施量化宽松货币政策，主要分为两个阶段，第一阶段是流动性注入，从 2008 年 4 月—2009 年 3 月；第二阶段是资产购买阶段，从 2009 年 3 月起至今。

第一阶段的主要目标是直接向金融市场提供流动性，用于稳定市场信心，用于稳定金融资产价格，特别是解决银行的流动性问题。其政策工具主要包括 SLS（特别流动性计划）、DWF（窗口贴现便利），另外还使用了注入美元流动性的货币互换和英镑回购。

通过央行资产负债表再平衡机制来稳定金融市场。由于在 2008 年 4 月第一阶段量化宽松货币政策实施开始时使用的 APF（资产购买便利）效果并不明显。第二阶段英格兰银行便开始使用 SLS 和 DWF 进行金融市场流动性注入。由于 APF 主要购买的是高质量债券，包括国债和金边债券、国库券、优质公司债券。SLS 和 DWF 转变了资产购买思路，购买了一些公司债券直接稳定金融资产价格。

第二阶段的政策效果明显，据英国经济学家实证检验，英格兰银行的SLS和DWF对英国2011年GDP贡献为1.5%－2%之间，并且通货膨胀温和，CPI比较稳定。但是英国的金融创新比较落后，另外可供英格兰银行购买的英国金融资产数量、种类较少，也限制了英国量化宽松货币政策的作用发挥。

三、日本央行货币政策的资产负债表分析

（一）日本央行量化宽松货币政策的资产负债表变化

日本作为量化宽松货币政策的发明者，在2007年之后加大了量化宽松货币政策的力度。日本银行的资产负债表规模也随之增大，从2008年年初到2012年10月，日本银行资产规模从110万亿日元上升到150万亿日元，但是与危机前的最大规模仍有距离，如表5－6中所示。

日本央行在资产方面，增加了新的科目“商业票据”和“公司债券”。同时，日本银行在金融市场上大量购买商业票据和公司债券两类资产，商业票据恢复到2009年的水平，而公司债券的规模则快速增加。在负债方面，日本银行没有更多地发行货币，但存款科目增幅较大，政府存款则有所减少。

（二）日本央行量化宽松货币政策的资产负债表的传导机制和政策效果分析

2008年起，日本央行总结了2001—2006年量化宽松货币政策的经验，对2008年起的非常规货币政策进行了针对性调整。主要分为直接向市场注入流动性和资产购买、结构调整两个阶段。

表5－6　日本央行资产负债表　（单位：亿日元）

项　目	2008－3	2009－3	2010－3	2011－3	2012－10
资产					
黄金	4413	4，413	4，413	4，413	4413
现金	1913	2467	3301	3964	3371
正回购协议	87676	119520	49833	6286	
日本政府债券	673908	642656	730662	772992	1050686
商业票据		15569		2743	14101

续表

项　目	2008－3	2009－3	2010－3	2011－3	2012－10
公司债券		435	1722	2035	28925
财产信托	14260	11540	14256	16983	29522
贷款及贴现票据	292153	327315	357839	561360	334531
外币资产	52277	108647	50228	46903	48366
代理商存款	830	262	193	174	407
其他资产	4641	3853	3579	3653	4434
有形固定资产	2188	2207	2215	2124	
无形固定资产	2	2	2	2	
总资产	1134262	1238886	1218242	1423632	1518756
负债					
流通中的钞票	764616	768978	773528	809230	806574
存款	142764	279228	234986	407901	434454
活期存款	142469	221489	234553	407556	
其他存款	294	57739	432	345	2887
政府存款	35058	23746	30186	23554	13384
回购协议下的应付款项	120599	103714	116515	122987	197821
票券	6001				
其他负债	721	1779659	443589	289	4138
备抵金	32265	3229	32311	32342	32370
总负债	1134262	1238886	1218242	1423632	1491629
所有者权益	32238	29154	30272	27306	27127
资本	1	1	1	1	1
法定准备金	25829	26150	26600	26783	27126
特别准备金	0.10	0.10	0.10	0.10	
净收入	6408	3003	3671	521	
总负债	1102024	12097325	1187970	1396326	1518756

资料来源：日本央行网站。

从2008年4月起开始的第一阶段量化宽松货币政策使用了企业融资支持计划，该计划的主要目的是改善金融机构的资本结构，通过中央银行放宽信贷政策改善中央银行资产方，以使大量企业能够得到利率较低的贷款，改善因为商业银行惜贷而出现的中小企业贷款被挤出的现象。

主要是点对点支持救助的方式对企业进行帮助，通过央行资产负债表再平衡机制，日本中央银行的量化宽松货币政策主要目的是缓解市场的流动性。第一阶段的量化宽松货币政策没有起到良好效果，主要是因为央行的政策过于被动，期望企业能够主动贷款以改善其资产负债结构。在2010年10月第一轮量化宽松结束时，日本央行未达到降低失业率20%的预期调控目标。

从2010年10月起开始的第二轮量化宽松货币政策主要手段是使用货币市场工具进行操作，主要使用“物价稳定承诺”和“资产购买计划”两个基本工具，其中比较重要的方式与上述“点对点”资产购买计划类似，日本银行在其资产科目当中增加了“商业票据”和“公司债券”两种形式，专门用于购买国内企业的债券，直接向实体经济提供流动性。

日本央行本轮调控是为了维持金融市场低利率以刺激实体经济中的消费和投资，从而间接地向市场注入流动性。资产负债表组合效应机制是本轮政策的重点，本轮量化宽松政策效果明显。但是资产购买计划中购买的金融资产有一部分属于金融系统发行的金融债券，并没有完全支持实体经济发展。日本央行与英国央行类似，面临着金融创新不足，可供中央银行选择用于实施的金融工具不足。

第三节 中国央行货币政策的资产负债表分析

2007年之后中国经济经历了大起大落，2011—2013年总体经济形势持续升温，居民消费旺盛，全社会投资持续增长，农业生产形势喜人，工业生产不断加速推进，通货膨胀处于合理区间，就业形势稳定。2014年1月20日国家统计局公布，2013年我国国内生产总值568845亿元，同比增长7.7%，完成了年初设定的7.5%的目标，消费者价格指数（CPI）同比上涨2.5%。

中国经济发展潜力仍然较大，经济结构转型、调整也取得了开创性进展，整体形势稳中有进。特别是中国人民银行在国际经济形势不确定的情况下，宏观调控的方式也日益创新，对经济的平稳快速发展起到了保障作用。但国内经济发展当中内需不旺、储蓄率过高，同时在经济发展过程当中地方债务累积、房地产泡沫风险加剧，经济增长没有找到新的着力点等问题仍然存在。商品价格的运行机制、体系仍然并不稳定，物价水平对总供给和总需求的变动非常敏感，通货膨胀预期仍需要加以重视①。根据 Reinhart（2009）的研究，早在 20 世纪 30 年代美国大萧条时期就已经使用了多样化货币政策来对经济形势进行调控②。本节主要就中国人民银行货币政策的资产负债表调整机制和效果进行分析。

一、中国央行资产负债表

（一）货币供应量的影响

自 20 世纪 90 年代中期以来，货币供应量一直是中国人民银行货币政策的重要中介目标，中国经济周期的划分也与货币供应量密切联系，从 2012 年起，中国人民银行使用了各种扩张性的货币政策工具以刺激经济增长，包括增加货币供应量，以支撑不断下滑的经济增速。尽管 2012、2013 年的中国经济增长继续放缓，导致货币需求相对下降，外汇储备增长率也随着外需增长的乏力而持续下降；但是在央行公开市场操作、存款准备金率、利率、逆周期宏观审慎管理等多项货币政策工具的综合作用下，货币供应量增速呈总体回升态势，如图 5－1 所示。

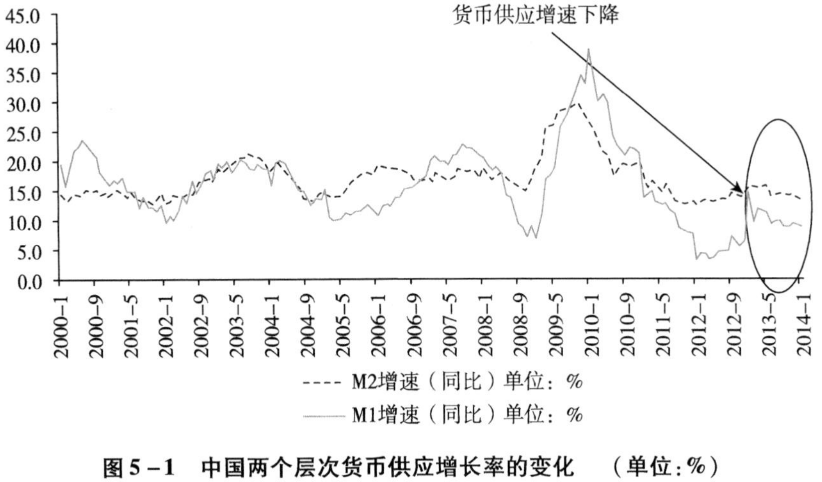

图 5－1　中国两个层次货币供应增长率的变化　（单位：%）

资料来源：中国人民银行网站数据整理。

① 中国人民银行《2013 年第 4 季度货币政策执行报告》。

② Reinhart, C. M., 2009, Is the 2007 U. S. Sub – Prime Financial Crisis So Different? An International Historical Comparison, *NBER Working Paper*, No. 13761.

（二）货币供应量的资产负债表传导机制和政策效果分析

货币供应量的影响因素当中一个重要的影响因素是基础货币数量的多少。如图5-2中所示，截至2013年年末，中国广义货币（M2）余额约为100万亿元，折合16.2万亿美元。2013年基础货币的增长速度慢于2012年，同比下降5.5%。2010—2013年和2014年年初基础货币增长速度直线下降。由于中央银行法定存款准备金率的提高使基础货币总量下降，为了维持金融体系内充裕的流动性，2012年6月后中国人民银行两次下调了存款准备金率。由于商业银行持有的中央银行票据不记入基础货币组成部分，法定存款准备金会影响到基础货币的增减。

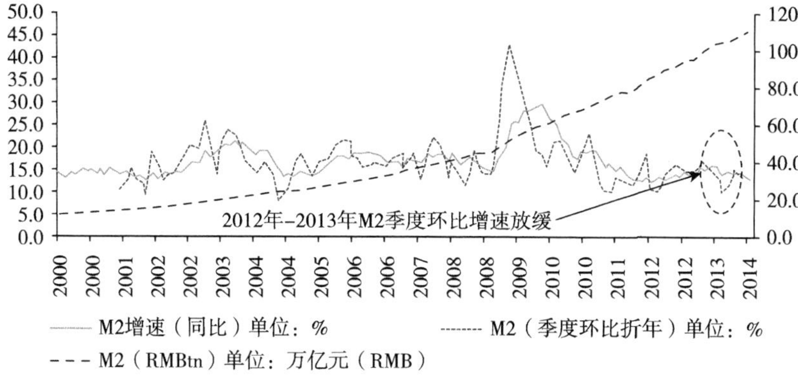

图5-2　基础货币（M2）增速

资料来源：根据中国人民银行网站数据整理。

从央行资产负债表的资产和负债方来考量基础货币变动的主要动因，从表5-7中可以看到。基础货币随着中央银行资产负债表的扩张而增加，随着其资产负债表的缩小而减少。从中国人民银行的资产方考察，截至2013年，中国的外汇占款余额为264270.04亿元，比2011年年底的232388.73亿元仅增长了21871.31亿元，增幅为13%。表5-7显示，外汇占款在2011—2012年起便未有大幅上升，中国的外汇占款对基础货币供应的影响力度在持续减弱。

表5-7　中国人民银行资产负债表　（单位：亿元）

项目	2009.12	2010.12	2011.12	2012.12	2013.03	2013.06	2013.09	2013.12
国外资产	185333.00	215419.60	237898.06	241416.90	254127.19	257853.95	261561.48	272233.53
其中：外汇	175154.59	206766.71	232388.73	236669.93	246103.34	249868.78	253548.68	264270.04
对政府债权	15661.97	15421.11	15399.73	15313.69	15313.69	15312.73	15312.73	15312.73

续表

项目	2009.12	2010.12	2011.12	2012.12	2013.03	2013.06	2013.09	2013.12
对存款货币银行债权	15661.97	9485.70	10247.54	16701.08	11374.77	16182.04	16680.77	13147.90
对其他金融机构债权	7161.92	11325.81	10643.97	10038.62	10025.94	10218.54	10242.23	8907.36
其他资产	11530.15	7597.67	6763.31	294537.19	8073.84	7148.84	7369.00	7652.04
资产总额	227535.02	259274.89	280977.60	252345.17	298940.43	306741.10	311191.20	317278.55
货币发行	143985.00	48646.02	55850.07	60645.97	61330.87	59831.34	63041.13	64980.93
金融机构存款	102429.20	136665.06	168791.68	191699.20	1349.94	1316.87	1268.28	1330.27
发行债券	102280.67	40497.23	23336.66	13880.00	13880.00	10381.79	7878.00	7762.00
国外负债	624.77	720.08	2699.44	1464.24	1295.98	1127.07	1817.84	2088.27
政府存款	42064.21	24277.32	22733.66	20753.27	22757.24	32329.99	34480.77	28610.60
自有资金	761.72	219.75	219.75	219.75	219.75	219.75	219.75	219.75
其他负债	21226.36	7592.23	6437.97	4525.91	5787.70	3589.16	2388.69	6244.57
总负债	227535.02	259274.89	280977.60	294537.19	298940.43	306741.10	311191.20	317278.55

资料来源：中国人民银行网站。

中央银行对政府的债权在2013年底时为15万亿元左右，比2011年底仅仅减少了85亿元，变化不大。政府卖出债权用于回笼基础货币的操作在2012年收效微弱，这跟发达经济体的货币政策主要使用政府债券进行公开市场操作有较大区别。2012年底对存款货币银行债权余额为17901.8亿元，比2011年底增加了7654.26亿元，增长74.7%，对基础货币供给的增长产生了较为明显的正向影响。对其他金融机构债权余额2013年12月底为13147.90亿元，比与2011年底的10643.97亿元多2503.93亿元，对基础货币供给的影响不大。

人民银行资产负债表的负债方主要由金融机构的存款和货币发行两部分构成。负债方科目的变化对基础货币的影响与资产方变动相反；其他负债表主要包括：政府存款、债券、国外负债三种形式。政府存款的季节性波动比较明显，特别是在每一年的前三季度，政府存款将大幅增加，而第四季度政府存款余额将减少许多，基础货币的供给受到政府存款影响的季节性特征非常明显。由于每年的前三季度政府存款都会起到回笼货币的作用，而在第四季度则明显会使基础货币增多。这一规律依然存在，2013年第一、二、三季度的政府存款余额较上一季度均保持一定幅度的增长。政府存款的变化从一定程度上体现了货币政策对财政资金变化的影响，使央行处于被动调控的地位，中央银行的冲销操作都是为了应对政府存款的不断变化。

负债方面的中央银行债券则完全体现中央银行操作的意图。央行票据从2003年起就成为人民银行外汇冲销操作的主要工具，央行票据余额增加的重要原因就是外汇储备的不断增加，中央银行还通过各种手段试图降低金融机构流动性，如定向票据等，以使金融机构的流动性降低，对信贷扩张比较快的机构将予以惩罚。从2012年9月后，中央银行票据停发宣告为了冲销外汇占款而被动投放基础货币的阶段结束，央行票据在公开市场上的操作具有窗口指导的作用，也能够明确中央银行的货币政策操作意图。

中国现行货币政策的特点是：人民银行一方面通过降低法定存款准备金来注入流动性，另一方面又通过频繁的正回购和逆回购操作配合法定准备金政策的调整，对流动性状况进行预调微调。

（三）信贷传导

1. 信贷总量及增长率的变动

中国的宏观调控体系，信贷一直是政府调控经济运行的重要工具。尽管从1998年起中国人民银行开始使用货币政策三大法宝来调整货币供给量以实现调控目标，信贷调控的重要程度却没降低，作为货币政策传导的中介指标，信贷调控是中央银行调控货币供应量和信贷总量的操作方式。其主要原因在于，中国宏观经济的波动主要是由投资波动引起的，而在中国的以大银行为主的金融结构之中，银行的信贷投放量直接决定着投资的规模，从而对经济波动产生重要影响。中央银行货币政策操作的反馈信息从信贷总量的变化上可以看出，而且货币政策操作的方向与力度与金融市场当中金融机构信贷总量的变化密切相关。比如，货币供应量变化的总体趋势与信贷总量变化一致，而且会影响到需求和物价水平，特别是信贷量增加之后，就会出现物价水平的攀升，央行发现此苗头以后会采取紧缩的货币政策操作。从图5－3和图5－4中可以看出，自2007年起，人民币贷款余额不断增加，在2009年8月贷款增速达到峰值，从2009—2010年又逐步下降，自2011年5月起渐趋平稳，信贷调控有效地传达了人民银行的货币政策操作意图，但在个别年份也出现了较大波动。比如，2009、2011年由于中央银行紧缩性货币政策操作使2009、2011年的信贷增长率大幅下滑，见图5－3和图5－4所示。

2014年1月，金融机构人民币贷款余额73.21万亿元，环比增加837.5亿元，同比增长14%，分别比上月末和上年末高0.2个和0.5个百分点，呈现稳健回升态势。这是一个较为均衡合理的增长水平，能够为同时实现经济平稳较快增长和物价稳定创造适宜的信贷环境。人民币存款增速从

2011 年 5 月起低于人民币贷款增速，特别是在 2013 年 7 月份以后，由于互联网金融理财产品的冲击，使人民币存款增速显著下滑，见图 5 - 4 所示。

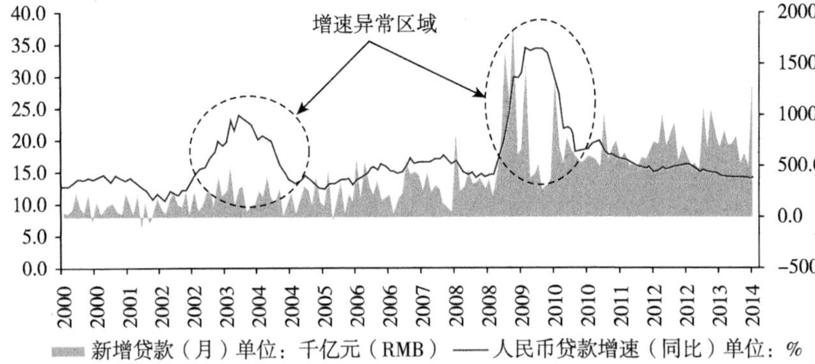

图 5 - 3　中国贷款余额及增长率的变化

资料来源：根据中国人民银行网站数据整理。

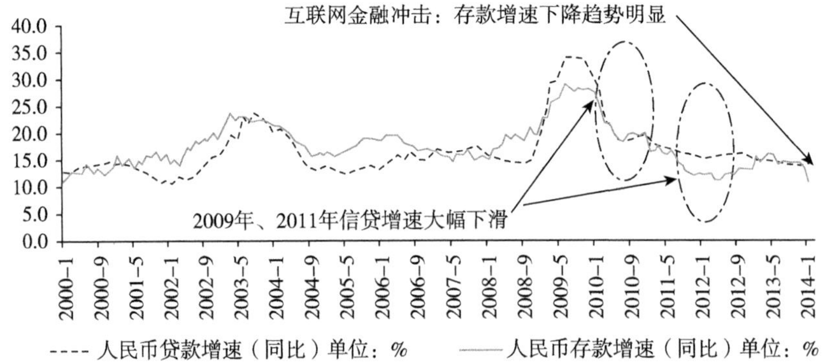

图 5 - 4　人民币贷款与存款同比增长率

资料来源：根据《中国人民银行统计季报》、中国人民银行网站数据整理。

稳增长仍是宏观调控的优先目标，央行将综合运用多种货币政策工具，保持信贷规模平稳适度增长；因此，金融机构人民币贷款余额增长率需要继续保持稳中有升的态势。

2. 信贷结构

除了信贷总量之外，信贷资源的配置结构也对宏观经济波动有着重要影响。从贷款投向的部门结构来看，居民户贷款和非金融部门贷款两类构成中国信贷投放的最主要两个部门。

居民户的贷款：从表5－8中可以看出，2013年，对居民户贷款增长率明显高于同期各项贷款的增长率。由于房地产调控措施和稳健货币政策的影响，对居民户贷款增长率下行至23.06%，这表明中国房地产市场的有效需求得到了适度的调节，不过这一增幅仍高于同期各项贷款14.1%的增速，说明金融机构仍将零售贷款视为业务拓展的重要组成部分。

表5－8　人民币信贷（部门结构）　（单位：亿元）

项目	2009.12	2010.12	2011.12	2012.12	2013.6	2013.9	2013.12
各项贷款	399685	479196	547947	629909.644	680837.173	702832.25	718961.457
（一）境内贷款	81786.9	478976	546398	628100.531	678986.08	700980.223	717087.694
1. 住户贷款	55333.7	112542	136012	161299.986	182106	192092.603	198503.788
（1）消费性贷款	6377.85	75063.6	88716.9	104357.169	117525.349	124304.152	129721.02
短期消费性贷款	48955.8	9566.8	13555.1	19367.4316	22721.4462	24963.8289	26557.9445
中长期消费性贷款	26453.3	65496.8	75161.8	84989.7375	94803.9024	99340.3227	103163.076
（2）经营性贷款	19550	37478.5	47294.7	56942.8173	64580.6513	67788.4511	68782.768
短期经营性贷款	14623	24780.5	30197.6	36235.0857	41236.1225	43259.8432	43585.4216
中长期经营性贷款	6903.3	12697.9	17097.1	20707.7316	23344.5288	24528.6079	25197.3464
2. 非金融企业及其他部门贷款	317898	366434	410387	466800.545	496880.08	508887.621	518583.906
（1）短期贷款及票据融资	144222	146701	174504	213103.483	228495.122	232864.697	239688.457
短期贷款	120372	131886	159380	192670.245	205211.975	212271.122	220094.453
票据融资	23850.3	14814.5	15124.5	20433.2374	23283.1473	20593.5746	19594.0035
（2）中长期贷款	166501	210736	231548	247209.95	260684.421	267950.751	270501.987
（3）其他贷款	7174.57	8998.13	4334.66	6487.11197	7700.53735	8072.17286	8393.46256
（二）境外贷款	－	219.08	1548.44	1809.1125	1851.09253	1852.02716	1873.76277

资料来源：中国人民银行网站①。

非金融企业和其他部门贷款：2013年，对非金融企业及其他部门的贷款余额为518583.906亿元，比2012年同期增长11.09%，低于各项贷款总体14.1%的增速，更低于对居民户贷款23.06%的增速；其占贷款总额的比例也降至72.12%。这一现象背后的决定因素是企业经营绩效的下降。在中国宏观经济放缓的大背景之下，企业经营绩效下滑速度下落。2013年，工业企业利润总额62831亿元，比2012年增长12.2%；2013年，41个工业大类行业中，31个行业主营活动利润比上年增长，9个行业主营活动利润比上

① 中国人民银行：http：//www.pbc.gov.cn/publish/html/2011s03.htm.

年减少，1个行业主营活动亏损比上年减少①。2012年，工业企业利润总额同比增速只有－2.7%，较去年同期28.3%的增速下降了31个百分点，2013年已扭转亏损局面，经济形势向好，但增速依然低于2012年以前的水平。

企业利润直接影响企业资金链的正常运转：企业对自身盈利前景并不乐观，投资需求不足，从而导致贷款需求不足；商业银行处于对企业盈利能力下降和银行不良资产率上升的担忧，也出现了惜贷动机；需求和供给两个方面的因素叠加，使得企业贷款增速下降。在适度宽松的宏观政策和经济增长止跌回升等宏观面积极因素的推动下，企业贷款需求可能会相应地回升，非金融企业和其他部门贷款的增速也将适度回升。

从图5－5中可以看出，非金融企业使用票据融资的比例仍然不高，发行企业债券融资仍然是企业除银行贷款融资之外的最主要融资模式。但就总体而言，各种类型的新增贷款同比都实现了较大幅度的增长。

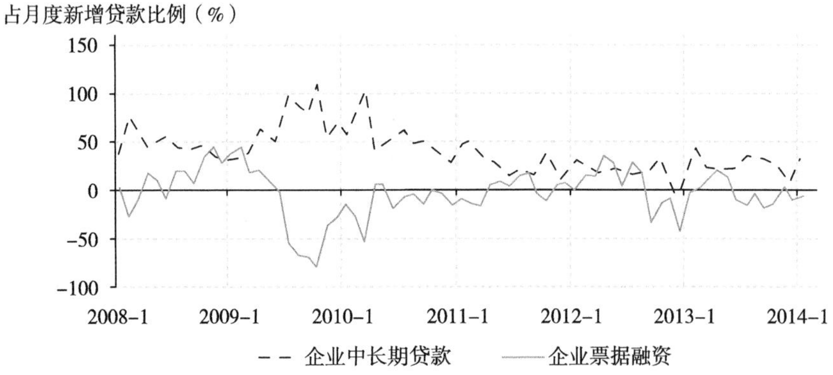

图5－5　中长期贷款和票据融资月度增幅　（单位：%）

3. 利率传导

2013年7月20日起，中国人民银行金融机构贷款利率管制放开。虽然在现行利率体制下，存款利率仍然受到一定程度的管制，中国渐进式的利率市场化改革已取得了较大进展。金融市场利率的灵活性正在不断加强，金融机构在发放贷款时依据不同借款者的风险和市场资金供求状况的不同而确定不同层次的利率水平，因此不同借款者的利率与金融市场中的贷款基准利率存在差别，但如图5－6中所示，贷款利率放开后存贷款利率变化

① 国家统计局网站。

并不十分显著，中国利率市场化的进程仍需进一步加速，以解决中小微企业融资难的问题。

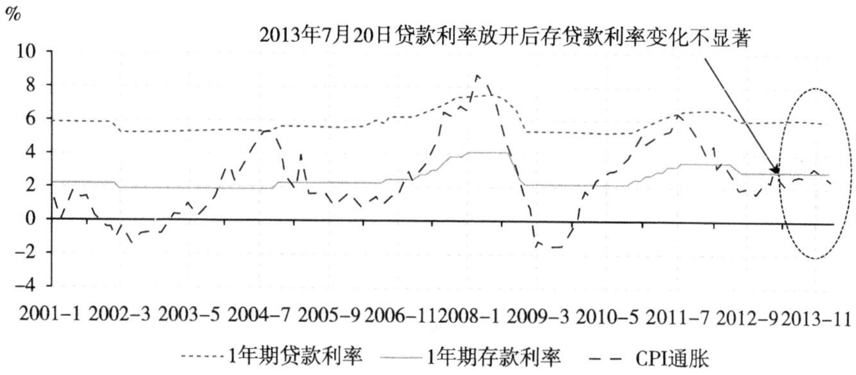

图5－6　贷款利率、存款利率和CPI　（单位：%）

资料来源：根据《中国人民银行货币政策执行报告》整理而成。

（四）社会融资规模

社会融资规模可以全面反映金融对实体经济的支持力度，以及金融和实体经济联系的一个指标。根据社会融资规模的定义，主要指一段时期内实体经济从金融体系融资得到的资金总和，这里的金融体系指银行、证券、保险、基金等金融机构的总和，亦包括信贷、债券、股票和中间业务等市场。按照人民银行公布的统计口径显示，社会融资规模主要有：人民币贷款、外币贷款、委托贷款以及信托贷款和未贴现承兑汇票等十项融资工具的总和①。

中国进入21世纪以来的金融改革和发展逐步深化，金融总量扩张迅速，金融结构走向多元化，商业银行的表外业务数目急剧增多，大量替代了银行贷款。在此背景下，仅仅统计商业银行的贷款数据已不能够全面概括中国金融体系与实体经济间的联系，无法对实体经济从金融体系当中融资数量的多少进行反映，使用社会融资规模数据进行融资总额的衡量势在必行。该指标与GDP、CPI等宏观经济指标有着密切的联系。在今后的宏观调控实践中，如果仍然像过去那样只盯着贷款和M2，宏观调控部门将无法全面准确地检测、分析和评估社会整体融资状况，难以有效地把握宏观调控的方

① 这一统计口径不是一成不变的，根据中国人民银行网站发布的信息，社会融资规模的范围也是不断调整的，如同货币供应量的范围调整一样，随着情况的变化，可以予以修订。

向、节奏和力度，可能导致“按下葫芦浮起瓢”的现象。有鉴于此，2010年—2013年的中央经济工作会议和2014年3月5日的《政府工作报告》当中均提出要保持货币信贷和社会融资规模适度增长，关注社会融资规模指标，中国人民银行从2011年起正式公布社会融资规模数据。

表5－9显示，2013年社会融资规模为17.3万亿元，比上年同期多1.6万亿元，创历史同期最高水平。从结构看，2013年人民币贷款占社会融资规模的51.3%，同比降低6个百分点；外币贷款占比3.4%，同比降低1.2个百分点；委托贷款占比14.7%，同比增加7.4个百分点；信托贷款占比10.6%，同比增加4个百分点；未贴现的银行承兑汇票占比4.5%，同比降低2个百分点；企业债券占比10.5%，同比降低2.8个百分点；非金融企业境内股票融资占比1.3%，同比降低0.6个百分点。

表5－9　2006年以来社会融资规模年度数据及结构　（单位：亿元）

时期	社会融资资规模	其中：						
		人民币贷款	外币贷款（折合人民币）	委托贷款	信托贷款	未贴现的银行承兑汇票	企业债券	非金融企业境内股票融资
2006年	42696	31523	1459	2695	825	1500	2310	1536
2007年	59663	36323	3864	3371	1702	6701	2284	4333
2008年	69802	49041	1947	4262	3144	1064	5523	3324
2009年	139104	95942	9265	6780	4364	4606	12367	3350
2010年	140191	79451	4855	8748	3865	23346	11063	5786
2011年	128286	74715	5712	12962	2034	10271	13658	4377
2012年	157631	82038	9163	12838	12845	10498	22551	2508
2013年	173168	88916	5848	25466	18404	7755	18113	2219
占比（%）								
2006年	100	73.8	3.4	6.3	1.9	3.5	5.4	3.6
2007年	100	60.9	6.5	5.7	2.9	11.2	3.8	7.3
2008年	100	70.3	2.8	6.1	4.5	1.5	7.9	4.8
2009年	100	69	6.7	4.9	3.1	3.3	8.9	2.4
2010年	100	56.7	3.5	6.2	2.8	16.7	7.9	4.1
2011年	100	58.2	4.5	10.1	1.6	8	10.6	3.4
2012年	100	57.3	4.6	7.3	6	6.5	13.3	1.9
2013年	100	51.3	3.4	14.7	10.6	4.5	10.5	1.3

资料来源：根据中国人民银行网站资料整理。

从社会融资规模的总量进行考察，可以得到2013年的社会融资规模占到全国GDP总量的27.1%，比2002年提高近11个百分点，从社会融资结构方面考察除了人民币贷款余额大幅增加之外，人民币贷款之外的其他融资额是2002年的33倍；其中企业债和非金融企业境内股票是2002年的18.1倍；银行承兑汇票、委托贷款等也比2009年上升近2倍。

从总体发展趋势上看，人民币贷款总额在社会融资规模中的比重逐渐下降，例如在2002年社会融资规模当中超过90%为人民币贷款，其他融资占比极少，人民币贷款占到社会融资规模的91.9%。2006年，这一比重降至73.8%。而到了2013年，人民币贷款占社会融资规模比重已经降至51.3%。随着金融持续发展和金融机构的不断增多，人民币贷款占到社会融资规模的比重仍将继续不断下降，直接融资当中的债券融资和股票融资将成为企业融资的基本方式之一，社会融资规模这一综合性指标也将在未来的经济监测和宏观调控中发挥更大作用。

二、中国央行货币政策工具的效果分析

中国人民银行自2004年来一直坚持实施稳健的货币政策，但宏观经济环境每年有很大不同。从2011年起在经济增速放缓、通胀水平不断下降的新形势下，2012年至2013年货币政策的主要目标已从防通胀转向稳增长。人民银行综合运用公开市场操作、法定存款准备金率调整、利率调节和窗口指导等多种形式的货币政策工具，对货币政策实施过程当中目标、框架进行适度微调，力图增强货币政策的针对性、灵活性和前瞻性，保持了金融体系的稳定和宏观经济的平稳运行。

（一）法定存款准备金比率的调整

自从1998年我国开始使用货币政策三大法宝以来，其已成为政府调控宏观经济发展的主要手段，保持经济稳定和健康发展。在此期间，我国的货币政策对宏观经济的调控经历了宽松货币政策的促进支持、紧缩货币政策的适当控制、宽松货币政策的积极刺激和紧缩货币政策的大力调控等四个阶段。调整法定存款准备金比率是2006年之后中国人民银行用于对冲外汇占款带来的流动性的主要工具，央行票据退居次席。因为仅仅调节流动性并不能完全适应宏观调控的需要，在许多时候必须动用调整法定存款准备金比率这类强有力的工具来冻结或保障流动性。

过高的法定存款准备金比率固然可以直接限制商业银行的放贷能力，从而遏制了信贷膨胀和物价上涨；然而，其代价则是货币市场利率高企、金融体系流动性紧张，这一代价在经济增速持续下滑、通胀压力减弱、外汇占款急速降低的2012年初显得过于高昂了。央行在2012年2月24日和5月18日两次下调存款准备金率各0.5个百分点，以保持银行体系流动性的充足。据测算，下调0.5个百分点的准备金比率，将向市场释放约4000亿元的流动性，考虑到乘数的影响，实际增加的流动性供给会更多。这两次调整的意义并不局限于此，更重要的是向市场传递了一个信号：未来一段时间中国将实施相对宽松的货币政策环境。这有助于恢复企业家信心、平抑短期经济波动。

存款准备金的调整主要是改变货币供给量，进而改变金融资产的价格，以影响固定资产投资量。从1998年，我国的存款准备金调整主要经历了以下几个阶段：为了减轻亚洲金融危机对我国经济的影响，1998年到1999年央行连续两次降低存款准备金率，这在很大程度上促进了当时经济的软着陆；进入2000年后，随着我国经济和商品住宅市场的发展过热，为了规范住宅市场的发展，央行从2003年开始施行紧缩货币政策，连续提高商业银行存款准备金率；到2008年，为了减轻全球金融危机对我国的影响，央行开始了一轮新的降息周期，有效帮助我国渡过了全球金融危机；直到2010年，由于资产价格过热和CPI的高涨，央行开始频繁提高存款准备金率；2011年，面对通货膨胀率不断攀升的局面，央行曾6次提高法定存款准备金比率；2011年6月，中国的法定存款准备金比率达到了22%这一史无前例的高位。2011年末，持续恶化的欧债危机，使得中国国内经济也受到严重影响，中央银行于第四季度又对法定存款准备金率进行了下调；从2012年5月起，法定存款准备金率便未再进行过调整。1998年—2013年我国大中型存款金融机构存款准备金率变动幅度及数据如表5-10所示。

由表5-10可以看出，从1998年到2013年，我国的大中型金融机构的存款准备金率从13%提高到20.5%，在15年的时间里货币存款准备金率提高了8个百分点，再加上货币乘数效应，货币存款准备金率的变化对我国货币供给量产生了重要的影响，从2012年5月12日开始，大中型存款金融机构存款准备金率就没有再进行调整。

表 5－10 1998—2013 年中国法定存款准备金比率的调整汇总① （单位：%）

次数	时间	调整前	调整后	调整幅度	次数	时间	调整前	调整后	调整幅度
1	1998. 03. 21	13	8	－5	21	2008. 05. 20	16	16. 5	0. 5
2	1999. 03. 21	8	6	－2	22	2008. 06. 25	16. 5	17. 5	1
3	2003. 09. 21	6	7	1	23	2008. 10. 15	17. 5	17	－0. 5
4	2004. 04. 25	7	7. 5	0. 5	24	2008. 12. 05	17	16	－1
5	2006. 07. 05	7. 5	8	0. 5	25	2008. 12. 25	16	15. 5	－0. 5
6	2006. 08. 15	8	8. 5	0. 5	26	2010. 01. 18	15. 5	16	0. 5
7	2006. 11. 15	8. 5	9	0. 5	27	2010. 02. 25	16	16. 5	0. 5
8	2007. 01. 15	9	9. 5	0. 5	28	2010. 05. 10	16. 5	17	0. 5
9	2007. 02. 25	9. 5	10	0. 5	29	2010. 11. 16	17	17. 5	0. 5
10	2007. 04. 16	10	10. 5	0. 5	30	2010. 11. 29	17. 5	18	0. 5
11	2007. 05. 15	10. 5	11	0. 5	31	2010. 12. 20	18	18. 5	0. 5
12	2007. 06. 05	11	11. 5	0. 5	32	2011. 01. 20	18. 5	19	0. 5
13	2007. 08. 15	11. 5	12	0. 5	33	2011. 02. 24	19	19. 5	0. 5
14	2007. 09. 25	12	12. 5	0. 5	34	2011. 03. 25	19. 5	20	0. 5
15	2007. 10. 25	12. 5	13	0. 5	35	2011. 04. 21	20	20. 5	0. 5
16	2007. 11. 26	13	13. 5	0. 5	36	2011. 05. 18	20. 5	21	0. 5
17	2007. 12. 25	13. 5	14. 5	1	37	2011. 06. 14	21. 5	22	0. 5
18	2008. 01. 25	14. 5	15	0. 5	38	2011. 11. 30	22	21. 5	－0. 5
19	2008. 03. 25	15	15. 5	0. 5	39	2012. 2. 18	21. 5	21	－0. 5
20	2008. 04. 25	15. 5	16	0. 5	40	2012. 5. 12	21	20. 5	－0. 5

资料来源：中国人民银行网站。

2012 年起，央行完善了差别存款准备金调整制度，以发挥宏观审慎工具的逆周期调节功能。所谓差别准备金动态调整机制，将信贷投放和金融监管过程当中宏观审慎要求的最低资本充足率紧密联系在一起，按照中国人民银行和银监会公布的系统重要性银行标准和稳健性状况，根据行业经济周期的景气情况，考虑好引导激励金融机构实施有效稳定的逆周期信贷调节。中国人民银行在 2011 年引入差别准备金动态调整机制之后，根据社会经济活动中的部分经济指标对存款准备金又进行了调整，适时适度地对

① 中国人民银行，“存款准备金”，http：//www. pbc. gov. cn/publish/zhengcehuobisi/608/index. html.

存款准备金率的参数进行了有效调节，按照实体经济的发展要求对金融机构支持小微、“三农”等迫切需要资金支持的环节进行后续信贷投放，根据需要灵活安排投放进度。

（二）公开市场操作

公开市场操作是最为灵活、最常被货币当局采用的货币政策工具。中央银行可以通过公开市场操作进行货币政策目标的实施，通过正回购、逆回购来回笼和释放流动性，以期调整利率和市场流动性水平。

2003 年以来，公开市场操作当中的主要工具是央行票据。在宏观调控中使用央行票据的主要目的是冲销流动性或者对货币政策取向进行微调。2010 年第三季度，央行票据发行量开始减少；2011 年，为了减轻提高法定存款准备金比率对银行体系流动冲击的影响，央行票据的发行量急剧萎缩。到了 2012 年，国际收支情况的变化使得央行的外汇占款数量有所减少，央行票据已无用武之地，取而代之的是多年未倚重的逆回购操作。

除了频繁使用逆回购操作之外，中央银行为了增强公开市场操作中利率的弹性，使用各种期限的债券对利率水平进行调控，2013 年年底与 2012 年相比，各种操作利率均出现了回落，对不同利率品种的操作有利于对市场预期的调控与引导，从而发挥好利率调节市场资金供需状况的重要作用。

此外，央行还继续采取了国库现金管理的公开市场操作，这种公开市场操作提高了国库资金的回报率，同时也使金融机构的流动性得到大幅提升。

（三）利率的调整

利率手段是我国货币政策的常用手段，通过调整商业银行存贷款利率，能够影响房地产开发企业的投资成本和个人住房贷款需求者的还贷额度，因此能够从供需两方面直接影响商品住宅市场发展。对于商品住宅市场具有影响力的主要有金融市场利率手段和个人住房贷款利率手段。

金融机构存贷款利率不仅影响房地产企业，而且影响个人住宅贷款利率。从 1998 年到 2001 年，我国金融机构存贷款利率经历了两升两降：从 1998 年到 2002 年，我国一直实施的是宽松的货币政策，累计 5 次降低各期存贷款利率；从 2004 年到 2007 年，由于经济状况的转变，中国人民银行转而逐步提高各期存贷款利率；2008 年，为了刺激宏观经济，以平安度过全球金融危机，中国人民银行开始进入降息周期；从 2009 年开始，为了给过热的房地产市场降温、应对居高不下的 CPI，中国人民银行开始了新一轮的升息时期；此轮升息到2012年6月7日结束，表5-11是1998—2013年我国存贷款利率的变动幅度及方向。2013年7月20日，中国人民银行发布了《关于进一步推进利率市场化改革的通知》全面放开金融机构贷款利率管制。

表5-11　1998—2012年中国金融机构存贷款利率变动幅度①

序号	时间	存款变动方向（%）	贷款变动方向（%）	调整	序号	时间	存款变动方向（%）	贷款变动方向（%）	调整方向
1	1998.03.25	-0.16	-0.41	降	14	2007.12.21	0.22	0.09	升
2	1998.07.01	-0.81	-1.59	降	15	2008.09.16	--	-1.17	降
3	1998.12.07	-0.81	-0.47	降	16	2008.10.09	-0.27	-0.23	降
4	1999.06.10	-1.49	-0.86	降	17	2008.10.30	-0.32	-0.23	降
5	2002.02.21	-0.2	-0.49	降	18	2008.11.27	-1.12	-1.06	降
6	2004.10.29	0.49	0.27	升	19	2008.12.23	-0.27	-0.22	降
7	2006.04.28	--	0.25	升	20	2010.10.20	0.41	0.22	升
8	2006.08.19	0.36	0.31	升	21	2010.12.26	0.3	0.25	升
9	2007.03.18	0.25	0.23	升	22	2011.02.09	0.34	0.24	升
10	2007.05.19	0.36	0.16	升	23	2011.04.06	0.25	0.24	升
11	2007.07.21	0.27	0.23	升	24	2011.07.07	0.25	0.25	升
12	2007.08.22	0.27	0.18	升	25	2012.06.07	-0.25	-0.25	降
13	2007.09.15	0.27	0.27	升	26	2013.07.20	全面放开金融机构贷款利率管制		

资料来源：中国人民银行网站。

（四）常备借贷便利

从国际经验看，中央银行通常综合运用常备借贷便利和公开市场操作两大类货币政策工具管理流动性。常备借贷便利的主要特点：一是由金融机构主动发起，金融机构可根据自身流动性需求申请常备借贷便利；二是常备借贷便利是中央银行与金融机构“一对一”交易，针对性强；三是常备借贷便利的交易对手覆盖面广，通常覆盖存款金融机构。

① 本表格采用存款利率涨幅数据是六个月、一年、二年、三年和五年存村款利率变动的算术平均值；贷款利率涨幅数据是六个月、一年、一至三年、三至五年及五年以上贷款利率变动的算术平均值。

借鉴国际经验，中国人民银行于2013年6月初创设了常备借贷便利(Standing Lending Facility，SLF)。常备借贷便利是中国人民银行正常的流动性供给渠道，主要功能是满足金融机构期限较长的大额流动性需求。对象主要为政策性银行和全国性商业银行。期限为1－3个月。利率水平根据货币政策调控、引导市场利率的需要等综合确定。常备借贷便利以抵押方式发放，合格抵押品包括高信用评级的债券类资产及优质信贷资产等。中国人民银行创新常备借贷便利工具，并根据调控需要不断改进完善常备借贷便利操作。表5－12列示了2013年6月—2013年12月人民银行使用"常备借贷便利"的情况。总体看，中国人民银行灵活适度开展常备借贷便利取得了较好效果，有助于改善流动性供给渠道，稳定市场预期，促进货币市场平稳运行。

人民银行分支机构开展常备借贷便利操作是中央银行短期流动性调节方式的创新尝试，主要解决符合宏观审慎要求的地方法人金融机构流动性需求，完善中央银行对中小金融机构提供正常流动性供给的渠道。

表5－12　2013年6月—2013年12月常备借贷便利余额

时间	常备借贷便利余额（单位：亿元）	时间	常备借贷便利余额（单位：亿元）
2013－6	4160	2013－10	3010
2013－7	3960	2013－11	2610
2013－8	4100	2013－12	1000
2013－9	3860		

2014年春节前，人民银行总行通过常备借贷便利向符合条件的大型商业银行提供了短期流动性支持，试点地区人民银行分支机构向符合条件的中小金融机构提供了短期流动性支持，稳定了市场预期，促进了货币市场平稳运行。

小　结

根据以上对美、欧、英、日等发达经济体央行资产负债表和中国人民银行资产负债表在实施宽松货币政策时的各种效应进行研究得出以下结论。

美联储的量化宽松货币政策实施效应最明显，通过资产负债表再平衡机制和组合效应使美联储量化宽松货币政策得到了有效的传导。美联储的资产负债表有效地反映了其货币政策实施的全过程，可以有效地稳定金融市场，引导私人部门预期，对于刺激实体经济发展，稳定美国经济起到了重要作用。

欧洲央行的量化宽松货币政策作用有限，工具也比较单一，而且货币政策实施过程当中过于被动。由于欧洲央行并非主权性银行，其主要目标为稳定欧元区货币金融，使得欧洲央行在货币政策实施过程当中显得过于被动和保守。

英国和日本央行的量化宽松货币政策作用有限，但工具同样单一，由于英、日两国的金融市场创新工具不多，而且缺乏有力的政府资产购买支持，使得两国的货币政策实施效果不尽如人意。

世界主要发达经济体的量化宽松货币政策在 2007 年次债危机和全球金融危机之后起到了稳定世界金融市场并且提高流动性、刺激实体经济复苏的作用，支持了 Bernanke et al. （2002） 的观点，为货币政策调控理论提供了新的成功经验和有力证据①。

中国人民银行资产负债表在金融危机之后也发生了较大变化，并且结合实际情况进行了调整，特别是在资产方面，鉴于我国外汇资产占比较大，货币政策工具缺乏的现状，中国人民银行注重了货币政策传导有效性的问题，维护了物价稳定，同时注意货币政策透明度和可预见性地维持，并且完善了货币政策的宏观审慎框架体系，有效地维护了实体经济稳定，促进了就业。

---

① Bernanke, Ben S. , *Deflation: Making Sure " It" Doesn't Happen Here* [R], Remarks by Governor Ben S. Bernanke, November, 2002 .

第六章　货币政策与微观经济主体的联动效应：DSGE 模型

上述五章通过货币政策实施过程中企业、银行、居民和政府资产负债表的变化表明：中国货币政策对微观经济主体的调控基本有效，货币政策传导的资产负债表渠道存在；第五章分析了货币政策实施过程中央行资产负债表的变化情况，从实际来看，中央银行通过货币政策可以平抑经济波动造成的影响。本章的研究重点在于，中央银行通过货币政策工具统一调控微观经济主体的经济行为是否有效？面对各种冲击，各微观经济主体的代表变量最终会如何反应？

20 世纪 90 年代中后期以来，越来越多的宏观经济分析强调研究的微观基础，力图使整个分析框架与经济个体的最优化行为相一致，这些文献的标准做法是采用动态随机一般均衡模型（Dynamic Stochastic General Equilibrium，DSGE）。DSGE 模型以宏、微观经济理论为基础，在家庭效用最大化和厂商利润最大化的假设条件下得到各个行为主体的行为方程，在此基础上加入货币政策当局和财政部门的行为决策，从而得以在一般均衡的框架中讨论宏观经济的运行。DSGE 模型的一个突出优点在于其可以分离出多种影响因素，因此用其可以度量不同的冲击因素对宏观经济的动态影响，因此本章采用的分析工具就是 DSGE 模型。

在前面五章的研究基础之上，建立货币政策调控下的动态随机一般均衡模型，用以验证货币政策工具对微观经济主体影响的有效性和联动效应。

第一节　联动效应仿真模型的构建

本节的目的是为了验证货币政策工具对微观经济主体的调控效果，将货币政策加入到动态随机一般均衡模型（DSGE）当中，一般需要按照一定的货币政策工具规则，中国目前的货币政策工具基本可以分为数量型和价格型两种，分别使用克拉姆规则和泰勒规则代表，加入到动态随机一般均衡模型当中。李春吉（2006）将数量型货币政策工具的代理变量定义为货币供应量①；樊明太（2004）将价格型货币政策工具的代理变量定义为一年期存贷款基准利率，因为其调整息率最高，也被认为是最有效的②；刘斌（2008）用商业银行间同业拆借利率作为货币政策工具的代理变量③。本节参照李春吉（2006）和樊明太（2004）的做法把货币供应量和一年期存贷款基准利率作为数量型和价格型货币政策工具代理变量。

一、动态随机一般均衡模型的特点

DSGE 模型具有三个非常鲜明的特点：动态性（Dynamic）、随机性（Stochastic）和一般均衡性（General Equilibrium），下面逐一进行介绍。

（一）动态性

DSGE 模型的动态性包含两层含义。其一，在建模时需要考虑各个行为主体的决策对当期以及以后各期的直接和间接影响；其二，由于行为主体需要预计自己的决策对未来各期所产生的影响，所以对未来的“预期”就成为行为主体在制定决策时必须考虑的一个重要因素，DSGE 模型通常采用“理性预期”的方式来对预期进行描述。

（二）随机性

现实世界中存在着诸多不确定性因素，这些不确定性大多是由一些难以预期的突发事件所造成的，不确定性因素给经济体所造成的冲击在统计上表现为随机冲击。在 DSGE 模型中，为了描述实际经济中的这些不确定性，引入了“随机”因素，这些“随机”因素通常用一些外生冲击来代表。具体来说，各期模型都会受到一些外生随机因素的影响，这些随机冲击和经济主体的决策行为共同决定了模型的动态过程，由于随机因素的存在也使得模型经济的最终行为呈现出一定的不确定性。

---

① 李春吉、孟晓宏：《中国经济波动——基于新凯恩斯主义垄断竞争模型的分析》，载《经济研究》，2006 年第 10 期，第 72 - 82 页。

② 樊明太：《金融结构及其对货币传导机制的影响》，载《经济研究》，2004 年第 7 期，第 27 - 37 页。

③ 刘斌：《中国 DSGE 模型的开发及其在货币政策分析中的应用》，载《金融研究》，2008 年第 10 期，第 1 - 21 页。

（三）一般均衡性

现实经济中，各个行为主体之间是相互联系的。DSGE 模型通过对市场经济中各个行为主体进行贴近现实的描述，刻画出居民、企业以及政府等主体在他们各自的预算条件下追求效用最大化或者利润最大化的行为，从而达到每个市场的均衡。这就意味着，DSGE 模型通过考虑经济中各行为主体之间的相互联系和相互作用，从而得以在一般均衡的框架下考察经济运行的特征。

DSGE 模型由于拥有动态性、随机性和一般均衡性这三个鲜明的特点，使得它相比于其他的宏观经济模型（如经济计量模型）能够更好地描述实际经济的运行，从而日益得到研究者的青睐，逐渐成为了当今宏观经济分析领域的一个主流分析工具。但是，DSGE 模型也具有一些缺点，例如：DSGE 模型的结构往往比较大，建模的过程比较繁琐；模型中的方程多为非线性的，在进行实际运用之前往往需要花费较大的工作量将其变成线性的结构；对 DSGE 模型进行参数估计和模拟时需要借助专业的软件进行编程才能实现，需要一定的技术手段。

二、微观经济主体的模型设定

一般地，基于 DSGE 模型的数量分析框架可以分为四个部分：模型建立、模型求解、模型估计以及模型模拟。

本节仅对模型的主体框架进行概括和介绍，行为方程的优化求解过程不再详细给出。根据 Rotemberg（1982）的方法，假定厂商在调整成本至最优化状态过程中存在着“调整成本”①。Ireland（2004）同样使用了这一方法②，简志宏（2011）在其研究中也引入了价格黏性③。本节参照上述学者的研究方法加入价格黏性。同时，按照中国货币政策的实际实施运用情况使用麦克勒姆规则和修正的泰勒规则来代表数量型工具和价格型货币政策工具，

---

① Rotemberg, J. J. , *Stick Prices in the United State*, Journal of Political Economy [J], 1982, 90 (6): 1187 - 1211.

② Ireland, P. N. , *Technology Shocks in the New Keynesian Model* [R], NBER Working Paper, 2004, No. 10309.

③ 简志宏、李霜、卢娟：《货币供应机制与财政支出的乘数效应》，载《中国管理科学》，2011 年第 2 期，第 30 - 39 页。

DSGE 主要模型包括：代表性的居民、企业、政府主体三个部分。本书按照 Bernanke et al.（1999）构建的一般理论框架 BGG 模型，加入金融机构（银行）进行探讨。居民主体追求家庭效用的最大化，企业主体则追求其自身利润最大化，政府部门使用财政政策调控经济，中央银行使用数量型和价格型货币政策调控经济活动。

（一）居民主体

居民的效用函数用货币效用（MIU）的形式表示：

$$E_0\sum_{t=0}^{\infty}\beta^t\left[d_t\frac{\sigma}{1-\sigma}C_t^{\ 1-\sigma}+\frac{1}{1-\gamma}\left(\frac{M_t}{P_t}\right)^{1-\gamma}-\frac{1}{\varphi+1}N_t^{\ 1+\varphi}\right]\qquad(6-1)$$

其中，E_0 为居民主体在模型开始的 0 期依照现实情境设定的货币效用期望，C_t 代表居民消费、M_t/P_t 用于表示实际货币余额，N_t 则用于表示劳动供给，d_t 的经济含义是消费偏好的冲击。因此，可以将居民主体的资本积累和预算约束表示如下：

$$P_t\ (C_t+I_t+T_t)\ +B_t/R_t+M_t\leqslant M_{t-1}+B_{t-1}+W_tN_t+D_t+R_t^{\ k}K_{t-1}\qquad(6-2)$$

$$K_t=\ (1-\delta)\ K_{t-1}+\left(1-S\left(\frac{z_tI_t}{I_{t-1}}\right)\right)I_t\qquad(6-3)$$

公式（6－2）的经济含义是，居民每一期收入分为资本报酬和劳动报酬、红利、债券和实际货币持有额四个部分。资本报酬 $R_t^{\ k}$ 用以表示居民把自有资本借给企业时得到 K_{t-1} 报酬；劳动报酬指的是居民以价格 W_t 向企业主体提供劳动力得到的报酬；红利部分用 D_t 表示；第四部分是居民从上一期就开始持有的数额为 B_{t-1} 和货币持有数额 M_{t-1}，居民主体以上四个部分的收入主要用途是用于消费 C_t、交税 T_t，并将富余部分投资于中间产品厂商 I_t、持有货币 M_t 和政府债券 B_t，R_t 为名义的债券总收益率。

公式（6－3）表明，K_t 代表每期资本；K_t 由上期资本减去折旧率 $\delta *K_{t-1}$ 后，再与本期投资额 I_t 相加得到；如果 I_t 在投资过程中调整了成本，就表示为：$S\ (\cdot)\ =\frac{\psi}{2}\left(\frac{z_tI_t}{I_{t-1}}-1\right)^2$，$z_t$ 代表了成本冲击（投资调整）。$S\ (\cdot)\ =\frac{\psi}{2}\left(\frac{z_tI_t}{I_{t-1}}-1\right)^2$ 的经济含义为：居民在（6－1）和（6－2）的约束条件下，实现效用最大化，λ_t 用于代表资源约束方程的拉格朗日算子，Q_t 用于代表资本积累方程拉格朗日算子，通过构建两个拉格朗日方程后可以得到居民主体的最优化条件。

（二）企业主体

如果中间产品市场属于垄断竞争形式，即中间产品市场中有异质性产品存在，但是最终产品市场却是完全竞争市场，所有产品均为同质的。最终产品由连续性的中间产品 Y_t（i），$i\in$（0，1）进行 Dixit－Stiglitz 加总得到，最终产品企业的利润最大化条件：

$$\max P_t\left[\int_0^1 Y_t(i)^{\frac{\theta^p-1}{\theta^p}}di\right]^{\frac{\theta^p}{\theta^p-1}}-\int_0^1 P_t(i)Y_t(i)di \tag{6-4}$$

其中，P_t 代表总价格水平，θ^p 表示中间产品间的替代弹性，P_t（i）代表中间产品的价格，一阶条件为：

$$Y_t(i)=\left[\frac{P_t(i)}{P_t}\right]^{-\theta^p}Y_t \tag{6-5}$$

（6－5）是中间产品中的企业主体面临着的需求曲线。因为最终产品企业间属于完全竞争市场，利润为0，将（6－5）代入到最终产品的最优化条件中，得到价格函数，也代表了最终产品和中间产品间的关系：

$$P_t=\left[\int_0^1 P_t(i)^{1-\theta^p}di\right]^{\frac{1}{1-\theta^p}} \tag{6-6}$$

具有差异的中间产品生产企业将继续购买劳动力并使用资本进行生产，公式为：

$$Y_t(i)=a_t\left[K_t(i)\right]^{\alpha}N_t(i)^{1-\alpha} \tag{6-7}$$

其中，a_t 代表技术冲击，K_t（i）和 N_t（i）代表资本和劳动。垄断竞争生产中间产品的企业具有自我调控价格的能力，但是在价格调控过程中也有成本调整的风险，按照 Rotemberg（1982）二次价格调整成本形式为①：

$$\frac{\varphi_P}{2}\left(\frac{P_t(i)}{P_{t-1}(i)}-1\right)^2P_tY_t \tag{6-8}$$

$\varphi_p>0$ 用于衡量调整成本的大小，该公式表示调整成本和价格的方法与上期价格水平紧密相联，构成最优决策的动态调整。最终产品企业和中间产品企业给居民部门分配利润，因此，调整过程当中生产中间产品的企业在（6－5）和（6－7）的约束下选择 N_t（i）、K_t（i）和 P_t（i）最大化目标函数：

$$E_0\sum_{t=0}^{\infty}\beta^t\frac{F_t(i)\lambda_t}{P_t} \tag{6-9}$$

① Rotemberg, J. J., *Stick Prices in the United State*, Journal of Political Economy [J], 1982, 90 (6): 1187－1211.

其中 λ_t/P_t 代表贴现因子，用来表示单位利润所能够带来的效用的增加量，$F_t(i)$ 企业 t 期的利润的表示形式如下①：

$$F_t(i)=P_t(i)Y_t(i)-R_t^kK_t(i)-W_tN_t(i)-\frac{\varphi_P}{2}\left(\frac{P_t(i)}{P_{t-1}(i)}-1\right)^2P_tY_t \tag{6-10}$$

根据上述公式，建立中间产品企业效用最大化的拉格朗日函数形式，使 ξ_t 为拉格朗日算子，得到中间产品企业最优化一阶条件：

$$\lambda_tw_t=(1-\alpha)\zeta_t\frac{Y_t(i)}{N_t(i)} \tag{6-11}$$

$$\lambda_tr_t^k=\alpha\zeta_t\frac{Y_t(i)}{K_t(i)} \tag{6-12}$$

$$(1-\theta^p)\left(\frac{P_t(i)}{P_t}\right)^{-\theta^p}-\varphi_P\left(\frac{P_t(i)}{P_{t-1}(i)}-1\right)\frac{P_t}{P_{t-1}(i)}+\theta^p\frac{\xi_t}{\lambda_t}\left(\frac{P_t(i)}{P_t}\right)^{-\theta^p-1}$$
$$+\beta\varphi_PE_t\left\{\frac{\lambda_{t+1}}{\lambda_t}\left(\frac{P_{t+1}(i)}{P_t(i)}-1\right)\frac{P_{t+1}(i)Y_{t+1}P_t}{P_t^{\ 2}(i)Y_t}\right\}=0 \tag{6-13}$$

（三）银行主体

银行可以从家庭部门吸收存款并且贷款给企业，所以银行不仅会受到存款准备金率的限制，同时也需保留一部分的自有资金。因此假设银行资产负债表中包括企业贷款和国债，并且国债风险为零。存款人委托银行对企业进行审核，银行将承担审计成本，根据 Berka & Zimmermann（2005），银行的行为被设定为：

$$\underset{L_{t+1},B_{t+1},S_{t+1}}{Max}=(R_{t+1}^FL_{t+1}R_{t+1}B_{t+1}-R_{t+1}^DD_{t+1}-E_t(R_{t+1}^s)) \tag{6-14}$$

s. t. 资产负债表限制条件：$L_{t+1}+B_{t+1}=D_{t+1}+S_{t+1}$

资本监管约束：$$S_{t+1}/L_{t+1}\geqslant\alpha_\varepsilon \tag{6-15}$$

式中 $0<\alpha_e<1$，L_{t+1}为企业贷款，B_{t+1}为银行所持有的国债，D_{t+1}为家庭存款，S_{t+1}为银行资本，R_{t+1}^F为实际贷款利息，R_{t+1}为国债利息收益，R_{t+1}^D为存款利息（BGG 模型中 $R_{t+1}^F=R_{t+1}^D=R_{t+1}$），$E_t(R_{t+1}^S)$ 为银行资本期望收益，α_e为银行资本要求。银行获得最大收益的一阶最优条件为：

① λ_t 为 t 期家庭预算约束的拉格朗日乘子，家庭效用最大化的优化条件表明拉格朗日乘子等于消费的边际效用。

$$R_{t+1}=R_{t+1}^{D} \tag{6-16}$$

$$R_{t+1}^{F}=(1-\alpha_{\varepsilon})R_{t+1}^{D}+\alpha_{\varepsilon}E_{t}(R_{t+1}^{S}) \tag{6-17}$$

根据无套利条件，本书假定银行资本收益与企业资本收益一致：

$$E_{t}(R_{t+1}^{S})=E_{t}(R_{t+1}^{K}) \tag{6-18}$$

（四）政府主体

政府部门通过财政政策影响宏观经济，假定财政预算约束可以表示如下：

$$P_{t}G_{t}=P_{t}T_{t}+(B_{t}/R_{t}-B_{t-1})+(M_{t}-M_{t-1}) \tag{6-19}$$

（6－19）式的表示政府部门通过征税、发行债券和增加货币发行来获取财政收入、税收，税收、政府实际债务和政府支出三者间的关系表示如下：

$$\hat{t}_{t}=\varphi_{b}\hat{b}_{t-1}+\varphi_{g}\hat{g}_{t} \tag{6-20}$$

$\hat{t}_{t}$、$\hat{b}_{t-1}$和$\hat{g}_{t}$分别用于表示税收、政府债务和政府支出对稳态的偏离值。

三、货币政策工具、冲击设定与求解

中央银行的货币政策工具也属政府宏观经济政策的一部分，根据前面的假设，本书分别采用根据中国国情修正的麦克勒姆规则和泰勒规则代表数量型和价格型货币政策工具，两种货币政策工具规则都有前瞻型、后顾型和当期型三种，本书采用当期型。

（一）中央银行的数量型货币政策工具

按照宋玉华和李泽祥（2007）的研究①，由于中国金融市场中各层次货币流通速度趋于稳定，所以采用调整后的麦克拉姆规则，如公式（6－20）中所示剔除了货币流通速度。修正的麦克勒姆规则来表示数量型工具，具体形式如下：

$$\hat{\theta}_{t}=\rho_{\theta}\hat{\theta}_{t-1}+\varphi_{\pi}\hat{\pi}_{t}+\varphi_{y}\hat{y}_{t}+\hat{v}_{t}^{m} \tag{6-21}$$

公式（6－21），$\theta_{t}=M_{t}/M_{t-1}$用于表示名义货币供应量增长率，$\hat{\theta}_{t}$表示货币增长率对其稳态值的偏离幅度，ρ_{θ}用于表示货币增长率的持久性系数，

① 宋玉华、李泽祥：《麦克勒姆规则有效性在中国的检验》，载《金融研究》，2007年第5期，49－61。

反映了货币政策的平滑性。通货膨胀 $\pi_t = P_t/P_{t-1}$，$\hat{\pi}_t$ 和 $\hat{y}_t$ 用于表示通胀和产出关于其稳态的偏离幅度，代表通胀缺口和产出缺口，由名义 GDP 增长率分拆而得，v_t^m 为货币政策冲击，假设其对数服从一阶自回归 AR（1）过程。

（二）中央银行的价格型货币政策工具

中央银行通过实施货币政策对经济进行调控，如果政府使用价格型货币政策，则可以用利率作为代理变量，使用泰勒规则代入到动态随机一般均衡模型中：

$$\hat{r}_t = \rho_r \hat{r}_{t-1} + \varphi_\pi \hat{\pi}_t + \varphi_y \hat{y}_t + \hat{v}_t^r \tag{6-22}$$

其中，$\pi_t = P_t/P_{t-1}$ 表示通货膨胀，中央银行在调控时需要考虑通胀也要考虑产出，v_t^r 表示货币政策冲击变量，假设其对数服从一阶自回归 AR（1）过程。

根据李浩等（2007）的研究①，加入国际贸易顺差冲击，社会资源约束表示为：

$$Y_t = C_t + I_t + G_t + NX_t + \frac{\varphi_P}{2}\left(\frac{P_t}{P_{t-1}} - 1\right)^2 Y_t \tag{6-23}$$

（6-23）表示为社会总产出为家庭消费、投资、政府购买、净出口以及价格调整这五部分之和，政府支出和国际贸易属于外生变量，假设对数服从 AR（1）过程。

（三）冲击设定

根据上述微观经济主体的模型设定，（6-1）～（6-23）的模型包含六种冲击，分别是：投资、消费需求、技术、货币政策、政府购买和国际贸易顺差，数量型和价格型货币政策冲击分别如（6-40）和（6-42）式所示，其他五个变量服从一阶自回归 AR（1）过程。令 $y_t = [\ln d_t\ \ln z_t\ \ln a_t\ \ln g_t \ln nx_t]'$，$y_t$ 可以表示为

$$y_t = (E - \Gamma)\ y + \Gamma y_{t-1} + \varepsilon_t \tag{6-24}$$

其中，y 用于表示变量稳态值，E 表示 5×5 的单位矩阵，$\Gamma = diag\ \{\rho_d,\ \rho_z,\ \rho_a,\ \rho_g,\ \rho_{nx}\}$ 表示外生冲击的持久性，$\varepsilon_t = [\varepsilon_t^d\ \varepsilon_t^z\ \varepsilon_t^a\ \varepsilon_t^g\ \varepsilon_t^{nx}]'$，假设 ε_t

---

① 李浩、胡永刚、马知遥：《国际贸易与中国的实际经济周期》，载《经济研究》，2007 年第 5 期，17-41。

的分量是相互独立的零均值、标准差分别为 σ_d、σ_z、σ_a、σ_g、σ_{nx} 的白噪音扰动，上述变量的经济含义见表6-1。

表6-1　动态随机一般均衡模型数量型和价格型货币政策工具的参数含义

参数	含义	参数	含义
σ_a	技术冲击标准差	σ	消费跨期替代弹性的倒数
σ_d	消费冲击标准差	φ_P	中间品厂商调价成本参数
σ_z	投资调整冲击标准差	γ	货币需求弹性的倒数
		φ_b	税收关于政府债务的弹性
σ_g	政府购买冲击标准差	φ_g	税收关于政府支出的弹性
σ_{nx}	国际贸易冲击标准差	φ_π	货币增长率对通胀的反应
ρ_a	技术冲击持久系数	φ_y	货币增长率对产出的反应
ρ_z	投资调整冲击持久系数	φ	劳动供给弹性的倒数
ρ_g	政府购买冲击持久系数	ρ_d	消费冲击持久系数
ρ_m&ρ_v	1. 数量型货币政策工具冲击持久系数 2. 价格型货币政策工具冲击持久系数	ρ_{nx}	国际贸易冲击持久系数
ρ_θ&ρ_r	1. 数量型货币政策工具平滑系数 2. 价格型货币政策工具平滑系数	ψ	投资弹性参数

（四）一般均衡与对数线性化

本节使用对数线性化方法，对模型的优化条件与资源约束条件在稳态值附近对数线性化后得到对数线性化系统。定义 $\hat{x}_t = \ln(X_t/X)$ 为变量 X_t 对稳态 X 的对数偏离，使用不带下标的大写字母表示变量稳态值，对数线性化系统表示如下：

$$\hat{\lambda}_t = \hat{d}_t - \sigma\hat{c}_t \tag{6-25}$$

$$-\gamma\hat{m}_t = \hat{\lambda}_t + \frac{\beta}{(1-\beta)}\hat{r}_t \tag{6-26}$$

$$\hat{n}_t\varphi = \hat{w}_t + \hat{\lambda}_t \tag{6-27}$$

$$E_t\{\hat{\lambda}_{t+1} - \hat{\lambda}_t - \hat{\pi}_{t+1}\} = -\hat{r}_t \tag{6-28}$$

$$(1-\beta+\beta\delta)E_t\{\hat{r}^k_{t+1}\} + (\beta-\beta\delta)E_t\{\hat{q}_{t+1}\} + E_t\{\hat{\lambda}_{t+1}\} - \hat{\lambda}_t = \hat{q}_t \tag{6-29}$$

$$\hat{i}_t = \frac{1}{1+\beta}\hat{i}_{t-1} + \frac{\beta}{1+\beta}E_t\{\hat{i}_{t+1}\} + \frac{1}{\psi(1+\beta)}\hat{q}_t + E_t\left\{\frac{\beta\hat{z}_{t+1} - \hat{z}_t}{1+\beta}\right\} \tag{6-30}$$

续表

$$\hat{k}_{t+1} = (1-\delta)\hat{k}_t + \delta\hat{i}_t \qquad (6-31)$$

$$\hat{y}_t = \hat{a}_t + \alpha\hat{k}_t + (1-\alpha)\hat{n}_t \qquad (6-32)$$

$$\hat{n}_t = \hat{k}_t - \hat{w}_t + \hat{r}_t^{\ k} \qquad (6-33)$$

$$\hat{\pi}_t = \beta E_t\{\hat{\pi}_{t+1}\} + \frac{(\theta^p - 1)}{\varphi_P}(\hat{r}_t^k + \hat{k}_t - \hat{y}_t) \qquad (6-34)$$

$$\hat{b}_t = \hat{r}_t + \frac{1}{\beta}\Big[(\hat{b}_{t-1} - \hat{\pi}_t) - \left(\frac{m}{Y}\Big/\frac{b}{Y}\right)(\hat{m}_t - \hat{m}_{t-1} + \hat{\pi}_t) + \left(\frac{G}{Y}\Big/\frac{b}{Y}\right)\hat{g}_t - \left(\frac{G}{Y}\Big/\frac{b}{Y} + 1 - \beta\right)\hat{t}_t\Big] \qquad (6-35)$$

$$\hat{t}_t = \varphi_b\hat{b}_{t-1} + \varphi_g\hat{g}_t \qquad (6-36)$$

$$\hat{y}_t = \frac{C}{Y}\hat{c}_t + \left(1 - \frac{C}{Y} - \frac{G}{Y}\right)\hat{i}_t + \frac{G}{Y}\hat{g}_t + \frac{NX}{Y}\hat{nx}_t \qquad (6-37)$$

其中，(6－25) ～ (6－31) 式分别为家庭的消费需求、实际货币需求、实际工资、债券需求、资本供给、投资价值和资本积累方程的对数线性化形式；(6－32) ～ (6－34) 式分别为厂商的生产函数、劳动需求以及通货膨胀方程的对数线性化形式；(6－35) ～ (6－37) 式分别为政府财政预算约束、税收方程以及社会总资源约束的对数线性化形式。

除数量型和价格型货币政策冲击之外的其他 5 个冲击的对数线性化形式为：

$$\hat{\Omega}_t = \Gamma\hat{\Omega}_{t-1} + \varepsilon_t \qquad (6-38)$$

根据货币供应量增长率的定义 $\mu_t = M_t/M_{t-1}$，可以得到其对数线性化形式：

$$\hat{\theta}_t = \hat{m}_t - \hat{m}_{t-1} + \hat{\pi}_t \qquad (6-39)$$

数量型工具调控下的货币政策规则的对数线性化形式为：

$$\hat{\theta}_t = \rho_\theta\hat{\theta}_{t-1} + \varphi_\pi\hat{\pi}_t + \varphi_y\hat{y}_t + \hat{v}_t^m \qquad (6-40)$$

$$\hat{v}_t^m = \rho_m\hat{v}_{t-1}^m + \varepsilon_t^{\ m} \qquad (6-41)$$

价格型货币政策工具调控下的货币政策规则的对数线性化形式为：

$$\hat{r}_t = \rho_r\hat{r}_{t-1} + \varphi_\pi\hat{\pi}_t + \varphi_y\hat{y}_t + \hat{v}_t^r \qquad (6-42)$$

$$\hat{v}_t^r = \rho_v\hat{v}_{t-1}^r + \varepsilon_t^{\ v} \qquad (6-43)$$

数量型和价格型货币政策两种对数线性化系数中均包括 21 个变量和方程，该系统有解。通过这两个货币政策工具规则的对数线性化系统的参数估计、仿真模拟，可以得到宏观经济模拟方程的波动特征，用于衡量我国数量型和价格型货币政策工具对微观经济主体的调控是否有效。

公式（6－25）～（6－39）和公式（6－40）、（6－41）为中央银行使用数量型货币政策工具调控下的 DSGE 模型对数线性化系统，公式（6－25）～（6－39）和公式（6－42）、（6－43）为中央银行使用价格型货币政策工具调控下的 DSGE 模型对数线性化系数。

第二节 仿真模型估计与联动效应

根据上述构建的居民、企业、银行、政府、中央银行五个微观经济部门和两种货币政策工具调控下中国经济的 DSGE 模型，本节运用 DYNARE 工具箱，在 MATLAB 环境中编程完成了理论模型的仿真，以分析数量型和价格型货币政策工具对各微观经济主体的调控效应，平滑经济波动的效果，以及五个微观经济部门货币政策调控后的联动效应。首先通过脉冲响应函数图分析两种货币政策工具调控下经济冲击的调控效应，再用方差分解探讨两种货币政策工具对微观经济主体调控联动效应。

一、模型的参数估计

根据刘斌（2008）上述构建的动态随机一般均衡模型包括两种类别的参数：一种是模型当中自有的结构参数，另一种是与外部冲击有关的参数，包括自回归系数和冲击标准差；模型参数的选取主要有“校准”（Calibration）法、极大似然估计（Maximum Likelihood Estimation）以及贝叶斯估计（Bayesian Estimation）等方法。校准法由 Kydland & Prescott（1982）首先提出①，之后它一直是 DSGE 模型参数选取的重要方法之一，国内有多篇文献也采用校准法确定模型的结构参数，如李春吉和孟晓宏（2006）②、刘尧成

① Kydland, F. E., and E. C. Prescott, 1982, *Time to Build and Aggregate Fluctuations*, *Econometrica*, Vol. 50, No. 6, pp. 1345－1370.

② 李春吉、孟晓宏：《中国经济波动——基于新凯恩斯主义垄断竞争模型的分析》，载《经济研究》，2006 年第 10 期，第 72－82 页。

和徐晓萍（2010）①、耿强（2011）② 等。本节使用校准方法进行参数值的确定。

（一）数据处理

本节的分析区间为 1996 年③到 2013 年的第 4 季度，数据来自于中国人民银行网站和国家统计局网站，部分数据来自于中经网统计数据库。本书使用实际国内生产总值 GDP 作为产出的代理变量，实际固定资产投资总额作为投资的代理变量，实际全社会消费品零售总额作为消费的代理变量，环比 CPI 作为通货膨胀的代理变量。

数量型货币政策工具的代理变量使用狭义货币供给余额（M1），价格型货币政策工具的代理变量使用 7 天银行间同业拆借利率，使用 BP 滤波进行了季节调整。本章中 DYNARE 的 DSGE 估计程序和部分宏观数据见附录 2、附录 6 中所示。

（二）参数估计与有效性分析

鉴于数据的可得性，模型中的结构参数以及各种冲击参数的系数不可能全部通过估计得到，所以采用校准的方法对之进行确定，将主观贴现因子 β 校准为 0.994，将资本份额 α 校准 0.5，将资本折旧率 δ 校准为 0.025，将社会总产出中居民消费占比 C/Y、政府支出占比 G/Y 校准为 0.3573 和 0.1876；将 b/Y 和 m/Y 校准为 0.05 和 0.45；根据 Gilchrist & Saito（2006）将 θ^p 校准为 11④，根据 1996 年第 1 季度到 2013 年第三季度的数据，将贸易顺差占 GDP 之比校准为 0.035。

表 6－1 中的冲击参数采用贝叶斯估计方式得到，详见附录 3 中所示。为了检查参数估计的稳健性，本书通过多变量和单变量的 MCMC 收敛性检验以及先验分布与后验分布的比较来进行判断。单变量的 MCMC 收敛性检验显示几乎所有参数均通过了检验，详细结果参见附录 5。图 6－1 为多变

① 刘尧成、徐晓萍：《消费替代弹性、经济开放与中国经济外部失衡》，载《统计研究》，2010 年第 4 期，第 19－27 页。

② 耿强、江飞涛、傅坦：《政策性补贴、产能过剩与中国的经济波动》，载《中国工业经济》，2011 年第 5 期，第 27－36 页。

③ 本书的价格型货币政策工具使用 7 天银行间同业拆借利率，由于中国银行间拆借市场建立于 1996 年，这就决定了数据只能从 1996 年开始。

④ Gilchrist, S. , and M. Saito, Expectations, *Asset Prices, and Monetary Policy: the Role of Learning* [R], NBER Working Paper, 2006, No. 12422.

量的 MCMC 收敛性检验结果，图中的横轴表示模拟次数，本书模拟的次数是 20000 次，纵轴表示度量指标间的差异。“interval”表示参数的均值，“m2”表示参数的方差，“m3”表示参数的第 3 阶矩。可以看出，随着模拟次数增加，3 个度量指标均呈现出相对稳定的态势，这表明模型的参数估计是稳健的。

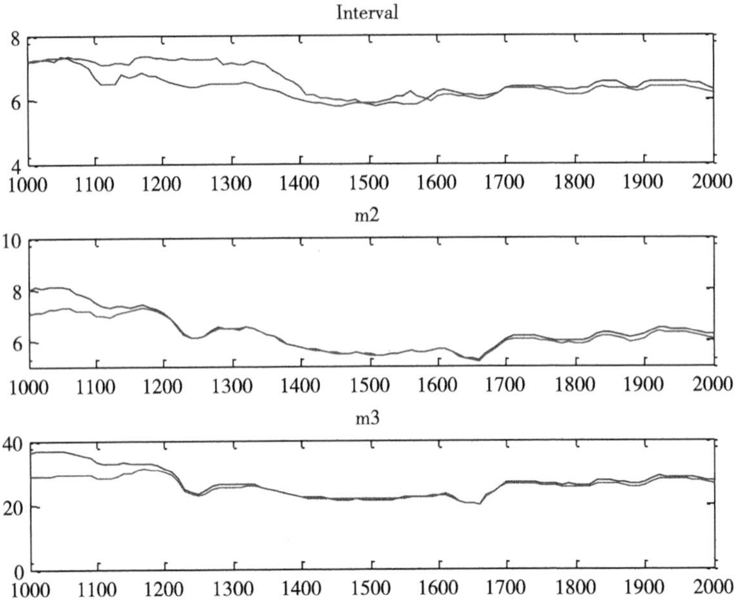

图 6-1　收敛性检验的多变量诊断统计量

资料来源：作者在 MATLAB 中利用 DYNARE 工具箱模拟得到。

图 6-2 为本书模型结构参数的先验分布和后验分布图。由两幅图中参数的后验分布形态可知，几乎所有结构参数的后验分布都呈正态分布，从一定程度上也说明本节的参数估计是有效的。

由于本节的目的是为了分析数量型货币政策工具与价格型货币政策工具对中国经济波动的调控效果，虽然中国大多数时间使用的都是数量型货币政策工具，价格型货币政策工具的使用情况较少，但正如李春吉(2006)[①] 研究发现，没有必要过分关注于模型预测是否完全准确，需要将精力更多地放在政策实验的分析之上。

① 李春吉、孟晓宏：《中国经济波动——基于新凯恩斯主义垄断竞争模型的分析》，载《经济研究》，2006 年第 10 期，第 72-82 页。

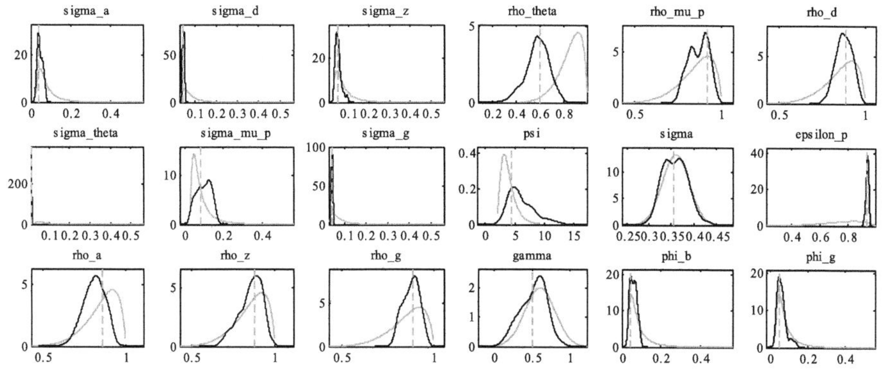

图 6－2　结构参数的先验分布和后验分布

注：图中的虚线、浅色线和深色线分别代表均值、先验分布和后验分布，图中的符号参见前文的模型描述部分。

资料来源：作者在 MATLAB 中利用 DYNARE 工具箱模拟得到。

（三）基于脉冲响应的货币政策调控效应

本节使用投资冲击代表来自供给的冲击，消费需求冲击代表来自需求的冲击，政府购买冲击代表来自政府政策变动的冲击，投资、消费、政府购买为数量型和价格型货币政策调控的重点内容，本节仅分析上述三种冲击。其他三种冲击：技术、货币政策自身、国际贸易顺差三种冲击暂不讨论。各种冲击的光滑估计见附录 4 中所示。这 6 个冲击的光滑估计值与中国经济发展路径比较类似，因此可以继续下一步的脉冲响应分析。

下文三个部分的脉冲响应函数图分别列示了受到冲击后各宏观经济变量的反应程度，虚线部分代表了数量型货币政策工具的调控效果显示，实线部分为价格型货币政策工具的调控效果显示。按照李春吉（2006）的研究方法，其中各冲击与微观经济主体的联系如下：企业主体（产出、投资），居民（消费、就业、实际工资）、政府支出、银行（利率），中央银行（通货膨胀、货币余额）。

1. 应对投资冲击的调控效果比较

图 6－3 显示了企业主体的产出、投资，居民主体的消费、就业、实际工资，政府主体的支出、银行主体的利率，中央银行主体的通货膨胀、货币余额 9 个内生变量在一个标准差的技术冲击下从第 0 期到第 40 期的脉冲响应函数图。

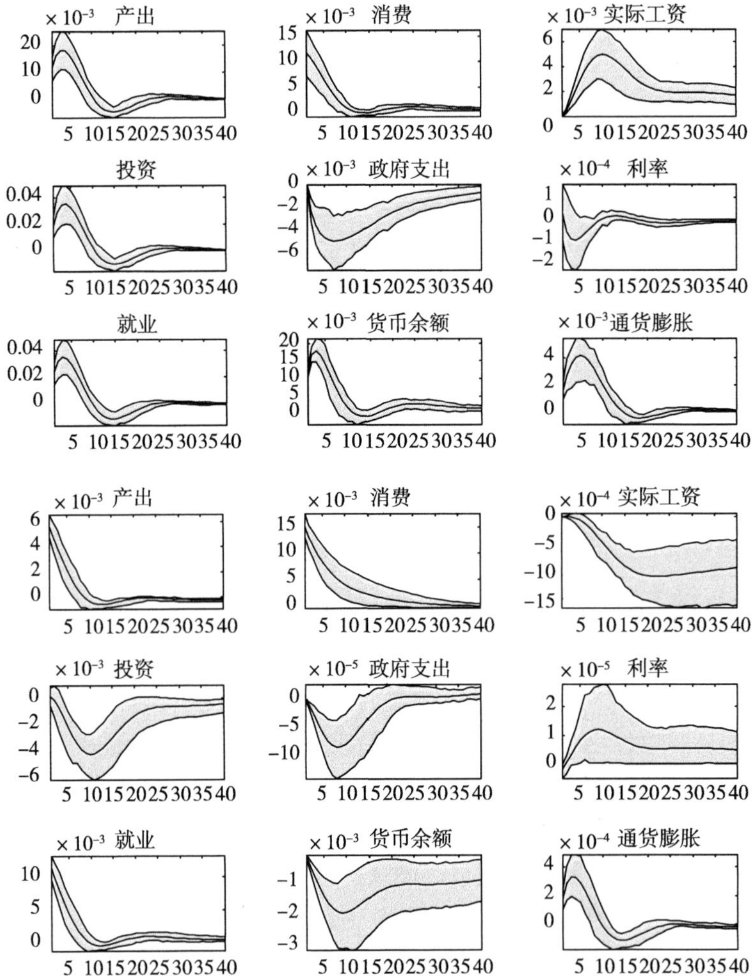

图6－3　两种货币政策工具调控下投资冲击的脉冲响应

资料来源：作者在 MATLAB 中利用 DYNARE 工具箱模拟得到。

注：上半部图为数量型货币政策工具的调控效果，下半部图为价格型货币政策调控效果。

从总体情况观察，数量型货币政策工具使产出、消费、实际工资、投资、就业、货币余额、通货膨胀率上升，使利率、政府支出下降；价格型货币政策工具使产出、消费、利率、就业、通货膨胀率上升，使投资、政府支出、货币余额、实际工资水平下降。

无论是数量型还是价格型货币政策工具对技术冲击的调控作用基本有效，能够促进企业的产出增加，居民的消费、就业上升，政府主体的支出下降。这说明，两种货币政策工具对五种微观经济主体的调控基本有效，但在企业投资、中央银行货币余额和金融市场利率方面调控方向不一致。

从两种货币政策工具对微观经济主体的作用效果上比较，数量型货币政策工具对投资冲击的作用更明显，使企业主体的产出、居民主体的消费增加更多；价格型货币政策工具对实际利率的调控水平比较明显，可以使实际利率逐步回升，使政府稳定利率市场，而数量型货币政策工具调控中利率的变化比较小。因此，使用价格型货币政策工具调控银行体系、金融市场更为有效，数量型货币政策工具对实体经济的促进作用更加明显。

可见，两种货币政策工具在调控投资冲击的过程当中，对企业、居民、银行等微观主体的调控有效，且数量型货币政策工具的作用大于价格型货币政策工具。

2. 应对消费偏好冲击的调控效果比较

从图 6－4 可以观察到，在数量型和价格型货币政策工具调控下，消费偏好对经济主体的负面影响大于正面影响，也就是说应对消费冲击，数量型和价格型货币政策工具的效果均不明显。

在数量型货币政策工具的调控下，消费偏好的冲击，将会使利率、通货膨胀率上升，其他七个变量均显示了负向响应，也就是说在消费偏好冲击下产出、消费、就业等实体经济关键变量均显示出下降趋势，数量型货币政策工具的调控作用并不明显；在价格型货币政策工具的调控下，消费偏好冲击下，将会使消费、政府支出、货币余额、通胀率上升，其他变量显示负向响应，换言之，产出、就业等实体经济变量出现下降趋势。

可见，两种货币政策工具在调控消费偏好冲击的过程当中，均显示出低效应，对企业、居民、银行等微观主体的调控作用仍有待加强。

3. 应对政府支出冲击的调控效果比较

图 6－5 中显示了两种货币政策工具对政府支出冲击的调控效应，在两种货币政策工具调控下，实体经济九个变量均出现了较强的反应，证明货币政策调控有效。

在数量型货币政策工具的调控下，政府支出冲击下，产出、就业利率、货币余额增加，其他五个变量显示为负向效应；在价格型货币政策工具调控下，产出、消费、就业和通胀率增加，其他五个变量为负向效应。使用数量型货币政策工具调控对实体经济企业产出的刺激作用大于价格型货币政策工具。

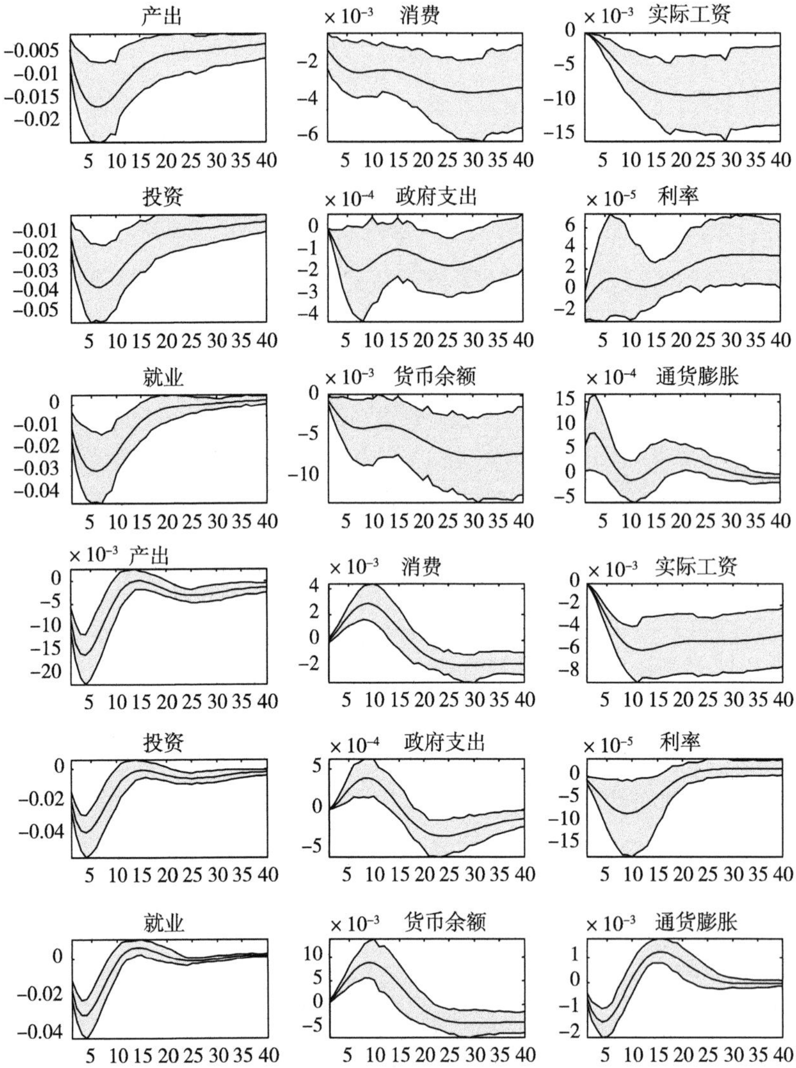

图 6－4　两种货币政策工具调控下消费偏好冲击的脉冲响应

资料来源：作者在 MATLAB 中利用 DYNARE 工具箱模拟得到。

注：上半部图为数量型货币政策工具的调控效果，下半部图为价格型货币政策工具的调控效果。

可见，两种货币政策工具在调控政府支出冲击的过程当中，对企业、居民、银行等微观主体的影响有效，而且数量型货币政策工具对政府和企业主体的调控作用大于价格型货币政策工具。另外，在控制通货膨胀等方面，两者也有微小差异。但从总体来看，货币政策对微观主体的调控有效。

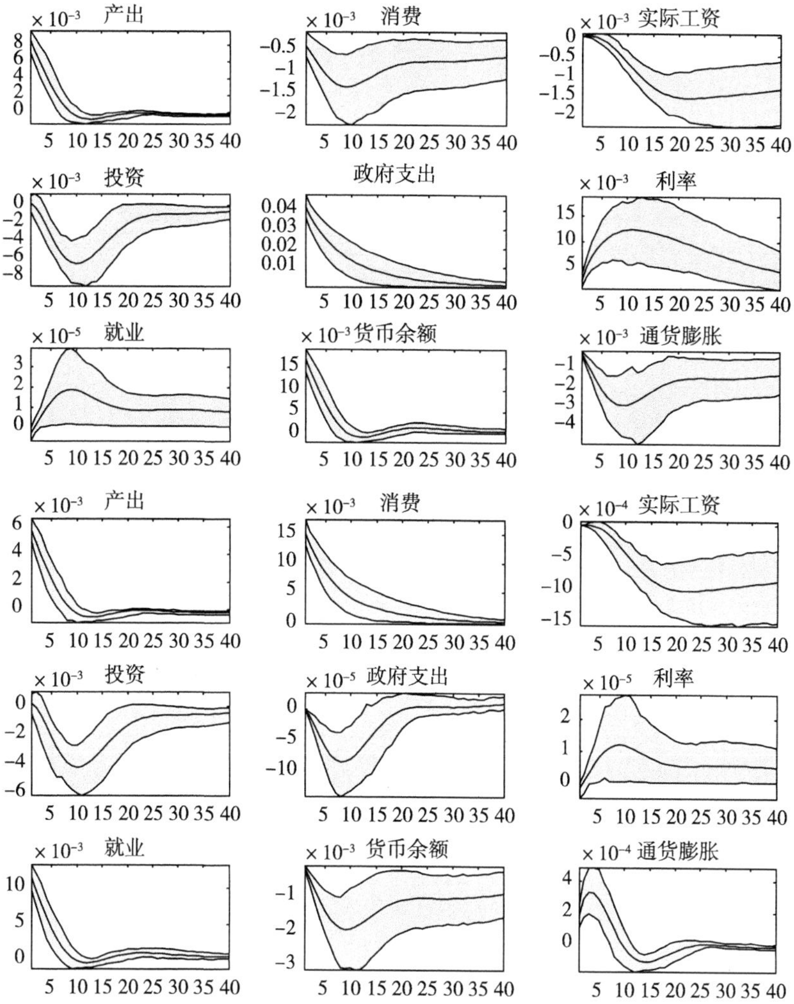

图 6－5　两种货币政策工具调控下政府支出冲击的脉冲响应

资料来源：作者在 MATLAB 中利用 DYNARE 工具箱模拟得到。

注：上半部图为数量型货币政策工具的调控效果，下半部图为价格型货币政策工具的调控效果。

通过上述分析可以得到，中国数量型和价格型货币政策工具对微观经济主体的调控基本有效，但是中央银行有时需要根据经济形势和微观经济主体的反应状况进行分析，从而选择合适的货币政策工具，确保在各种信息综合的情况影响下以应对好各种各样的干扰和冲击，以便适当、适时、适度地使用好货币政策工具，对宏观经济形势和微观经济主体加以调控，保障货币政策目标的顺利实现。

二、基于方差分解的调控效果分析

方差分解可以有效地解释经济波动中对微观经济主体造成冲击的主要来源，分析其中影响企业、居民、银行、中央银行、政府等主体行为最主要的原因是什么。下面通过数量型和价格型货币政策工具调控下的方差分解解释波动和调控效应。

表6－2当中给出了数量型货币政策工具对六种冲击下中国经济调控作用的方差分解，通过观察可得：对企业产出影响较大的冲击来自于投资冲击、技术冲击和国际贸易冲击，其中投资冲击的影响最大，占到49.68%，国际贸易冲击对企业产出的影响也较大，高于消费冲击和政府购买，货币余额冲击的影响则最小。

表6－2　数量型货币政策工具调控下中国经济波动的方差分解　（单位：%）

宏观经济变量	投资冲击	消费冲击	技术冲击	政府购买冲击	货币余额冲击	国际贸易冲击
产出	49.68	0.58	26.11	1.03	0.13	22.47
消费	34.46	31.55	15.14	0.71	0.20	17.94
资本	54.63	0.99	17.30	0.96	0.06	26.06
投资	61.09	0.64	17.34	0.80	0.07	20.06
政府支出	0.00	0.00	0.00	100.00	0.00	0.00
就业	56.22	0.96	6.94	1.52	0.16	34.20
通货膨胀	31.66	0.64	18.71	1.38	19.31	28.30
实际工资	39.16	0.81	36.91	0.79	1.10	21.23

资料来源：作者根据模拟结果计算得到。

从表6－3中的结果来看，在价格型货币政策工具下，投资冲击对企业产出和投资、居民消费等影响程度最深，货币余额冲击对通货膨胀的影响效果最大，也就是说通过控制货币供应量来控制通货膨胀的货币政策是有效的，但对于其他变量的影响力度较小，调控效果仍有待加强。

表6－3　价格型货币政策工具调控下中国经济波动的方差分解　（单位：%）

宏观经济变量	投资冲击	消费冲击	技术冲击	政府购买冲击	货币余额冲击	国际贸易冲击
产出	76.13	11.06	10.17	0.13	0.01	2.50
消费	71.42	14.79	3.19	0.57	0.00	10.04

续表

宏观经济变量	投资冲击	消费冲击	技术冲击	政府购买冲击	货币余额冲击	国际贸易冲击
资本	85.23	10.83	0.98	0.15	0.00	2.81
投资	86.21	10.50	0.81	0.13	0.00	2.35
政府支出	0.00	0.00	0.00	100.00	0.00	0.00
就业	28.52	64.97	1.11	0.28	0.16	4.95
通货膨胀	7.40	59.81	1.99	0.14	28.20	2.46
实际工资	23.05	67.12	1.58	0.16	5.31	2.77

资料来源：作者根据模拟结果计算得到。

从表 6－2 和表 6－3 的对比来看，在数量型和价格型两种货币政策工具调控之下，各种冲击对宏观经济波动的解释力度和微观主体的调控作用不同。

在数量型货币政策工具调控下，对产出的影响程度排序为投资、技术、国际贸易、政府购买、消费、货币政策；在价格型货币政策工具调控下，对产出影响程度的排序为投资、技术、消费、国际贸易、政府购买和货币政策。

两种货币政策工具规则下，投资和技术是造成产出波动的最主要原因，而货币政策和政府购买对产出的波动较小。这说明，我国货币政策对微观经济主体的影响效果仍有待加强，传导机制仍需畅通。加强货币政策传导的微观基础，继续强调货币政策传导过程中的微观化、前瞻性、协同性。

小　结

本章构造了基于数量型和价格型两种货币政策工具规则的宏观经济分析框架，分别应用技术冲击、消费偏好冲击、政府支出冲击代表来自需求、供给和政府政策方面的波动，借助于动态随机一般均衡模型分析了数量型和价格型货币政策工具调控对宏观经济波动的调控效果，结果显示，两种货币政策工具在使用过程当中各有利弊，对不同微观经济主体的行为调控效果不一致，需要结合使用。

根据本章的分析结果，中国在制定和实施货币政策时需要考虑不同货币政策工具的自身的特点来进行优化选择，这些属性主要有四个：主动性、信号功能、时效性以及可操作性。特别是数量型货币政策工具和价格型货币政策工具规则的灵活运用对于熨平经济波动非常重要。

如果货币政策目标定位于抑制经济过快、过热增长，避免经济大起大落，价格型货币政策工具更为有效，特别是在应对技术进步、政策变动和国外经济冲击时较为明显，数量型货币政策工具则在应对来自中国内部内生性需求方面的因素上比较有效；货币政策的目标定位于刺激经济增长时则刚好相反；如果货币政策目标换为抑制通货膨胀，则应该更多地使用数量型货币政策工具，兼用价格型货币政策工具。在第五章的中央银行资产负债表中也提到了各国所使用的非常规货币政策工具，如果中央银行期望补充流动性，则可以参照美欧等国创新的货币政策工具，直接向市场补充流动性。

总之，在不断变化的市场环境中，需要灵活运用各种货币政策工具规则，在必要时借助于非常规货币政策工具来对经济进行调控。中央银行在选择货币政策工具的过程当中也要充分考虑到其他外在因素的影响，以应对变化。

第七章　人民币国际化、中哈合作及霍尔果斯口岸经济带发展

第一节　“一带一路”背景下人民币国际化对策分析

一、人民币国际化的启动背景与发展现状

人民币国际化是我国重要战略部署。2009 年中国政府决定开展跨境贸易人民币结算试点，这标志着人民币国际化迈出重要一步。2011 年跨境贸易人民币结算境内由试点的 5 个省市扩展到全国，境外地区通过东亚扩展到全球各国，2018 年起一带一路倡议在中亚五国得到了积极回应。人民币得到我国周边及发展中国家的货币当局认可，通过人民币计价的金融交易和跨境投资活动逐步在各国试点，资本账户管理政策也出现了松动。离岸金融市场业务发展快速，一些国家尝试把人民币纳入外汇储备。人民币国际化取得较快的进展。从 2009 年的跨境贸易人民币结算试点到 2016 年人民币加入 SDR，人民币国际化进程进入快速发展轨道。据环球银行金融电信协会和人民银行的最新数据，人民币目前为国际第三大贸易融资货币和第五大支付货币，在境内和国际支付货币中的份额由 2017 年的 1.78% 略微上升为 1.89%，排名前两位的仍是美元和欧元。全球 70 多个央行、货币当局已经将人民币纳入外汇储备。2019 年，我国与“一带一路”沿线国家及地区使用人民币跨境收付结算金额达到 2.73 万亿元以上，占同期人民币跨境收付总额的 13.9%，货物贸易收付金额达 7325 亿元，直接投资收付金额为 2524 亿元，跨境融资收付金额为 2135 亿元。到 2019 年年末，我国与“一带一路”沿线的 21 个国家签署了本币互换协议，在“一带一路”沿线 8 个国家建立了人民币清算机制安排。

与美元、欧元等主要国际国币相比，人民币的国际化水平还存在较大

的差距，一些亟待解决的问题延缓了人民币国际化进程。人民币国际化在区域和形态方面存在着显著的非均衡问题[①]，比如，沿边地区人民币国际化进程缓慢、人民币贸易计价与结算的偏离、人民币占国际投资货币比例较低等。结合当前中美贸易战不断升级的影响，需要找到合适的突破口来加强中美贸易摩擦对人民币国际化的积极影响，并且削弱中美贸易摩擦对人民币区域化的消极影响。通过借鉴其他货币国际化经验，那么可以发现区域化是国际化的必经阶段，欧元国际化的成功是通过高度区域货币一体化而后达到国际化的目的，这对我国加强与周边国家贸易，实现周边国家人民币区域化具有重要借鉴意义；美元国际化成功的重要模式之一即掌握国际原油定价权，充分发挥了美元的国际计价职能，进而形成石油美元环流，巩固了美元在国际地位的稳定性。一国货币与能源贸易的计价结算绑定权是货币国际化的必然选择，比如“石油＋美元”“煤炭＋英镑[②]”，这对我国加强与周边国家能源合作，争取能源人民币定价权具有重要借鉴意义；日元国际化的成功经验在于将大宗商品确定为货币锚，避免汇率的不稳定性，这对我国将能源确定为人民币汇率的锚，稳定人民币汇率具有重要借鉴意义。因此，能源合作是实现人民币区域化的重要突破口，能源兼备贸易和金融两种属性，是人民币跨境结算、人民币投融资的最好载体，对解决人民币国际化存在的非均衡问题发挥重要的作用。《世界能源发展报告2018》也着重指出：国际能源合作是推进人民币国际化的有力抓手，将通过实现“石油人民币”或“天然气人民币”，推动人民币国际化进程。

我国的能源合作伙伴较多，因而选择合适的突破口是推进人民币国际化的关键。借鉴欧元模式，把握“一带一路”发展机遇，按照先易后难、由近及远、循序渐进的方针，中亚国家与我国在地理位置、能源禀赋、能源产业结构等方面存在互补优势与共同利益，是我国现阶段加强能源合作与实施人民币国际化的重要伙伴。我国能源禀赋的特点为“富煤、少油、贫气”，能源对外依存度连续上升，而中亚国家能源资源蕴含丰富，也是距离我国最近、最安全的油气资源保障区域，2000 年以来持续为我国海外油气资源供给的来源地，与我国的能源合作基础深厚，地处欧亚大陆腹地，与中国新疆接壤，是“丝绸之路经济带”的关键节点，地缘政治优势和战

---

① 刘昊虹、李石凯：《人民币国际化的战略支撑体系与非均衡问题研究》，载《经济学家》，2016 年第 3 期，第 66－74 页。

② 王颖、管清友：《碳交易计价结算货币：理论、现实与选择》，载《当代亚太》，2009 年第 1 期，第 109－128 页。

略价值凸显。在中美贸易摩擦不断升级的环境下，借助“一带一路”契机，我国需加强与“一带一路”沿线国家的经贸合作，先通过实现人民币区域化，之后加速人民币国际化进程。因此，我国应把中亚国家作为人民币国际化区域突破口，需要重点探讨如何通过中国与中亚五国的能源合作推进人民币国际化。

二、人民币国际化的影响因素

（一）中美贸易摩擦给人民币国际化带来的积极作用

中美贸易摩擦带来的贸易转移效应有利于促进“一带一路”沿线国家人民币区域化。作为世界两大经济体，中美两国贸易摩擦将导致全球经贸的不确定性，这不仅影响了中美之间的贸易，还会影响与第三方国家之间的贸易。中美贸易摩擦不断升级降低了中国对美国的出口增长率，然而对中国与其他主要贸易伙伴的出口增长率却有着积极影响①。王月和程景民②探讨了中美贸易摩擦对农产品市场的影响，如果从长期影响看，中美两国之间的贸易虽然受到限制，但与其他贸易前景“光明”、“可期”和“瓶颈”国家之间的贸易将得到巩固和加强，反而有利于这些国家在中国贸易空间的释放。在经济一体化背景下，关税变化引起的贸易摩擦会带来贸易转移效应③。贸易转移效应是指关税同盟或经济合作组织成立后，成员国之间的贸易壁垒下降，致使成员国与非成员国之间的贸易逐渐转移到成员国内部。出于贸易保护主义的中美贸易摩擦会带来明显的贸易转移效应④，美国可能会增加从中国以外国家的进出口，中国也会增加从美国以外国家的进出口。近 20 多年以来，我国不断加强与除美国以外其他国家之间的贸易联系，如 1991 年 11 月，中国加入亚太经济合作组织；2001 年 6 月，加入上海合作组织，成员国包括中亚五国；2010 年 1 月，中国与东盟十国建设中国—东盟自由贸易区，这是发展中国家中的最大自贸区；2013 年，中国提出“一带一路”倡议，积极发展与沿线 65

---

① 杨成平、林卿：《美国加征关税导致中国出口贸易转移了吗？——基于断点回归设计》，载《当代经济管理》，2020 年第 4 期，第 33 – 39 页。

② 王月、程景民：《贸易摩擦、中国农产品市场引力效应与伙伴国贸易前景——基于随机模型及 15 国数据的实证研究》，载《农业经济问题》，2020 年第 5 期，第 131 – 142 页。

③ 夏春莉、陈航宇：《中美两国贸易争端及其经济效应研究》，载《亚太经济》，2018 年第 6 期，第 48 – 54 页。

④ 崔连标、朱磊、宋马林、郑海涛：《中美贸易摩擦的国际经济影响评估》，载《财经研究》，2018 年第 12 期，第 4 – 17 页。

个国家的经济合作伙伴关系。中美贸易摩擦升级之后，中国的部分进出口贸易会连续向这些国家转移，增加了贸易量，这无疑提高跨境贸易人民币结算额，加速了人民币国际化进程。

（二）中美贸易摩擦给人民币国际化带来的消极作用

中美贸易摩擦导致的人民币贬值不利于人民币计价结算功能的提升。在这场中美贸易战中，虽然美国采取的主要措施是对我国相关出口产品加征关税而非迫使人民币升值，然而这场贸易争端是中美两国博弈及关系再调整的过程，必然并且已经对人民币汇率产生一定的冲击①。2018 年 3 月至 2019 年 8 月的近一年半时间里，美元兑人民币汇率由 6.26 上升至 7.18，中美贸易摩擦发生以后，人民币贬值趋势明显。由人民币国际化历程可知，2005 年汇率改革以来，人民币国际地位逐渐提高，这也得益于人民币汇率的相对稳定，所以人民币的大幅贬值会影响人民币在其他国家的货币地位。从经济理论上讲，一国在考虑将一种货币转换为另一种货币时，将会考虑目标货币的价值及转换过程中承担的额外费用，即所谓的货币转换成本。如果货币转换成本较高，该国不会轻易选择转换货币，而人民币的贬值会进一步加深该效应，此时会削弱人民币在国际上的影响力，阻碍人民币区域化乃至国际化进程。

三、能源合作推动人民币国际化的重要意义

（一）人民币国际化的现实需求

人民币国际化旨在推动人民币成为国际上普遍认可的结算、计价和储备货币。人民币跨境使用的初级阶段是贸易结算，随后拓展至金融市场交易使用。如图 7－1 所示，中国银行跨境人民币指数（CRI）表明，人民币在跨境及境外交易过程中的使用量持续增加，尽管人民币国际化进程加快，但当前跨境人民币业务存在较显著的问题，表现在人民币贸易计价与结算的偏离以及人民币金融交易功能的下降。同时，加强与中亚国家能源合作将从以下两个方面改善人民币国际化目前面临的困局。

一是能源合作有利于缩减人民币计价与人民币结算的偏离度。“外币计价、人民币结算”的业务模式，可致使跨境交易中人民币计价与人民币结

---

① 王慧、刘宏业：《国际货币的惯性及对人民币国际化的启示》，载《经济问题》，2012 年第 5 期，第 110－113 页。

算产生了偏离，缩减偏离程度的关键在于提高人民币计价职能。人民币计价职能包含两层含义：一是跨境贸易合同中以人民币为计价货币；二是跨境交易中的金融产品以人民币计价，如人民币期货。近年来，人民币计价职能在能源贸易中逐渐取得进展。部分国家与中国的能源贸易开始以人民币计价，诸如伊朗、俄罗斯、委内瑞拉、安哥拉等国家。除此之外，2016年推出的以人民币计价的能源金融产品——人民币原油期货，提高了人民币计价职能，从而有力推动了人民币国际化。由此可见，即使在当前全球能源格局转变的情景下，能源合作也是人民币国际化发展机遇的重要切入点。二是能源合作有利于提高跨境人民币金融交易量。跨境贸易人民币结算业务的发展在扩大人民币结算额的同时，产生了境外人民币投资需求。留存在境外的人民币尚缺乏投资产品和渠道，难以形成像“美元环流”一样的人民币回流渠道。境外国如中亚的能源产业融资需求为增加人民币金融交易量提供了新契机，可依托能源产业创新人民币金融产品以提高人民币对外投资额、人民币境外信贷额及人民币证券投资额，从而增进人民币金融交易功能。

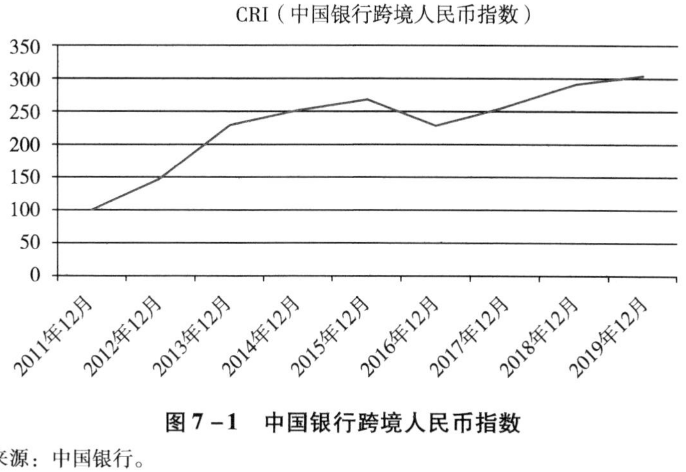

图7－1　中国银行跨境人民币指数

数据来源：中国银行。

（二）能源安全的现实需求

我国能源安全包含四层含义：能源供给安全、能源价格安全、能源运输安全及能源消费环境安全①。在以“五通”为主要内容的“一带一路”

① 管清友、何帆：《中国的能源安全与国际能源合作》，载《世界经济与政治》，2007年第11期，第45－53页。

背景下，要实现能源安全，重点在于实现“三通”，即设施联通、贸易畅通、资金融通。能源合作通过增强人民币贸易计价功能以及巩固人民币金融交易功能两种方式来促进人民币国际化，反之，人民币国际化可通过实现“资金融通”、推进“贸易畅通”和“设施联通”进而反哺能源合作。因此，能源合作与人民币国际化的相辅相成，对保障能源安全具有重要战略意义。图7-2描述的是基于能源合作与人民币国际化互动的能源安全保障模式，可以归结为以下四个方面：

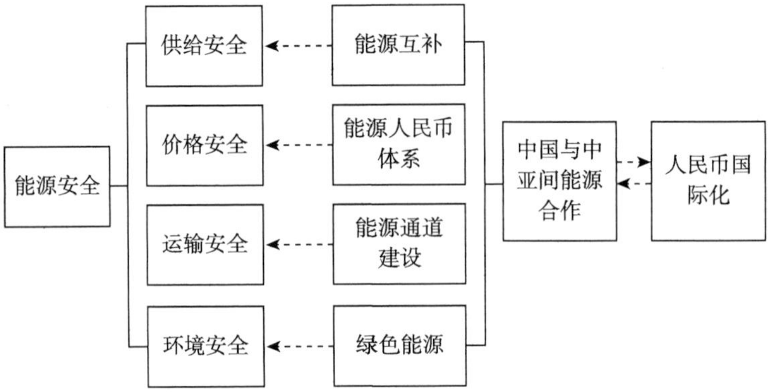

图7-2　基于能源合作与人民币国际化互动的能源安全保障模式

一是能源合作与人民币国际化互动有利于能源供给安全。我国是能源进口大国，保障能源供应安全是中国最紧要的目标。在实现资金融通、贸易畅通、设施联通的条件下，中亚有足够的能源资源储量向中国长期稳定供应原油，确保我国能源供给的安全。二是能源合作与人民币国际化互动有利于能源价格安全。我国是世界能源消费大国，由于美元的网络外部性与使用惯性，我国与中亚国家之间的能源贸易一直以美元结算，能源市场上只有“中国需求”没有“中国价格”，国际能源价格的波动对我国能源安全造成严重的威胁。在该局势下，应加强能源合作，使我国从能源价格接受者逐渐转变为价格的制造者，以此保障我国能源价格安全。三是能源合作与人民币国际化互动有利于能源运输安全。以往我国能源运输需要跨越海洋，途经多个咽喉要地，随时可能陷入能源供应断裂的困境。因此，陆上能源通道建设对拓展周边国家能源开发、保障中国能源运输需要具有重要意义。四是能源合作与人民币国际化互动有利于能源消费环境安全。十九大报告明确提出要“推进能源生产和消费革命，构建清洁低碳、安全高效的能源体系”。在资金融通、设施联通与贸易畅通的基础上，向中亚国家输出资金、设备与技术，加大绿色能源开发力度，营造安全高效的能源消费环境。

四、中美贸易摩擦之后中国与中亚间能源合作推动人民币国际化的现实基础

（一）中国与中亚间油气贸易合作往来密切

中亚国家能源储量丰富，截至2017年年底，中亚国家石油探明储量达41亿吨，产量年均增长率10.8%；天然气探明储量达21.8万亿立方米。其丰富的能源资源恰好能补充中国能源缺口，是深入双边能源合作的基础。如图3所示，在石油贸易方面，2010—2017年石油进口占中国对中亚进口总贸易额的50%，并一直趋于稳定；在天然气贸易方面，如图7-4，天然气主要来源国为土库曼斯坦、乌兹别克斯坦和哈萨克斯坦，分别占69%、13%和12%。随着中国—中亚天然气管道开始布局建设并投入运营，源于中亚的管道气进口额呈现井喷式增长。天然气是一种安全性较高的清洁能源，中国尚在调整能源消费结构，天然气进口量也将继续增加，这必然会增加贸易结算额和货币使用量。因此，能源较其他货物受关税同盟的影响较小，通过金融手段的大力支持，为人民币在跨境贸易结算中的使用提供了良好的契机。

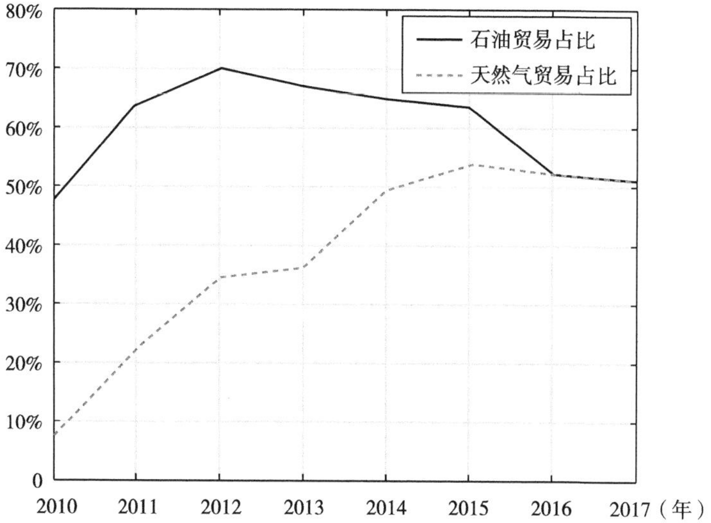

图7-3　中国与中亚间主要能源进口贸易占进口商品总贸易额

数据来源：UN COMTRADE

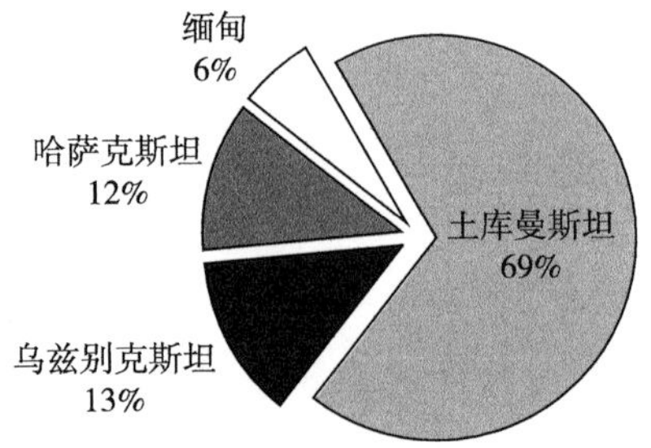

图 7－4　2018 年 1－11 月中国管道气来源主要进口国

（二）中国与中亚间能源产业合作日益加深

中国与中亚国家油气贸易联系日益密切的同时，能源产业合作也不断加深。至今，我国与中亚各国在上中下游产业链上都形成了合作。在能源产业上游领域方面，我国能源企业不断争取在中亚国家的能源勘探开发权。其中，哈萨克斯坦是中国石油公司进入时间最早，也是获得勘探开发权最多的国家。1997 年，中国石油天然气集团公司以 1.5 亿美元购买了阿克纠宾油气股份公司 60.3% 的股份，2003 年又签订了增持 25.12% 股份，在中石油独具优势的勘探开发技术下，阿克纠宾项目已成为当地贡献税收的龙头支柱企业。能源中游领域合作具体体现为中哈原油管道和中国—中亚天然气管道建设取得的显著成果，两管道互为两翼，有力地确保了中国的能源战略安全。据霍尔果斯 2018 年海关数据显示，仅中亚天然气管道就向中国输气 474.93 亿立方米，同比增长 23.08%。2019 年上半年，中哈原油管道向国内输送原油 559 万吨，输送量保持稳定。能源下游领域合作具体体现为中国正在利用自身炼油技术的优势向中亚国家的炼化项目提供资金和技术上的支持，弥补中亚国家资金短缺和炼化技术的不足。相较于对中亚出口的其他产业，我国能源产业具有竞争优势，能源产业合作仍存在较大的发展空间，为了测度能源产业中中国与中亚国家的贸易联系程度和合作空间，参考冯宗宪等①，王广宇等②，胡玫等③对产业内贸易结算的测算方法，

① 冯宗宪、王石、王华：《中国和中亚五国产业内贸易指数及影响因素研究》，载《西安交通大学学报（社会科学版）》，2016 年第 1 期，第 8－16 页。

② 王广宇、张倩肖、董瀛飞：《中国与中亚五国贸易的竞争性和互补性研究——以“丝绸之路经济带”为背景》，载《经济问题探索》，2016 年第 3 期，第 136－143 页。

③ 胡玫、郑伟：《中国与“一带一路”国家贸易竞争性与互补性分析》，载《经济问题》，2019 年第 2 期，第 101－108 页。

引入由格鲁贝尔（H. GGrubel）－劳埃德（P. JLloyd）指数发展而来的产业内贸易指数，取值范围为［0，1］，其计算方法如下式：

$$IIT = 1 - \frac{\sum \left| \left(\frac{X_i}{X}\right) - \left(\frac{M_i}{M}\right) \right|}{\sum \left| \left(\frac{X_i}{X}\right) + \left(\frac{M_i}{M}\right) \right|}$$

式中：Xi 和 Mi 分别代表某特定产业中特定产品的出口额和进口额，X 和 M 分别代表某国的出口总额和进口总额，*Xi/X* 和 *Mi/M* 分别代表该特定产业中特定产品的出口额和进口额占该国家出口总额和进口总额的比率。当 IIT =0 时，表示该产业不存在产业内贸易；当 IIT =1 时，表示该产业存在最大化的产业内贸易。图 7 －5 表明中国与中亚国家间能源产业内贸易指数极低，不足 0. 03，能源产业联系紧密程度极低。因此，中国与中亚的能源合作需进一步深化，发挥能源合作空间带来的积极作用。除此之外，能源产业合作也存在较大的资金需求量，尤其是在中亚国家金融发展落后的情况下，急需国际上的资金扶持，能够缓解关税同盟对贸易额的影响。因此，中国向中亚提供先进技术与装备的同时，使用金融手段加快推出以人民币投资境外能源产业的战略，加速金融业与能源产业的融合，扩大人民币在中亚区域甚至世界的影响力，推进中亚区域化乃至人民币国际化。

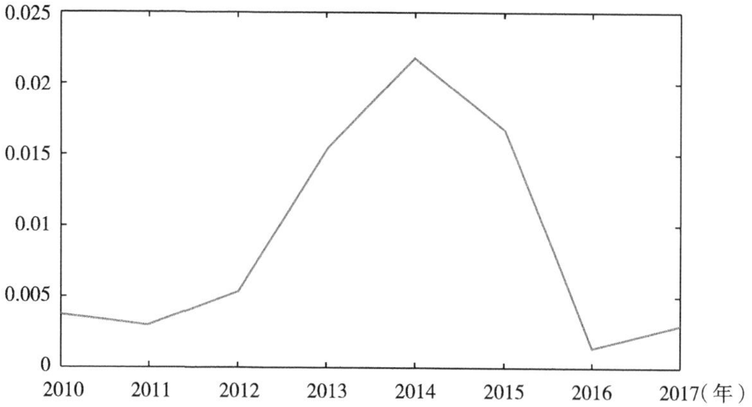

图 7 －5　中国与中亚间能源产业内贸易指数

（三）人民币原油计价功能取得初步进展

以能源为基础资产派生出的金融产品——能源期货直接影响贸易市场，有利于扫除能源领域人民币定价障碍，形成能源人民币价格。西方发达国家能源金融衍生品发展起步较早，期货品种丰富，而中国能源期货市场仍处于起步阶段，上海燃料油期货市场的成功运行逐渐形成了国际燃料油市场的“中国价格”，在燃料油方面中国已经初步掌握了话语权。2018年3月26日，中国原油期货在上海国际能源交易中心正式挂牌交易，石油人民币从概念走向现实，它是一种以人民币计价、可转换成黄金的原油期货。截至2018年8月总成交额超过10万亿元人民币，成交量迅速攀升，中国原油期货一跃成为亚洲最大、全球第三大的原油期货交易市场，仅次于美国的WTI原油市场和英国布伦特原油市场。人民币原油期货的推出一方面有助于形成国内石油供需的晴雨表，是国内石油企业降低汇兑成本、对冲风险的有利工具，推动中东地区原油定价体系趋于完整，又能够弥补亚太地区原油定价的空白，提升我国石油定价体系的国际话语权，推动逐步消除价格差别和劣势，使我国进口原油的支出成本得到控制，在一定程度上避免国际油价大幅波动对我国经济产生的冲击；另一方面，它引入境外交易者，并且不对其征收企业所得税，使人民币产生更多国际交易结算，在全球实体经济领域和金融市场中使用频繁，无疑将提速人民币国际化进程。

（四）中哈边境合作中心具备建设离岸金融市场的平台优势

中哈两国元首达成共识的国家战略项目——中哈霍尔果斯边境合作中心（以下简称“合作中心”）于2012年4月正式封关运营，是世界首个以“一区跨两国”崭新合作模式设立的自由贸易区，是中国首个跨境经济贸易区和投资合作中心。其“境内关外、跨境自由、封闭运行”的独特区位、税收优惠和由市场配置金融资源的机制为离岸金融市场建设提供了先决条件和优势，可发挥合作中心作为跨境自由贸易区、优惠政策集中区和离岸人民币业务试点区的金融集聚效应。目前，已有工、农、中、建、交和兵团农行6家银行在合作中心设立了支行，也有证券、保险、融资租赁、融资担保以及股权投资类等公司入驻合作中心，充分发挥其金融优势，深化双边能源合作，同时推进人民币实现中亚区域化。

五、中美贸易摩擦后能源合作推动人民币国际化路径

在中美贸易摩擦背景下，人民币中亚区域化应充分利用中哈霍尔果斯国际边境合作中心的平台优势，借助金融的手段和力量，以能源为着力点，稳步推进人民币国际化。

（一）以能源贸易为抓手，提高跨境贸易人民币计价结算额

第一，升级能源贸易结构，占据刚性需求产品供给方地位。根据供给理论得知，商品刚性需求大的供给方——中亚国家在能源定价及结算货币的选择方面更具话语权。在能源结算货币选择时，中亚国家会考虑分别使用人民币和美元计价结算产生的成本，当能源计价结算货币由原货币转为另一种新货币，能源出口商需承担信息成本和转换成本，两种成本的存在会降低中亚国家持有人民币的意愿而选择继续以美元结算，只有当持有人民币收益高于转换成本时，才会使用人民币结算。因此，要推出人民币在跨境能源贸易结算中的使用，一方面须提高人民币本身价值，另一方面我国必须积极优化出口产品结构，研发和生产中亚国家刚性需求较大的且具有高附加值的产品，占据刚性需求产品供给方地位。由我国与中亚国家的能源产业合作现状可知，中亚国家蕴藏丰富的能源资源，但对能源勘探、开发及深加工等所需的相关设备有较大的刚性需求，急需进口能源先进设备提高能源的开采率和建立以深加工为支柱的国民经济体系。而我国已出现若干具有国际竞争力的石油钻井设备制造商，且具有较低的成本优势。加大对能源高新技术产业的金融支持力度，以便促进能源管材、能源机械等高端设备的制造与挖掘力度，并提高向中亚国家出口能源相关设备的比例，从而掌握能源贸易结算的货币选择权，促进人民币国际化。

第二，推出符合区域特点的能源期货品种，建设并发展期货交易中心。我国能源期货市场交易品种仍不健全，应借鉴燃料油期货、人民币原油期货的推出与发展经验，加快推出以人民币计价的能源期货及期货配套衍生品交易品种和交易市场建设，推动期现联动，强化其风险对冲和投融资功能。尤其是在当前能源消费结构转型的背景下，应尽快推出以新能源为基础资产的期货品种，如天然气期货，形成天然气人民币的格局。同时推动以人民币定价的能源现货与期货市场双向开放，鉴于中国与中亚国家之间的能源互补以及能源通道建设的优势，与中亚协商在中哈霍尔果斯国际边境合作中心构建区域能源现货与期货交易中心，借鉴国外经验来指导合作中心能源期货市场的发展，提供高效的交易平台并设计成熟的期货交易制度，吸引中亚国家主要贸易商汇聚合作中心，形成以人民币计价的贸易基准。

（二）以对外能源产业投资为着力点，扩大人民币对外投资额

第一，加大对中亚国家能源产业中下游领域的直接投资力度。能源产业属于资本密集型产业，牵扯的资金规模巨大，在中亚各国制定的基础设

施建设规划中，有效满足能源领域投融资需求是关键。现有亚投行和丝路基金所能提供的资金还远远满足不了中亚各国的需求，故中亚国家需寻求其他渠道补充能源产业的资金缺口。

第二，创新符合能源产业需求的融资产品和服务。以能源为载体提供人民币金融资产供给是能源产业融资的新渠道，也能满足境外人民币投资需求。据中国银行《人民币国际化白皮书2017》统计，市场主体使用最频繁的跨境人民币产品为结算产品、存款产品，以及资金和兑换产品，使用比例分别为53%、17%、16%，而融资产品使用比例仅为7%，拓展人民币融资产品使用的潜力巨大。

因此，在能源产业领域创新适用其特点的人民币融资产品，提高人民币在跨境能源合作中的参与程度。建议相关金融机构开发能源资产证券化产品筹措资金，以支持中亚国家能源产业发展。

首先，为中亚能源产业项目发放人民币贷款，并借鉴“贷款换石油”的模式，约定未来以能源作为偿还来源；其次，将换来的能源输送到国内经过深加工后，为城市居民供电、供暖、供气等，以该项目收费收益权为基础资产汇集成资产池，由政府将资产出售给特设信托中介（SPV），SPV进行组合增信后，由资信评级机构进行信用评级；最后将该证券出售给投资者。这样，资产证券化产品既盘活了中亚未被充分利用的能源，也为能源产业提供更多的人民币资金支持，对推动人民币“走出去”有着积极意义。针对大型跨国能源企业，商业银行应结合NRA账户与现金管理系统积极开展跨境双向人民币资金池业务试点，中国能源企业在中亚有多家控股子公司，当控股子公司盈余时，往境内回流人民币；控股子公司亏损时，在资金池划拨人民币资金，构建一条人民币循环通道，积极发挥人民币职能作用。

（三）以中哈霍尔果斯国际边境合作中心为平台，建设离岸人民币金融市场

将能源产业引进中哈霍尔果斯国际边境合作中心内，强化合作中心人民币离岸金融市场建设及辐射作用。吸引银行、证券、保险、信托等多元化金融机构和企业入驻，强化金融机构服务能源合作的制度设计；加大合作中心内银行对能源合作项目的人民币贷款力度，发挥离岸市场货币乘数效应，提升离岸市场人民币派生功能，加速人民币国际化；鼓励中亚各国金融机构或中资机构在合作中心内发放以人民币计价的债券或资产证券化等金融交易品种；构建跨境信用体系，加强双边征信机构和评级机构的跨境交流与合作，提高金融机构和产品信用评级水平，也可通过区块链来打

造可信资产，通过金融链建立一个可信的数字身份，以重建合作中心行业信任，推动信用产品互认，推动建立合作中心区域信用服务机构备案和信用产品互认的机制，大力加强信用体系建设。

第二节　中哈霍尔果斯国际边境合作中心创新发展战略及对策解析①

一、中哈霍尔果斯国际边境合作中心发展现状

中哈霍尔果斯国际边境合作中心（以下简称中哈合作中心）中方区是我国国家级对外开放的伟大工程之一。从初期计划倡议、开工建设到正式封关运营，党中央和国务院都给予了大力支持。2003 年中哈两国领导人达成重要合作共识，2005 年两国正式签署《关于霍尔果斯国际边境合作中心活动管理的协定》，2006 年国务院正式批复设立合作中心，这是我国同哈国建立的首个跨境边境合作区，由于我国政府的大力推动，合作中心中方区项目建设进展迅速，运行顺畅，建设管理和运营绩效举世瞩目。

建设规模效应明显。中哈合作中心总面积占地 5.28 平方公里，其中 3.43 平方公里为中方区域，2.17 平方公里为哈方区域。中方区已编制的 10 余个高水准专项规划，完成基础设施建设投资近 50 亿元，总投资超过 300 亿元的 30 个重点项目入驻合作中心，其中 24 个项目建成运营，完成投资 200 亿元，入驻商户 4000 余家，解决就业近 8000 人。中国文化馆、苏新中心等 20 余个重点商业项目建成运营。哈方区金雕广场建设已经完成，意大利免税店、德国免税店等建成运营，还在继续规划建设相关项目。聚世界首创、经贸繁荣、多业并举、互利共赢于一体的国际化跨境商贸区快速崛起，中哈两国一体设计、双方同步建设、协同合作发展的态势基本形成，开始初步显现出中哈自由贸易区的规模效应。

管理模式步入正轨。根据中哈两国管理协定，在合作中心实行的是

---

① 基金项目：伊犁师范大学中国新疆与周边国家合作发展研究中心课题《中哈霍尔果斯国际边境合作中心创新发展战略研究》项目资助，课题号：2018ZBGJZD001。

汪存华，男，博士，硕士生导师。伊犁师范大学法学院副院长，北华航天工业学院副教授。第 18、19、20 批博士服务团成员。

“一线”放开、“二线”管理模式。在合作中心中方区，坚持国际一流水准，实施集成化、精细化管理，强化内外协调，管理水平逐步提高。铁路口岸一周7天24小时、公路口岸一周7天12小时、合作中心一周7天16小时通关机制全面推行。“三个一”关检合作模式成功试行，大幅降低企业通关费用，逐步取消出入境车辆口岸建设服务费，企业减负约6000万元。合作中心就近增设查验通道，实行客货分流，通关效率快速提升。全疆首个产品质量溯源系统在中哈合作中心得到上线运行，商品质量建设得到提升。

中心运营效果良好。免税购物、旅游购物连续升温，香港光辉集团、中免集团、德国、韩国等近百家免税店入驻合作中心运营，义乌国际商贸城等经营主体运营效益良好，合作中心已经成为我国内陆最大的免税购物区和热点旅购区。随着会展经济的蓬勃发展，与哈萨克斯坦联合举办的中哈国际冰雪文化旅游节、中国霍尔果斯及中亚跨境旅游合作论坛、疯狂旅游购物节、大型机电产品（整车进口）暨中亚农业机械博览会等10余场商品展销会、旅游经贸洽谈会和论坛相继举办。丝路英雄PFC搏击冠军赛开始引进，该赛事获得CCTV5及各大网络媒体的直播、转播。投资近15亿元的国际会展中心即将运营，重大展会活动可以在此洽谈。旅游人数从2014年的130万人次增加到2019年的777.37万人次，实现旅游收入142.6亿元，同比增长46.6%。国内首笔1000万坚戈现钞已经成功实现跨境调运，标志着霍尔果斯向西开放的步伐实现重大突破，中哈合作中心在促进人民币在中亚地区的国际化发展方面初步入轨。

二、中哈合作中心SWOT分析

（一）合作中心优势分析

中哈双方秉持互利合作共赢原则，从管理运行机制、政策法律法规、项目建设运营三个方面，坚持协商推进中心项目建设与发展，努力创新实践，为新形势的丝路合作提供服务。

1. 管理运行机制

（1）合作中心的管理机制。按照中哈两国所签署的协定，从国家层面上来看，中方区域的管理是由商务部牵头并协调各有关部委工作；从地方层面落实的情况看，管辖权在新疆维吾尔自治区人民政府；合作中心管委会与霍尔果斯口岸管委会实行的是一套人马、两个牌子、两种职责的政府班子管理模式，同时接受新疆维吾尔自治区人民政府和伊犁州人民政府的双重垂直管理模式。

（2）合作中心的运行机制。中心运行机制是“封闭式管理、开放式运营、自主式开发、一站式服务”，合作中心监管的基本原则①是“境内关外”与“一线放开、二线管住”。“‘一关两检’等出入境查验机构退到合作中心入口处后，在进行‘二线’管理，在边境线区域不设立查验机构。合作中心则各自一侧受本国司法所管辖，一般按照本国现行法律及有关国际公约或中哈协议的适用条款处理分歧问题。”

2. 政策法律法规

2018 年 1 月 1 日，霍尔果斯颁布首部地方性法规条例《霍尔果斯经济开发区条例》并正式实施。从霍尔果斯市级层面看，新疆维吾尔自治区人民政府授予霍尔果斯经济开发区管理委员会拥有省级经济管理权限，让霍尔果斯具有较大的管理空间。同时，对经济开发区基础建设不仅给予资金补助，2011 年至 2020 年的新增财政收入还可以全部留用当地基础设施建设。另外，这十年间，按照《新疆困难地区重点鼓励发展产业企业所得税优惠目录》设定范围的企业，其所得税享受五免五减半；增值税、财税、个人所得税大比率返还；对规定产业在设备、固定资产等方面给予补贴与政策倾斜。

国务院授予合作中心“在封闭建设条件下，中方境内进入合作中心的项目基础建设和自用设施，可以按出口计算给予退税；哈方在中方区域内的项目基础建设和自用设施可以免关税与进出口环节增值税；旅客从中方入园并出园，每人每日一次性可携带价值 8000 元人民币的合法免税商品”政策。合作中心既可以享受霍尔果斯经济开发区所有的优惠政策，也享有专门为合作中心定制的特殊政策。哈方则根据哈国颁布的《经济特区法》实行自由保税区制度，在合作中心“免 0.05%—1% 的短期土地租赁费、免财产税、免 1%—5% 的土地税、免 20% 的企业所得税”等。

3. 项目建设运营

（1）合作中心项目建设情况。随着园区配套政策逐步完善与项目建设的持续推进，合作中心已经正常运营，商流、物流、人流、贸易额都有了快速增长。2012 年 4 月正式运营起，出入合作中心的人数持续增长，从 2015 年开始就出现迅猛变化。随着配套区的封关与营业时间不断延长，

① 新疆维吾尔自治区第十二届人民代表大会常务委员会公告，《霍尔果斯经济开发区条例》，《新疆日报》，2017 年 12 月 1 日。

2016 年入出人数增长近 40%，2017 年出入园区的车辆约为 10 万辆，到2018 年，出入合作中心人数接近 1800 万人次，贸易额 215 亿元人民币，年均分别增长 88% 和 226% 以上。

2017 年近 30 个投资总额超过 300 亿元的项目在合作中心落地，超过 45 家免税店进驻，合作区成为我国西部最大的免税购物区。截止到 2018 年年底，中方和哈方总投资超过 200 亿元的 28 个重点项目入驻。在发展经贸合作的同时，合作中心也将人文交流放在了工作重点上。中国文化馆项目加速推进了我国对外交流与文化传播。

（2）哈方项目建设情况。2012 年，完成中心一期的主要基础建设工作；2013 年至 2018 年，阶段性地完成私人投资项目建设；2018 年全面正式运营。目前，已完成基础性工作。哈方已有国际风情旅游休闲和艺术中心、金雕广场、丝路之光国际城堡项目、维多利亚城、郁金香休闲娱乐以及旅游贸易综合体等多个项目投入建设。哈方在 2018 第一季度投入 5.39 亿美元建设 6 个项目，未来将为合作区以及周边地区提供 1000 多个工作岗位。哈方 2018 年启动 67 个外资参与建设的项目，资金总额为 71 亿美元，将为霍尔果斯提供 1.35 万个工作岗位①。另外在 2018 年 9 月，完成“热特肯—霍尔果斯”线上的阿滕科里火车站建设，提升这条线路的货运承载力与吞吐量。到 2019 年 6 月，中国对哈国各类投资累计达到 299.3 亿元。

（3）“一带一路”跨境贸易带动中亚国家的经济发展。①金融改革先行先试。作为全国第一个“关外”离岸人民币金融业务试点区域，2018 年 4 月，第一笔坚戈现钞跨境调运业务在中哈合作中心完成，在新疆正式建立中哈双边本币调运通道。同时作为我国唯一一个离岸人民币试点地区，2018 年 1 月，合作中心尝试创新各类金融业务，“完成发放首笔离岸人民币贷款，从而促进境内外资金的融通，实现合作中心跨境人民币服务新疆各类实体经济的作用。”②“一带一路”互联互通布局得以实现。霍尔果斯口岸以及中哈合作中心基础设施建设的快速推进，与中亚国家互联互通取得了突破性进展，加快建设欧亚国际交通大通道的进程，霍尔果斯口岸段“双西工程”公路建成通车，与连霍高速新建的霍尔果斯互通式立交相连接，降低了运行成本，提高了通关便利性和运行效率；精伊霍铁路与哈萨克斯坦铁路网并轨，乌伊霍高速铁路建设启动；建成霍尔果斯通用机场之后，可以借助合作中心免税保税功能助力保税航空物流发展；由霍尔果斯入境的三条中亚国家进口天然气管线，年均输气量可达 550 亿标方，可占全国同

---

① 驻哈萨克经商参处。

期消费总量的 15%。霍尔果斯铁路、公路、航空机场、能源管道、光缆共同打造全方位联通网络布局，且可与 21 世纪海上丝绸之路完美连通，降低运营成本、提高运营效率，"一带一路"连通亚欧大陆的目标得以实现。

4. 合作中心创新绩效

新疆是新丝绸之路经济带的核心区，霍尔果斯作为核心区的重要支点，中哈合作中心则是我国探索与中亚国家新型经贸合作的创新旗帜。就中哈合作中心项目目前的建设同运行情况来看，在其经贸、人文及安全等多领域合作方面取得了系列成绩，而且在政策、机制和项目等方面的创新，也的确体现了经贸合作示范效应。

（1）合作中心政策创新绩效。合作中心由双方中央政府达成，并由两国共同监督与制定政策，地方政府落实与实施。在合作中心，不仅能享受到隶属霍尔果斯经济开发区的政策优惠，政府还特别针对合作中心本身出台了多项政策，多级别的优势政策叠加发力。其特殊经贸政策将国内外资金、技术、人才聚集到霍尔果斯，促进了产业结构的调整，对周边地区社会发展有很好的辐射带动作用，也促进了中国与周边国家的经贸、人文、安全合作，"先试先行"的政策优势得以放大，国家支持建设跨境人民币创新"离岸金融中心"，提高合作中心在国际合作中的竞争优势。2019 年出入境人员 24.76 万人次，增加 37.87%。出入境中欧班列 3403 列，增长 65.59%，霍尔果斯在新亚欧大陆桥上的枢纽作用愈加明显。

（2）合作中心机制创新绩效。中哈合作中心是我国第一个跨国而建的经贸合作中心，也是世界首例跨境自由贸易体。作为区域合作的创新模式，其管理与运营与以往不同，主要实行封闭式管理，中哈两国中央政府与地方机关共同完成。其运营也和普通的自贸区不同，享受着更大范围的优惠政策与贸易便利。从结果看，合作中心从实际出发，通过完善制度与策略，调整相关政策法规，受到"一带一路"倡议的带动，发挥着其应承担的功能。合作中心不仅可以有效促进中哈两国贸易便利化，也加大中哈两国民间的人文交流力度，加强了上合组织框架下的安全合作。在发挥经贸功能的同时，维护着地区的安全与稳定。2019 年，出台 21 条通关便利化措施，大幅提升通关效率，通关过货量达到 3145.05 万吨，通关贸易额达到 1089.92 亿元，均居新疆首位。

（3）合作中心项目创新绩效。霍尔果斯口岸已由单一陆路口岸，一跃成为我国向西开放的"先行区"，依托现代化国际物流体系的作用。截至 2020 年 11 月 5 日，中欧班列通行达 10180 列，已超过 2019 年开行量，运送集装箱达到 92.7 万标箱，同比增长 54%，往返综合重箱率达 98% 以上。口岸的综合发展带动合作中心的项目综合化发展，以文化与交流为推手，合作中心推动着科学技术交流与合作，人文交流的战略发展地位也日益明显，中国文化馆的开馆，使其展示着中国文化与丝路文明的国际地位，合作中心积极对外展示着中国文化，给中亚国家和周边人民心中树立了良好的中国形象。

（二）合作中心劣势分析

1. 双方政策不匹配、法律机制不协同

对于跨境合作项目，合作中心的政策的匹配是个亟待解决的问题。中方逐步改善与落实惠政，而哈方仅出台少量协议与守则。金融服务方面，作为合作中心的一项重要基础性服务，在金融监管共同运营协调合作方面出现断层。合作中心需要金融合作与金融安全同步保障的政策。哈方需要修订外汇有关法律法规，《外汇调控和监管法》草案着力于解决与合作中心金融服务相关法律问题。中哈警务合作机制的缺乏，导致当合作中心内部出现争端时，现有法律条文不能解决问题，双方警务部门也很难解决该中心内跨境民事纠纷，更难以协调刑事案件等，增加了中心企业运转与商户营业的安全风险。

2. 双方运行机制不同

合作中心是“一带一路”沿线的国家重要战略项目，由中哈两国政府层面推动、地方部门执行。中方由商务部主导，自治区政府与伊犁州政府管理，合作中心管委会具体运作开发建设。哈方是以公司的方式引资与运作。运行机制的不同，导致双方的运行效率与合作方式也不同；中哈地方合作的渠道不对等，双方合作中平等交流不够、信息沟通不对等、沟通渠道不畅通，两国之间沟通机制缺乏。合作中心投入正式运营之后，贸易往来与经济社会事务不断增加，对于双方公共管理与服务能力的要求也不断提高。

3. 双方项目协同进度差距大

基础建设与招商引资的规划协同进度差距大。首先，哈萨克斯坦近年经济很低迷，增长缓慢，无法保证国际区域合作的资金及时到位。其次，尚无跨境合作的全新贸易方式实操范本，项目运作一旦出现问题，控股公司经常交替进行。第三，俄罗斯对哈萨克斯坦官方及民间都有深远的政治和文化主导影响力，哈萨克斯坦在与我方共同建设“一带一路”时，与中国合作的项目推进缓慢。2012 年中方区域开始正式运营时，哈方区域内的

基础设施建设工作逐渐启动。哈方计划到2018年完成的主要引资项目还在建设中，与中方的繁荣景象相比，显然差距很大。中方区域已在合作中心建设8年，8年运营累计的实践经验，中方逐步找到精准的定位与发展方向。近年来哈方从国际过境运输业务中获利丰厚，霍尔果斯—东门无水港铁路运输带来的经济效益让霍尔果斯在哈方战略中更加突出，为实现哈国的“2050复兴战略”，中哈合作中心未来的合作潜力逐渐显现，从中看出，2018年哈方在建设与招商引资方面表现会更为积极主动。

4. 合作中心的功能尚未完善

中方游客进入合作中心一般有三个需求。首先是旅游的需求，大多因为对合作中心充满好奇而参观园区。其次是在免税店购物，青睐哈方免税店中的烟酒、奢侈品，中方免税店中的欧美以及日韩商品。最后是卖场的商品多来自外国，比如俄罗斯、哈萨克斯坦等沿线国家生产的日用品。哈方所承诺的博物馆、酒店、赌场、游乐场建设缓慢，中方游客的基础性游乐消费带来的附加价值还未显现，没有达到哈方的预计目标。而进入合作中心采购的哈方公民多为霍尔果斯周边的市民与小商小贩。加之哈国轻工业相对滞后，哈方采购的商品类型多为纺织服装，以及小商品与少数免税的日用产品。在合作区内，出口哈萨克斯坦的商品、轻工业产品多附加值低，商贸往来也是以小微企业为主，规模不大，抗风险能力弱。

（三）机会分析

2015年7月27日，哈萨克斯坦加入世贸组织的申请获得世贸组织总理事会的最终批准。完成其国内法律程序后，2015年11月30日，哈萨克斯坦正式成为第162个世贸成员国。中哈双方都是世界贸易组织的合法成员国，共同遵守世贸组织的决议。哈国已经登记注册了10多个国家级和地区级工业技术园区，包含霍尔果斯东门经济特区、南方经济特区、阿拉木图阿拉套信息技术园区等。中哈两国既然同为世贸组织成员国，双方建立自由贸易区是必然逻辑。中哈两国及上合组织成员国秉持合作共赢发展的理念，逐步积累互信互助，消除不必要的分歧，定能实质性地启动中哈自贸区乃至更宽广领域的谈判与合作。

（四）威胁分析

合作中心面临的最棘手的难题是法律适用、财税金融制度安排以及经营主体身份界定等问题。从国际法的角度讲，这些问题涉及双边甚至涉及多边，都关系到国家主权让渡、管辖权“真空”容忍问题。在全球化迅速发展的今天，无论从学术上或者从国际法律实务上讲，既绕不开又必须面对国家主权让渡问题。从欧盟国家主权让渡的历史分析，所有国家都不应也不可能完全固守国家主权绝对原则，而应在坚持国家利益原则的前提下，在适当的领域限制或让渡国家主权。欧元区的建立，意味着部分国家将货币发行权和金融调控权让渡给了欧盟。中哈《关于霍尔果斯国际边境合作中心活动管理的协定》的多轮谈判中，其第七条，即“在中心区域内经营主体可从事双方国家法律均不禁止的活动”，体现两国合作的极大诚意，双方均秉持合作双赢的原则，从法律适用这一国家主权问题替对方作出对等让渡权，即在主权国家领土上有限且对等地适用了对方法律。另一个议题即是管辖权“真空”容忍问题。合作中心中方区既可以说是“境内关外”，也可以说是“境外关外”。前者是从国家主权角度来讲，“境”是指国境；后者是从国际法的法理角度来讲，“境”是指关境。由于进入合作中心里面的中方区海关、边检等检查通道，从法理上讲，即视为出境。对于合作中心中方区的活动的管理，如果按照惯性思维，事无巨细地都按照合作中心之外的管理模式，一定会带来法律实务的混乱和无序。而中哈合作中心是新生事物、世界首创，尚无成熟的可借鉴的模式，也无现成的路径可依，其在上合组织中的地位、意义以及未来走势定会引起诸多的关注。作为国家赋权先行先试的特殊区域，应该借鉴国家主权让渡、管辖权“真空”容忍理论，为有效解决双方法律实务难题提供全新的视角和可能。当前，解放思想显得尤为重要。霍尔果斯地位特殊，是多民族聚居区和边境于一体的城市，合作中心一定存在很多很敏感问题，与国家主权、大政外交相关联的问题，我们或许不敢触碰。当然思路决定出路，创新才能突破。要勇闯禁区、敢破难题，所谓的思想解放就是“贴标签”。如果我们不保持创新的活力、改革的魄力、发展的定力，我们将错失一个时代。

三、中哈合作中心面临的现实问题

合作中心自建成运营以来，随着形势的不断变化，诸多问题和一些矛盾也逐渐浮出水面，有的显得尤为迫切，亟待解决。

（一）双方财税金融政策方面问题

财税政策方面，国务院赋予合作中心中方区的优惠政策主要在于推动基础设施建设，但是封关运营后的免税政策主要一条就是，“将每人每天一次携带物品免税额提高至 8000 元人民币。”，哈方的免税金额在 13000 元人民币，部分双方免税商品贸易的数量限制也较为严格。金融政策方面，企业贷不到款、贷款难的问题依然存在，离岸人民币创新业务虽已开展，但是进展较慢，未能有效打破以往政策藩篱，迟迟不能达到预期效果。而且随着国内自贸区数量的逐步增多，成功经验被不断推广复制，霍尔果斯特殊政策所产生的比较优势衰减效应显现。中亚国家之间的保护性贸易壁垒也比较突出，俄罗斯、白俄罗斯和哈萨克斯坦三国关税同盟的运行，导致哈萨克斯坦关税大幅提升，在哈方财政部出台250号令后，进出合作中心人员随身所携带的服装鞋帽、居家床上商品、家用电器等16大类商品的携带数量也被明确限制数量，出入合作中心的哈方游客一度锐减，导致合作中心货物贸易量急剧下滑，疫情期间导致近1年关闭哈方区的贸易，对合作中心的发展带来很大影响。

（二）功能布局配套方面问题

合作中心业态发展布局不均衡，功能分区不尽合理，商业布局较为分散、无序，商家购物类同质化竞争较为明显，未能体现划行归市的理念，对未来的商贸发展不利。加之缺乏公共服务平台，大数据智慧旅游信息系统还在摸索，甚至落后于内地一般旅游景区，游客免税区域购物距离较远，旅游体验不佳，旅购融合发展的趋头还不明显。合作中心网站还没有建立，缺乏商品信息交流平台，合作中心区域内部管理机构与企业、商家之间信息交流不畅，合作中心的“信息孤岛”现象依旧存在。生产生活服务平台也较缺乏，合作中心正规注册的企业开具税票还有些困难，部分商户无奈将注册地变更到合作中心之外区域；水电暖气等自助缴费机或营业网点设置较少，给商户、企业内部从业人员生活带来不便。同时配套区支撑不力，并未协同配好。合作中心与配套区发展之间相脱节，联动意识也不强，项目选择出现偏向，合作中心所配套的区域牵引动力不强，总之，配套区重硬不重软，对合作中心的软件支撑不够。

（三）贸易商品质量方面问题

合作中心免税店扎堆现象明显，还离精细化经营之路很远，商品质量参差不齐，定价也不透明。加之中心质量监控体系不健全，产品溯源体系建设还在起步阶段，虽有部分企业引入该体系，但每批次产品信息录入费较高。投诉渠道不畅，投诉形式表面化，缺乏规范化的管理体系，对兜售假冒伪劣商品查处不严。企业主体责任不强，诚信经营意识欠缺，假冒伪劣商品较多，部分商品档次低，有些企业口碑差，合作中心美誉度受损。

（四）人车通关效率方面问题

工作流程没有区分常规人员与非常规人员。常规从业人员和非常规游客人区安检混合排队模式不尽合理，分类设计通关系统势在必行。建设物资交通运输车等大型车辆入区手续较为繁琐。重复报关情况也较为突出。目前，市内既有霍尔果斯海关，又有合作中心海关，此外铁路、公路口岸，合作中心及合作中心配套区也各有一个海关监管关区代码，监管场所较多，重复报关情况也较突出，无法实现管辖区内部海关申报、查验及放行一次通过的需要。加之排队时间太长，旅客流量也大，办证验证程序较多，高峰期进区排队时间因而较长，需排队等待。工作效率有待提高。相关职能部门创新意识、协同意识、服务意识与霍尔果斯自贸区的发展要求存在较大差距，海关监管车辆进区难，分流集运系统出区货车等待时间长，收银系统反应较慢，商户反映收银终端服务费收费过高。关检设备日常维护费时，故障率有时较高，因此影响通关效率。

四、中哈合作中心发展对策建议

中哈合作中心既辐射中哈两国边境地区，又对中哈双方、上海合作组织以及亚欧地区的区域合作具有积极的影响和作用。为促进“一带一路”倡议与“光明之路”新经济政策有效衔接，提升中哈合作中心的开放程度，中哈两国都应汇聚各方力量，合理解决现实存在的问题，亟待需要从政策法律、规划管理、治理体制、功能定位、协调机制等方面探索更加长远有效的策略。

（一）精准解读政策法规，探索合作中心金融创新突破口

霍尔果斯自贸区是国家级开发区，应加大力度研究国家相关政策与法规，领会政策要义，吃透法规要领，充分用活用好国务院和自治区所给予的各种优惠政策，充分挖掘各项政策在合作中心实现价值最大化的目标。借鉴和吸取国际经贸合作区以及国内各大自贸区的经验与教训，结合自身特色与区位优势，找准适合本地发展的特色之道。国家赋予霍尔果斯的金融创新政策能否快速落地，关键要把握跨境之“境”、“国境”和“关境”之核心实质。霍尔果斯的跨境金融，即跨关境之金融。依此解读，为我们快速推进离岸金融业务找到政策理论突破口。赋予合作中心中方区注册的经营主体“非中国居民”身份。根据2016年修订的《对外金融资产负债及

交易统计制度》，对于在国际和地区代码表中未包含的（即特殊区域），申报主体可以选择“ZZZ”填报国别信息。[①] 操作原则为，在合作区外、霍尔果斯市商务局登记的经营主体，即“中国居民”；而在合作中心中方区登记注册的经营主体，可以选择“ZZZ”填报国别信息时，也就是“非中国居民”。“非中国居民”可办理离岸人民币业务。争取国家从立法层面明确合作中心离岸区域性质和功能定位，从操作层面核准确认合作中心所注册的银行和企业的离岸身份。按照“跨境自由”以及创新区域金融中心金融要素自由流动的根本要求，参照香港现有离岸金融市场模式，赋予合作中心离岸外币功能，允许外币在合作中心自由流动和兑换人民币，实施本外币离岸业务联动，为企业提供资金开户、结算、投融资等便捷高效的金融服务，辐射带动新疆伊犁对外经贸往来和配套产业发展，加快人民币在中亚区域率先全球化的进程。建立合作中心离岸金融业务管理办法，规范合作中心离岸金融活动，加大反洗钱、反恐怖融资等违法犯罪行为的打击和管制。丰富合作中心的金融业态。扩大引入金融机构，除了传统的银行、保险、证券、担保等金融业态以外，还要引入并扩大融资租赁公司、财务公司等新型金融业态。鼓励金融机构为境外企业提供人民币贸易结算、贸易融资、贷款、担保、租赁、投资咨询等服务，扩大境外企业对人民币业务的需求。在融资租赁方面，建议引入具有较大规模跨境业务的公司。利用霍尔果斯的优惠财税政策，鼓励融资租赁公司拓展跨境租赁和离岸租赁业务。

（二）坚持规划先行、内外兼修，注重智能化精细化管理

对“合作中心”的规划需要从其软环境和硬环境两方面考虑。更为突出的是软环境的规划和建设，既要着眼于大战略，即着眼于“一带一路”倡议的宏观视角，结合国际上不断变化的时代背景，探索中心的功能定位和发展路径，抓住达成的“一带一盟”对接的历史机遇，尽快化解“欧亚联盟”相关政策对中哈贸易的干扰。建立合作中心“双边对话机制”，积极打造中哈合作中心共同管理或协调机构，共同组建仲裁委员会，加强区域内经济合作、警务合作等的法律理论和实务研究，为“中哈合作中心”建设提供法律依据和保障。由于中哈双方文化、语言与经商的方式差异化，更加需要重视复合型人才培养。因此当地政府应该提高管理水平，引进人

---

① 张道凡、李合龙：《上海合作组织青岛峰会背景下中哈霍尔果斯国际边境合作中心发展对策研究》，载《大陆桥视野》，2018 年第 6 期，第 40 - 47 页。

才，留住人才，培养人才。首先加大人才引进力度，打造高素质人才聚集地。其次，要留住人才，让人才扎根于此，与霍尔果斯产生更深的牵绊，福利分配与相关家属的安置都需要给予更大力度的政策支持。最后要根据企业实际需要，培养专业对口人才。合作中心是霍尔果斯的名片，也是核心竞争力。前期的规划、建设、管理、运营存在的问题，如购物环境差，市场秩序乱，旅购体验口碑不佳。因此必须提高标杆，规划先行，内炼真功，外树形象，迅速擦亮合作中心金字招牌。彰显规划国际化。在合作中心中方区内，可坚持规划国际化水准，参考巴黎香榭丽舍大街、香港铜锣湾等国际著名旅购区，以此为标杆，建设集免税购物、景观河道、林荫小道、艺术路面、中亚文化、异国风光、哈萨克风情于一体的国际一流旅游购物景区。

注重建设智能化，体现管理精细化。发展智慧旅游，注重安全卫生、体验愉悦、特色便捷，强化信息化建设，打造智慧景区，提升旅游品质，推动旅购融合；创新设置一批智能设备，利用触摸屏查询金融、休闲、商超等信息，通过一键导航功能，带给游客直观、便捷的体验；建好用好"合作中心"微信公众号，促进游客轻松获取购物导引、语音导航、观光专车、中心示意图、紧急救护等服务内容。在基础管理方面，合理布局餐饮、娱乐等配套设施，完善医疗卫生、公共交通、水电暖气服务网点等基础设施建设，优化公交线路，以旅客为中心配置吃、住、行、旅、购、娱等要素，体现人性化设计、精细化服务。在卫生保洁方面，推行酒店式管理模式，创造一流的旅购环境。加强诚信体系建设。设立综合执法机构，加大集中抽查力度，畅通质量投诉渠道，建设产品质量监管、追溯体系。实施旅游放心购物店创星升级工程，定期分级评选奖励旅游放心购物店。建立失信商家黑名单制度，成立合作中心总商会和行业商会，充分发挥社会行业组织的作用，加强行规建设，推进精准管控，促进市场有序竞争。

（三）完善治理体制机制，为合作中心健康发展保驾护航

优化设置合作中心中方区治理机构。发挥合作中心中方区管理委员会的职能作用，在合作中心中方区治理办公室的基础上，设置合作中心中方区管理局，由管委会授权管理局在中心行使综合执法权。该机构作为中方在合作中心的代表，行使中方区领土的管辖权；由中方政府授权，规划管理实施并监督中方区的活动；与哈方相关治理机构开展日常协调，落实双边合作项目，定期磋商，解决双边问题。

试行凭身份证出入合作中心。根据双边对等原则，在确保安全的前提

下，建议协调公安部采取凭身份证、出生证等出入合作中心的办法，以满足合作中心区域人员出入的现实需求。授予合作中心会展经济区域便利化政策，开展霍尔果斯国际博览会，举办国际论坛。加大与中亚及沿线国家在“六通”方面的交流合作，助力丝绸之路经济带建设。

（四）充分发挥“中哈合作中心”的核心功能

促进中哈两国的经贸往来是“中哈合作中心”的核心功能。如果合作中心的产业结构不优化，那么其核心功能就发挥不了积极作用，合作中心的存在价值自然会降低。优化合作中心的产业结构，需要中哈双方共同深化改革，创新发展，促进中哈双方资源与商品的互补，大力发展文化和旅游产业。在“一带一路”建设的视野下，发挥霍尔果斯区位及政策优势，提升文旅产品和旅游服务，开发边境游、跨境游等旅游产品，整合旅游资源，引进国际旅游企业，完善服务设施建设，积极挖掘中国文化的国际影响力，打造跨境旅游合作区品牌特色。

精准把握功能定位，确保合作中心发展核心战略导向。解决功能定位问题，必先解决其定性问题。合作中心如何定性？这是个难题。因为目前WTO多边贸易体系中，还没有“国际边境合作中心”的概念，这是中哈两国的创举。区域经济合作按照内部密切程度，由低到高，可分为优先贸易安排、自由贸易区、关税同盟、共同市场、经济同盟和完全的经济一体化等六种类型。因此，中哈合作中心实际上处于前两种类型的过渡阶段。其性质，可定义为中哈两国边境地区更加紧密的经贸关系安排。这意味着在两国毗邻限定区域范围内，进行一种新的制度构建或制度安排。它兼有边境贸易、自贸区的元素，是边境贸易的升级版，也是自由贸易区的试验版。从性质上看，不论是边境贸易，还是自由贸易区，核心功能都是贸易。核心功能是商务洽谈、商品展示和销售，其他功能都是从属性的、辅助性的，处于被支配的地位。其他酒店式公寓、医疗卫生健康、教育文化旅游等产业须为经贸合作服务。

（五）建立高效协调机制，为合作中心协同发展创造良好的环境

加强在上海合作框架下的安全合作与管控。上海合作组织以经济和安全为两轮驱动，中哈合作中心作为其框架下区域合作的示范区以及欧亚地区第一个跨境国际合作中心，在发展经济的同时，安全与稳定更是不容忽视。要立足安全谋发展，主动适应新常态，抓好安全工作的各个环节，把合作中心的经济发展和安全稳定与霍尔果斯口岸的发展结合起来，完善口

岸与合作中心的反恐警报网络，营造稳定有序的外贸环境。建立安全合作机制，与哈方要在安全信息上做到互通有无，逐步建立起联动式的安全网络。将安全管控作为日常工作贯彻到底，在保证了安全的基础上，才能发展经贸与人文。

推动建立霍尔果斯经济开发区高层协调管理机制。在国家层面，争取建立由两国高层分别担任理事会中哈双方主席，两国相关部门及新疆维吾尔自治区、霍尔果斯经济开发区负责人为成员的中哈合作中心协调理事会，定期举行会议，协调解决存在的重大问题。在自治区层面，建立开发区、特别是中哈霍尔果斯合作中心协调管理机制，定期召开会议，研究解决存在的问题，多方协同将为合作中心提供一个良好的外部环境保障。

第三节　霍尔果斯口岸经济发展与创新模式探究

近年来，随着跨境人民币业务的不断推出以及人民币国际化进程的持续推进，人民币在跨境贸易、对外投资中的使用频率不断提高，规模不断扩大。目前，跨境人民币政策体系宏观审慎管理框架基本建立，人民币的国际结算地位进一步巩固，但从地域分布来看，中亚国家人民币使用占比处于较低水平。中亚国家作为我国“一带一路”倡议沿线的重要节点，不仅是经济建设投资的洼地，也是推进人民币国际化的重要环节。文章以中哈霍尔果斯边境合作中心为例（以下简称“合作中心”），了解在“一带一路”倡议下，中哈合作中心内已经试点开展的金融创新与合作，尤其是对人民币国际化进程产生的推动作用，同时对该合作框架下人民币国际化存在的问题与瓶颈进行探讨，并提出相应的政策建议。

一、合作中心人民币国际化现状

合作中心建立在中哈国界线两侧毗邻接壤区域，紧邻霍尔果斯口岸，总面积5.28平方公里，其中中方区域3.43平方公里，哈方区域1.85平方公里。合作中心实行封闭式管理，管理模式为“一线放开、二线管住”，主要有贸易洽谈、商品展示和销售、仓储运输、宾馆饭店、商业服务设施、金融服务、举办各类区域性国际经贸洽谈会七大功能。合作中心地处欧亚板块的中心位置，国道312线（上海－霍尔果斯口岸）的最西端，陇海－

兰新铁路国际新通道的西端，向西可辐射中亚五国、俄罗斯、独联体国家以及西亚、中东市场，是促进上合组织各成员国之间经济、文化交流的国际大通道和桥头堡，也是国家“一带一路”政策的重要节点，具有重要的战略地位。

1. 建成中哈两国货币互流互通示范中心。根据中方有关规定，从中方区出合作中心的人员每人每日可享受人民币 8000 元的免税优惠额度；根据哈方有关规定，从哈方区出合作中心的人员每人每月可享受 25 千克货物的免税额度。因此，合作中心已经成为中方游客免税购物，中亚五国客商采购小商品的重要基地。而且，所有商铺中哈两国现钞都可以无障碍使用。据测算，在高峰期，每日流入合作中心中方商铺的坚戈现钞大约为 2 亿，相当于人民币 384 万元左右。因此，合作中心已经成为面向中亚五国的外币现钞和人民币现钞使用无障碍示范区。货币无障碍流通的政策规定，深化了中哈两国的金融合作，促进了中哈两国贸易和投资的便利化和自由化，不断满足两国经济发展的贸易需求。

2. 建立了坚戈现钞跨境调运通道。为进一步规范外币现钞管理秩序，促进合作中心中哈双方金融合作，打通坚戈现钞回流通道。经过多方努力，2018 年 3 月，首笔坚戈现钞在合作中心跨境调运成功。具体方式为：充分利用合作中心的地缘优势，中方农业银行将兑换的坚戈现钞运入合作中心，在合作中心内与哈方某商业银行进行现场交割；双方通过互开账户、银行清算的方式对资金进行平盘。

3. 离岸人民币业务不断推广。2013 年 8 月，合作中心获批进行跨境人民币创新业务试点，这是全国首个跨境人民币创新业务试点区。为发挥合作中心独特的区位优势，加快人民国际化步伐，人民银行乌鲁木齐中心支行于 2016 年 9 月 27 日在对原有《中哈霍尔果斯国际边境合作中心跨境人民币创新业务试点管理办法实施细则（试行）》（乌银发〔2015〕132 号）进行调整和细化的基础上，下发了《关于进一步做好中哈霍尔果斯国际边境合作中心跨境人民币创新业务的通知》（乌银发〔2016〕158 号，以下简称《通知》），对合作中心跨境人民币创新业务的主体、种类、业务范围及办理要求、业务管理等做了进一步调整和规范。根据《通知》，在合作中心内开展跨境人民币创新业务的试点银行，可以为合作中心内中方区企业和非居民开办离岸人民币账户，吸收的离岸人民币资金可以通过跨境创新系统为境内企业提供信贷服务，这将进一步拓宽试点银行跨境人民币创新业务范围。

4. 中哈两国本币跨境流通政策不断完善。中哈两国央行及商业银行在合作中心举办了多次座谈会研讨会，2017 年主题是双边本币合作，2018 年主题是双边本币反假，2019 年主题是双边本币跨境使用。2018 年，农业银行与哈方人民储蓄银行在合作中心开展了坚戈现钞反假专题培训。2019 年，哈方银行业协会组织中亚五国经济金融专家在合作中心与中方政府代表、经济金融人士一起座谈如何推动双边经济金融协调发展，并已经计划以后将每年组织一次类似跨国推介交流研讨会。由于合作中心独特的区位优势，中哈两国央行或其他金融界人士，可以在都不用办理出国手续的前提下，在合作中心内开展座谈研究，进一步方便了两国本币跨境流通政策研究，促进了中哈两国本币跨境流通政策的不断完善。

二、合作中心在人民币国际化进程中发挥的作用

1. 提高了两国贸易中的人民币使用范围和规模。一方面，人民币国际化业务在合作中心的推广，使得中哈两国之间贸易合作潜力巨大。随着中哈两国在产业转移与承接、能源开发、基础设施建设投资以及金融等方面的合作不断加深，海外人民币市场的存量也会不断扩大。以人民币为结算币种，不仅能有效地提高流通效率，也节省了汇兑带来的福利损失。另一方面，随着我国成为全球第二大经济体和最大贸易国，人民币已具备“货币锚”的潜质。以中哈合作中心为基础的双边贸易和投资规模的快速增长，可以有效解决哈萨克斯坦金融资源错配，保证市场对人民币流动性的需求，使人民币的官方认可度与国家影响力不断加深。

2. 完善了人民币跨境支付结算系统建设。根据中哈合作中心目前建立的市场框架和交易体系，整个市场交易主要包括了银行柜台市场、银行间交易市场和中哈合作中心离岸货币交易市场三大部分。从市场的功能分布上，三大部分也扮演着不同的货币支付结算角色。首先，银行柜台市场是为企业和个人等市场参与主体提供开立双边本币账户、货币的兑换和结算等相关服务；银行间市场为各个银行之间提供币种转换、头寸平补和跨境平盘等服务；中哈合作中心离岸货币市场为合作中心企业和个人提供中哈货币的自由兑换与结算服务。从整个货币市场来看，银行柜台市场是银行间进行市场交易的基础，而银行间市场则是银行柜台市场汇率定价的重要参考，为银行柜台市场的头寸提供平补服务，中哈合作中心离岸货币市场则为前两个市场提供有力支撑，提供货币自由兑换的服务。整个货币支付结算系统之间相互联系、相互补充，组成了一个多层次的货币支付结算体系，满足了跨境人民币交易主体的不同交易需求。同时极大地畅通了中哈

两国金融资本流通渠道，促进了中哈金融机构的互联互通，提高了双边本币兑换交易的活跃度，实现了为人民币和国内企业“走出去”铺路架桥的目的。

3. 为人民币国际化发挥了示范引领作用。中外贸易市场的拓展是实现人民币国际化的重要推动因素，也是人民币国际化的必然结果。根据地缘优势学说，中国与中亚国家的货币合作应首先在区域范围内启动，并逐步向外延伸。中哈霍尔果斯国际边境合作中心不仅是跨境贸易中心，更是金融和人民币国际化中心。哈萨克斯坦作为中亚地区第一大经济体，经济实力远超其他中亚国家。中哈霍尔果斯国际边境合作中心跨境人民币业务的发展和推广，将对其他中亚国家产生示范引领作用。中哈两国通过货币互换、汇率互换以及货币挂牌交易等方面开展的全方位合作，产生的人民币国际化经验，亦适用于中亚其他国家。

三、合作中心在促进人民币在中亚五国推广中遇到的瓶颈与困难

1. 合作中心法律地位尚未明确。霍尔果斯地处丝绸之路经济带核心支点，西承亚欧，东接内陆，是我国向西开放的重要窗口、新疆跨越式发展新的经济增长点，也是金融改革先行先试的试验区。国务院先后出台了国函〔2006〕15 号文和国发〔2011〕33 号文将霍尔果斯经济开发区及合作中心建设提到战略高度。但“金融服务”功能作为合作中心七大功能之一，经过近年发展与预期要求和未来定位还有一定的差距。受制于合作中心面积小，往来人员少，商贸发展范围很受局限，“商品展示和销售”功能难以发挥。如商事登记制度及税收相关政策，影响了金融创新政策实施，已成为制约合作中心发展急需解决的瓶颈问题。由于合作中心的法律保障能力不足，也造成了目前企业集聚的动力不足，多数企业呈观望状态，使得合作中心发展进程迟滞。

2. 合作中心未建立本币直接清算平盘机制。经过不断努力，目前在新疆建立了由哈萨克斯坦工行及新疆各商业银行共同参与的区域性清算平盘机制。但该清算机制仍然采用的是 SWIFT 系统，人民币对坚戈仍需通过美元计价清算，成本较高。因此，来合作中心开展贸易洽谈的客商不喜欢使用人民币；对于中方客商来说，收取坚戈后兑换成本高，等于是提高了物价，损失了一定的价格竞争力。以上两因素直接影响着合作中心的双方贸易量。

3. 合作中心“硬环境”建设不够。合作中心内没有现钞代保管库，人

民币、坚戈等外币现钞没有隔夜存放条件，商业银行人民币现钞业务受阻，兑换的外币现钞也必须调出合作中心存放，需要开展外币现钞跨境调运时须重新报关进合作中心；报关及通关时间长达 2 - 4 小时，不仅浪费人力、物力，而且还增加了调运成本，导致现钞跨境调运成本居高不下，影响了商业银行兑换坚戈等中亚五国现钞的积极性。

4. 中亚五国没有真正意义上的离岸人民币中心。当前，中亚五国还没有形成离岸人民币中心，导致中亚五国的人民币难以有效循环、资金沉淀。合作中心目前已经形成“境内关外”的实际，但离岸定位还没有得到国家层面和有关部门的认可。人民银行虽然在合作中心开展了跨境人民币创新工作，试点银行也具备了部分离岸人民币服务功能，但离岸金融功能定位不明确，导致合作中心金融创新相配套的政策难以落地。

5. 中亚五国对人民币的使用习惯尚未形成。虽然人民币已经成为哈萨克斯坦坚戈的主要“锚货币”，但还不是其他中亚四国的“锚货币”，虽然部分客商来合作中心购物时也携带人民币，但据了解，人民币在中亚五国并未大范围使用，主要原因是：一是以哈萨克斯坦为首的中亚五国经济基本以能源和农产品为主，我国从中亚五国进口的基本是能源产品。而美元在国际货币体系中的主导货币地位依然非常稳固，在石油等大宗商品定价权上有很高的影响力，使得其在中亚国家内具有很强的货币使用惯性。二是特朗普执政后，美元进入加息通道，美元有效汇率将会稳中有升，更加不利于人民币在中亚地区跨境贸易和投资业务中的使用。三是人民币还不是完全可自由兑换货币，中亚五国客商收到人民币后，如需在其本国境内兑换，需要通过 SWIFT 通道以美元为中间货币进行清算，提高了兑换成本；因此中亚五国客商尤其是哈萨克斯坦客商都会立即将收到的人民币在合作中心兑换为坚戈现钞，这也是当前合作中心中方客商收到坚戈现钞后主要的兑换方式。

四、合作中心下一步发展建议

1. 明确合作中心法律地位。一是明确合作中心离岸功能的法律定位。从法律层面明确合作中心离岸区域性质和功能定位，借鉴国际经验和惯例，建立配套的合作中心运行管理机制，明确合作中心银行和企业离岸身份，将合作中心内的银行视同境外银行，将合作中心内的企业视同境外企业，允许地方根据发展需要对合作中心进行离岸区域管理体制创新。二是明确合作中心离岸税费管理办法。借鉴国际离岸金融中心的税收政策，建立与离岸区域相衔接的税费体系，对办理离岸业务的银行和企业免征增值税、所得税，可根据经营规模征收适度的管理费用。合作中心内企业利润汇回境内时按照现行管理办法征收相应税费。

2. 推动合作中心建立直接清算平盘体系。积极利用合作中心独特的地缘优势，在合作中心试点建立以 CIPS 为通道的人民币与中亚五国货币直接平盘体系，促进中外客商人民币及中亚五国货币清算便利化，增添贸易洽谈筹码，有序引导人民币回流，形成低清算成本的人民币完整循环体系。起始阶段可将服务对象限定为合作中心企业、商户、旅购客商等；待条件成熟后可将范围逐渐扩大到中亚五国和中国内地客户，逐步建立起辐射中亚五国乃至东欧国家的人民币直接平盘清算中心、价格中心。

3. 完善合作中心“硬环境”。一是尽快建立合作中心现钞及贵重物品代保管库，减轻银行现钞出入合作中心的成本压力，降低外币现钞跨境调运的成本；在此基础上，合作中心可以利用代保管库开展跨境贵金属、艺术品融资等信贷创新试点，丰富合作中心信贷产品。二是积极引入哈方商业银行在合作中心成立分支机构，尤其是有中资背景的哈方商业银行，便于开展金融合作与产品创新，促进人民币在中亚五国的使用。三是引入有资质的货币兑换公司，规范合作中心本外币现钞兑换，杜绝黑市、地下钱庄等违法违规行为。

4. 推动合作中心建设成为面向中亚五国的离岸人民币中心。利用合作中心“横跨两国”“境内关外”的优势，参照香港离岸金融市场模式，赋予合作中心离岸金融功能，允许外币在合作中心自由流动和兑换，实施本外币离岸业务联动，为企业提供资金开户、结算、投融资等便捷高效的金融服务。服务范围可以先限定在中亚五国以及部分东欧国家，逐步形成良好的中亚五国离岸人民币循环和资金沉淀中心，以此实现中亚五国人民币国际化的目标。

5. 建立与离岸功能相适应的风险防控机制。深入贯彻党的十九大及全国金融工作会议精神，在促进合作中心开放创新的同时，建立相应的风险防控体系，防范金融风险。合作中心内企业视同境外企业，与国内企业之间的业务视同跨境业务，实施有效分离。合作中心银行视同境外银行，参照国际惯例进行风险评级和流动性管理，自控风险。建立和完善规避利率风险和汇率风险的金融衍生工具，如利率期货、汇率期货等，使得境外的投资机构和企业能够有效规避风险。加强和香港等人民币国际离岸中心的联系，拓宽人民币供给渠道，维持人民币在合作中心内价格的稳定。建立合作中心离岸金融业务管理办法，规范合作中心离岸金融活动，加大对反洗钱、反恐怖融资等违法犯罪行为的打击和管制。

合作中心在中亚五国人民币国际化中占据桥头堡地位，当前发挥的作用较为明显，且有一定示范带动作用。但受合作中心法律地位不明确、相关政策不明朗的影响，硬环境建设、特殊优惠金融政策落实等都与人民币国际化的需求有一定差距。合作中心地缘优势特殊、明显，可以尝试建设成为面向中亚五国的离岸人民币中心。

结　论

本书在前人的研究基础上对货币政策传导的资产负债表渠道与微观基础进行了拓展，采用多种方式验证了中国货币政策实施过程中对微观经济主体的影响基本有效，货币政策对企业资产负债表、银行资产负债表、居民资产负债表和政府资产负债表的影响均较为显著；同时对中央银行在实施货币政策的过程当中其自身资产负债表的变化也进行了分析。最后使用动态随机一般均衡模型，将企业、银行、居民、政府和中央银行五大主体联系起来，验证数量型货币政策工具和价格型货币政策工具规则框架下的调控效果，得到了一些富有政策含义的结论。由于在每一章的最后部分都以小结形式对章节的主要内容、结论和政策启示进行了阐述，现就全文的基本结论和政策内涵概括如下。

一、基本结论

中国货币政策传导的资产负债表渠道基本有效，但传导效率较低，各种货币政策工具实施过程中传导效应不一，对企业、银行、居民、政府的影响存在差异。

对企业资产企业表来说，货币政策传导的企业资产负债表效应存在行业非对称性，有少数行业的资产负债表传导存在低效应问题；货币政策效应整体上具有时滞性，且不同行业的时滞也有差异。这需要从宏观层面重视企业资产负债表渠道，在中观产业层次上支持货币政策调控，在微观层面上企业自身做好应对措施。

对银行资产负债表渠道的影响，分别从银行异质性的四个方面：资本充足率高低、流动性强弱、净资产收益率高低、资产规模大小，研究了异质性银行在面对不同的货币政策冲击时其贷款供给的变化，得到与存款准备金率和货币供应量相比，贷款基准利率的银行资产负债表渠道的传导效率最高的结果。

通过对货币政策传导的居民资产负债表渠道的研究可以得到，城镇居民的财富效应存在着非稳定性的特征，从非稳定性特征可以得到三个结论：一是从财富效应的强弱来看，证券类金融资产、非证券类金融资产、居民住房资产的财富效应都比较微弱；二是从居民财富效应的稳定性角度来讲，居民住房财产的财富效应是最为稳定的，证券类金融资产的财富效应最不稳定；三是由于居民财富效应的不稳定性，在验证货币政策传导的居民资产负债表渠道时，本书使用了住房资产作为最主要的验证手段。结果显示，货币政策对居民住房资产价格的调控作用比较微弱，货币政策传导的居民资产负债表渠道仍有待关注和畅通。

政府资产负债表中政府债务的变化主要取决于经济增长率和货币政策变量（利率）。从上述研究中可以发现三个结论：第一，只有经济增长率大于利率，国债占比才会不断收敛，否则国债就会出现爆炸式的增长；第二，经济增长率和利率之间的差越大，国债占比才能够更快地向稳定水平进行收敛；第三，经济增长率和利率之间差额的大小还决定了可持续的政府债务水平。从中国的宏观经济环境来看，只有经济增长率和利率之间保持一个较高的水平，政府自身债务风险才不会爆发，换言之，只要政府使用适当的货币政策工具，调节利率和经济增长率之间的关系，政府资产负债表中的风险可控。因此，经济的持续增长和宽松的货币政策是应对政府债务危机的根本性武器。

根据货币政策调控下美联储、欧洲央行、英格兰银行和日本央行资产负债表的变动研究发现：美联储的量化宽松货币政策由于其创新工具较多，且政策目标清晰，因此其对央行资产负债表的调控比较有效，其量化宽松货币政策的中央银行资产负债表再平衡机制和组合效应机制畅通。美联储的资产负债表变化比较清晰，可以有效地反映货币政策变化的过程，政策的透明度比较好，能够比较有效地引导私人部门预期，政策作用效果也比较明显。中国人民银行在实施货币政策过程中资产负债表在近 10 年间也有较大的变化，注重了央行资产负债结构的优化。2008 年以来的货币政策也稳定了经济增长的速度，防范了经济增长过程当中中长期的通胀压力，并且保障和调节了流动性供给的需求，促使金融资源配置结构化的稳定与有效，同时也有效地改良了金融资源的配置效率，构建起了有效的宏观审慎政策框架。

二、结论的政策内涵

根据本书的结论，可以得到如下政策启示：

按照党的十八届三中全会精神和中国人民银行《2013年第四季度货币政策执行报告》的实施方针，我国货币政策实施过程当中，应当继续以提高经济增长质量和效益为中心目标，以稳中求进作为总的工作基调，继续将稳健的货币政策执行下去，保障货币政策实施的连续性和稳定性，增强货币政策实施中的前瞻性、灵活性、协同性；处理好稳增长、调结构、控通胀、防风险之间的关系，把握好货币政策实施调控过程当中的重点、力度和节奏，加强货币政策与其他政策之间的协调，维护好货币环境的健康稳定，着力用金融、虚拟经济服务于实体经济发展，保持社会物价水平的稳定，使市场经济自身发挥自我调节、稳定机制，促进市场经济持续稳定健康发展。具体需要做好以下几个方面工作以疏通货币政策传导的微观路径，加强并引导好货币政策传导的微观基础①。

（一）关注货币政策传导的微观基础

周小川（2011）提出要改善货币政策传导的环境与机制，继续加强货币政策传导的微观基础。根据宏观调控和维护金融稳定的要求，结合宏观审慎管理框架，加强对微观主体的监管与引导。

货币政策在实施过程当中关注企业、居民、银行等微观经济主体的行为，中央银行在应对各种宏观经济波动时，需要掌握政策工具运用的主动性，换句话说就是中央银行要主动地选择货币政策实施过程当中的方向、力度和时机，更多地考虑微观主体的配合。中央银行货币政策制定实施要依赖于企业、银行、居民及其他金融机构的配合才能够达到预期效果。

因此，传统的货币政策工具需要加以改进用于关注货币政策传导中微观经济主体资产负债表的变化与反映，根据各类资产负债表的变化，适时、适度进行微调，提高货币政策传导中微观渠道的效率，对微观主体的经济活动产生有效影响，以达到政策意图。

（二）提升货币政策制定和实施的前瞻性、针对性和协同性

我国目前的货币政策实施框架依据的是简单的反馈原则和机制，根据已有经济运行结果给出的反馈信息，用以决定货币政策变动和货币政策实施的松紧状况。这种简单信息反馈缺少主动性，对微观经济主体的调控过于被动，属于事后补救的方式。这种货币政策框架的主要局限性在于中央

① 中国人民银行：《2013第四季度货币政策执行报告》，http：//www.pbc.gov.cn/publish/zhengcehuobisi/4098/2014/20140208185232067532405/20140208185232067532405_.html.

银行所获得的全部信息并不能够完全涵盖所有微观主体的经济活动，统计数据和经济信息的滞后性，加上中央银行的认识时滞、决策时滞、行动时滞和传导时滞，使货币政策最终作用于实体经济会有很长的一段时间。

所以，货币政策的制定和实施需要有一定的前瞻性、针对性和协同性。对微观经济活动当中可能会出现的问题加以预测；针对各微观经济主体，企业、银行、居民、政府实施差别化的调控策略；灵活使用货币政策工具，平抑经济波动，使实体经济能够得到虚拟经济的有效支持。同时，采取主动的政策措施，加强和提升货币政策的前瞻性，不能只顾眼前状况的变化，更要考虑到未来的趋势，以防货币政策出台后产生与未来趋势叠加的效果，加剧经济波动。这就要求政策出台后，依据未来形势变化有针对性地预期微调，避免“相机抉择”的操作模式，使货币政策反复波动。

（三）将货币政策传导的资产负债表渠道纳入到调控体系中去

如图1中所示，传统的货币政策框架体系当中关注利率、信贷、资产价格、汇率等渠道，对微观主体的资产负债表渠道的关注仍有待加强，调控目标当中的经济增长、物价稳定、国际收支平衡和充分就业在传统货币政策调控理论当中被拥趸长达百年之久。金融危机之后，新的经济学理念与方法正在补充和完善着传统货币政策调控理论当中研究并未深入的部分。无论是宏观审慎，还是微观传导，都应该被纳入到新时期的货币政策调控决策体系当中。特别是资产负债表作为微观经济主体经济活动最直观的表现，更应调节好其资产负债表的内容，使其呈现稳定与良性状态，才能基

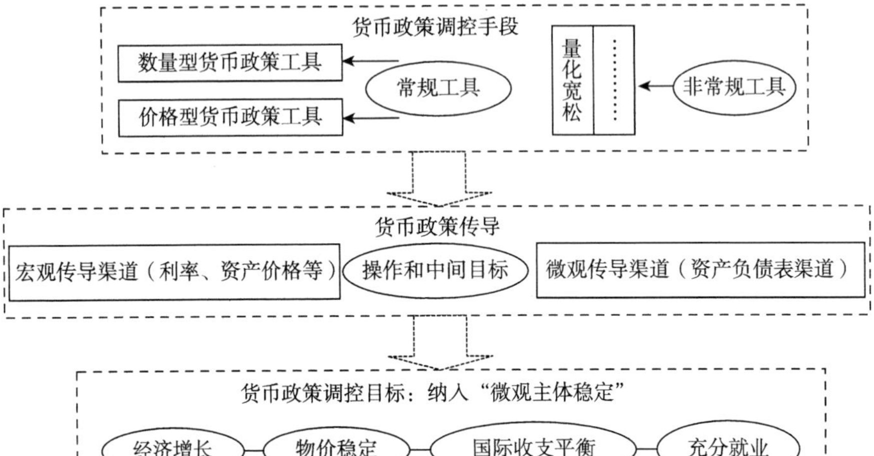

图1　纳入资产负债表渠道的中国货币政策基本框架示例

本完成微观层面货币政策调控的目标与任务。

（四）继续加强货币政策从以数量型调控为主向以价格型调控为主的转型

数量型和价格型货币政策工具对微观经济主体资产负债表的调控作用不尽一致。数量型货币政策工具对企业资产负债表的影响较大；价格型货币政策工具对银行、居民、国家资产负债表的调节优于数量型工具。两种工具通过影响微观经济主体自身的资产负债状况，以及对未来财务成本和收入的预期，根据货币政策实施信号调整自身的经济行为活动，以优化市场当中的资源配置。企业作为实体经济的重要支撑，对企业产出的调控仍需继续关注，但对银行、居民和国家资产负债表的调节也不容忽视。因此，价格型货币政策工具的使用力度仍有待进一步加强，以完成转型。中国人民银行应当及时察觉、识别不同货币政策工具在调控过程中的利弊，通过宏观经济波动的不同种类灵活运用数量型和价格型工具，同时注意非传统货币政策工具与宏观审慎的结合，才能综合发挥出货币政策的良好实施效应。

（五）继续推进利率市场化和完善汇率形成机制

利率作为货币政策传导过程中的关键因素之一，对货币政策传导的资产负债表渠道具有重要的影响，也是其他货币政策发挥作用的前提和重要基础。发挥利率的基础性作用和资源配置作用，需要重视提高微观经济主体对利率的敏感程度。2013 年 7 月 20 日放开贷款利率上限，应继续按照原有方案推进利率市场化改革，加强对中小微企业的支持，全面改善企业、居民、银行资产负债表。同时也要注意推进利率市场化改革过程当中国债负担率的变化，加强完善各层金融市场的广度、深度和规范性建设，建立起良性的投融资关系，推进“国退民进”战略。

中国汇率形成机制的改革方向中两个关键问题与微观经济主体紧密相联，一是银行结售汇制度和银行间外汇市场；二是资本账户开放和人民币在资本项目的可自由兑换。解决好这两个问题可以帮助企业、银行两个微观经济主体解决好外部冲击带来的影响。汇率形成机制仍要加强人民币汇率双向浮动的弹性，以反映市场供求，力求人民币汇率保持合理均衡的波动区间。改革汇率制度，加快推进“藏汇于民”的外汇政策已经势在必行，这也是推进资本账户开放的关键一步。

三、下一步的研究方向

虽然本书围绕货币政策传导的资产负债表渠道与微观基础这一主题开展了较为细致的研究，也得到了一些富有政策含义的结论，但本书的研究还存在一定的不足，这也构成了作者下一步的研究方向。

第一，关于货币政策规则的研究仍未展开。在调控微观经济主体行为的货币政策工具中，本书各章节使用了数量型、价格型货币政策工具进行了面板回归、面板向量自回归等模型检验。但对究竟使用何种货币政策规则才能有效调控微观经济主体的经济行为仍需进一步加以拓展研究。

第二，新形势、新情况下货币政策应用实施的依据。21 世纪以来互联网金融、新兴金融业态、理财产品层出不穷，银行体系的表外业务也日新月益，各微观经济主体的资产负债表出现了诸多新的科目与内容，对货币政策的响应也逐渐改变。如何使用货币政策工具对其进行有效调控是今后需要深入关注的部分。

第三，新的货币政策工具的探讨。本书在第五章对各国中央银行 2007 年后的非常规货币政策，特别是量化宽松货币政策对中央银行资产负债表的影响进行探讨。但是在各国央行的实际执行当中非常规货币政策常规化，量化宽松货币政策常态化日益明显的趋势下，中国人民银行也在 2013 年 11 月 6 日增加了“常备借贷便利”作为货币政策工具的组成部分。如何使用好新的货币政策工具应对新形势和新挑战，也是今后需要深入关注的部分，这方面的研究将继续深入下去。

参考文献

[1] Aguiar, A., Drumond, I., *Business Cycle and Bank Capital: Monetary Policy Transmission under the Basel Accords.* [R] Working Paper, 2007, No. 242.

[2] Alejandro Justiniano, Giorgio E. Primiceri. *Investment Shocks and Business Cycles* [J]. Journal of Monetary Economics, 2010, 57 (2): 132-145.

[3] Alejandro Justiniano, Giorgio E. Primiceri. *The Time Varying Volatility of Macroeconomic Fluctuations* [R]. 2006.2, NBER Working Paper No. 12022.

[4] Allen, M., C. Rosenberg, C. Keller, B. Setser and N. Roubini, *A Balance Sheet Approach to Financial Crisis* [R], IMF Working Paper, WP/02/210, 2002.

[5] Ando, *A.*, *F. Modigliani*, The *Life Cycle Hypothesis of Saving: Aggregate Implications and Tests* [J], American Economic Review, 1963: 53 (1): 55-84.

[6] Andres, J., Arce, O., *Banking Competition, Housing Prices and Macroeconomic Stability* [R]. Banco de Espana. Working Paper No.0830, 2009.

[7] Andries, N. and S. Billon, *The effect of bank ownership and deposit insurance on monetary policy transmission* [J], Journal of Banking & Finance, 2010, 34 (12): 3050-3054.

[8] Angelini, P., Enria, A., Neri, S., Panetta, F., Quagliariello, M., *Procyclicality of Capital Regulation: Is It a Problem? How to Fix It?* [R]. Bank of Italy. Occasional Paper, No. 74, 2010.

[9] Angelopoulou, E. and H. D. Gibson, *The balance sheet channel of monetary policy transmission: evidence from the UK* [J], Economica, 2009, 76 (2): 675-703.

[10] Antonio, F., P. Kannan, P. Rabanal and A. Scott, *Lessons for Monetary Policy from Asset Price Fluctuations* [R], World Economic Outlook 2009,

Chapter 3, IMF, 2009.

[11] Ashaft, B. A. and M. Campello, *Firm Balance Sheets and Monetary Policy Transmission* [J], Journal of Monetary Economics, 2005, 96 (6): 789 - 823.

[12] Ashoka Mody, Lucio Sarno, Mark P. Taylor. *A Cross - country Financial Accelerator: Evidence from North America and Europe* [J]. Journal of International Money and Finance, 2007, 26 (1): 149 - 165.

[13] Assenmacher - Wesche, K. and S. Gerlach, *Ensuring Financial Stability: Financial Structure and the Impact of Monetary Policy on Asset Prices* [R], Institute for Empirical Research in Economics University of Zurich Working Paper, No. 361, 2008.

[14] Barbu, T., G. Vintila. *Is the Incidence of the Monetary Policy on the Mortgage Market Possible?* [J]. Theoretical and Applied Economics, 2009, 532 (3): 29 - 40.

[15] Benjamin, J. D., P. Chinloy and G. Donald Jud, *Real Estate Versus Financial Wealth in Consumption* [J], Journal of Real Estate Finance and Economics, 2004, 29 (3): 341 - 354.

[16] Berka, M. and C. Zimmermann, *Basel Accord and Financial Intermediation: The Impact of Policy* [R], Massey University, 2005, Working Paper No. 05 - 36.

[17] Bernanke Ben S. and M. Gertler, *Should Central Banks Respond to Movements in Asset Prices?* [J], The American Economic Review, 2001, 91 (2): 253 - 257.

[18] Bernanke Ben S., C. Lown. *The Credit Crunch* [J], Brookings Papers on Economic Activity, 1991, 1991 (2): 205 - 247.

[19] Bernanke Ben S., M. Gertler and S. Gilchrist. *The Financial Accelerator and the Flight to Quality* [J], The Review of Economics and Statistics, 1996, 78 (1): 1 - 15.

[20] Bernanke Ben S., M. Gertler and S. Gilchrist. *The Financial Accelerator in a Quantitative Business Cycle Framework* [M], The Handbook of Macroeconomics. ed. by J. B. Taylor and M. Woodford, 1999: 1341 - 1393.

[21] Bernanke Ben S., M. Gertler, *Agency Costs, Net Worth and Business Fluctuations* [J], American Economic Review, 1989, 79 (1): 14 - 31.

[22] Bernanke, Ben S. and A. S. Blinder, *The Federal Funds Rate and the*

Channels of Monetary Transmission [J], The American Economic Review, 1992, 82 (4): 901-921.

[23] Bernanke, Ben S. and M. Gertler, *Agency Costs, Net Worth and Business Fluctuations* [J], American Economic Review, 1989, 79 (1): 14-31.

[24] Bernanke, Ben S. and M. Gertler, *Inside the Black Box: The Credit Channel of Monetary Policy transmission* [J], Journal of Economic Perspectives, 1995, 9 (4): 27-48.

[25] Bernanke, Ben S. and Mark Gertler, *Inside the Black Box: The Credit Channel of Monetary Policy transmission* [J], *Journal of Economic Perspectives*, 1995, 9 (4): 27-48.

[26] Bernanke, Ben S., A. S. Blinder, *Credit, Money and Aggregate Demand* [J], The American Economic Review, 1988, 78 (2): 435-439.

[27] Bernanke, Ben S., *Deflation: Making Sure "It" Doesn't Happen Here* [R], Remarks by Governor Ben S. Bernanke, November, 2002.

[28] Bernanke, Ben S., M. Gertler and M. Wstson, *Systematic Monetary Policy and the Effects of Oil Price Shocks* [R], Brookings Paper on Economic Activity, 1997, No. 91-142.

[29] Bernanke, Ben S., M. Gertler and S. Gilchrist, *The Financial Accelerator in a Quantitative Business Cycle Framework* [M], The Handbook of Macroeconomics. ed. by J. B. Taylor and M. Woodford, 1999: 1341-1393.

[30] Bernanke, Ben S., M. Gertler and S. Gilchrist, *The Financial Accelerator and the Flight to Quality* [J], The Review of Economics and Statistics, 1996, 78 (1): 1-15.

[31] Bhaumik, S. K., V. Dang, A. M. Kutan, *Implications of bank ownership for the credit channel of monetary policy transmission: Evidence from India* [J], Journal of Banking & Finance, 2011, 35 (9): 2418-2428.

[32] Bittlingmayer, G., *Output, Stock volatility and Political Uncertainty in a Natural Experiment: Germany: 1880-1940* [J], Journal of Finance, 1998 (43): 2243-2257.

[33] Bordo, M. D. and D. C. Heelock, *Monetary Policy and Asset Prices: A Look Back at Past U. S. Stock Market Booms* [R]. Review - Federal Reserve Bank of St. Louis; Nov/Dec 2004: 19-44.

[34] Bordo, M. D. and D. Jeanne, *Boom busts in asset prices, economic instability, and monetary policy* [R], NBER Working Paper, 2002, No. 8966.

[35] Campbell, J. Y., N. G. Mankiw, *Permanent and transitory components in macroeconomic fluctuations* [R], NBER Working Papers, 1987, No. 2169.

[36] Carmen M. Reinhart, Kenneth S. Rogoff., *The Aftermath of Financial Crisis* [R]. NBER Working Paper, No. 14656, 2009.

[37] Carroll, Christopher, Jiri Slacalek, and Martin Sommer, *Dissecting Saving Dynamics: Measuring Credit, Wealth and Precautionary Effects* [M], Baltimore: Johns Hopkins University Press, 132 - 143, 2011.

[38] Christensen, I., Corrigan, P., Mendicino, C., Nishiyama. *Consumption, Housing Collateral, and the Canadian Business Cycle* [R]. Bank of Canada Working Paper 2009 - 26, 2009.

[39] Christensen, L. and Dib, A., *The Financial Accelerator in an Estimated New Keynesian Model* [J]. Review of Economic Dynamics, 2008, 11 (1): 155 - 178.

[40] Christiano, L. J., M. Eichenbaum and C. Evans, *Identification and the effects of monetary policy shocks* [R]. Federal reserve bank of Chicago working paper, 1994.

[41] Claessens, Stijn, Ayhan Kose, and Marco Terrones, *Financial Cycles: What? How? When?* [M]. Chicago: University of Chicago Press, 303 - 343, 2010.

[42] Clouse, J., D. Henderson, A. Orphanides, D. Small and P. Tinsley. *Monetary Policy When the Nomina Short - term Interest Rate is Zero* [R], Topics in Macroeconomics, 2003.

[43] Crowe, Christopher W., Giovanni Dell Ariccia, Deniz Igan, and Pau Rabanal, *Policies for Macro financial Stability: Options to Deal with Real Estate Booms* [R]. IMF Staff Discussion Note No. 11/02, 2011.

[44] Curdia, V., Woodford, M.. *Credit Frictions and Optimal Monetary Policy* [R]. National Bureau of Economic Research. Working Paper No. 15289, 2009.

[45] De Haan, L., *Evidence on the Bank Lending Channel in the Netherlands* [J], Eonomist, 2003, 151 (3): 293 - 315.

[46] Deaton, A., *Saving and Liquidity Constraints* [J], Econometrica, 1991, 59 (5): 1221 - 1248.

[47] Dickinson, F. G. and F. Eakin, *A Balance Sheet of the Nation's Economy*

[R], University of Illinois, 1936.

[48] Dynan, K. and M. Dean, *Does stock market wealth matter for consumption* [R]. *Working Paper at Richmond Federal Reserve. In Ling T. He and Josephp Mcgarrity. A reexamination of the wealth effect and uncertainty effect* [J]. International Advances in Economics Research, 2005 (11): 379 -398.

[49] Edmans, A., D. Garcia and Norli, O., *Sports Sentiment and Stock Returns* [J]. Journal of Finance, 2007, 62 (4): 1967 -1998.

[50] Eggertsson, G., *What fiscal policy is effective at zero interest rates?* [R], NBER Macroeconomic Annual 2010, 2010: 253 -286.

[51] Fama, E. F., *Stock Returns, Expected Returns, and Real Activity* [J], Journal of Finance, 1990, 45 (4): 1089 -1108.

[52] Farmer R. E. A., *Animal Spirits, Financial Crises and Persistent Unemployment* [J]. Economic Journal, 2013, forthcoming.

[53] Farmer R. E. A., *Confidence Crashes and Animal Spirits* [J]. Economic Journal, 2012, 122 (559): 1 -18.

[54] Fatás, Antonio, *No Need to Deleverage Gross Debt* [EB/OL], . http://fatasmihov. blogspot. com/2012/01/ no - need - to - deleverage - gross - debt. html, 2012.

[55] Filardo, A., *Household debt, monetary policy and financial stability: still searching for a unifying model* [R], BIS Working Papers, 2009 (46): 31 -50.

[56] Friedman, M., A. Schwartz, *A Monetary History of the United States: 1867 -1960* [M], 1963, Princeton University Press.

[57] Friedman, M., A. Schwartz, *Money and business cycles* [J], Review of Economics and Statistics, 1963, 45 (1): 32 -64.

[58] Friedman, M., *Monetary Data and National Income Estimates*, Economic Development and Cultural Change [J], 1961, 9 (3): 267 -286.

[59] Gabaix, X. and D. Laibson, *The 6D Bias and the Equity - Premium Puzzle* [R], NBER Macroeconomics Annual 2001, Cambridge Massachusetts: The MIT Press, 2001: 257 -311.

[60] Gambacorta, L. and P. E. Mistrulli, *Does Bank Capital Affect Lending Behaviour* [J]. Journal of Financial Intermediation, 2004, 13 (4): 436 -457.

[61] Geanakoplos Joan. *The Leverage Cycle* [R]. Cowles Foundation Paper No. 1304, Yale University, 2010 .

[62] Gerali, A. , Neri, S. , Sessa, L. , Signoretti, F. M. . *Credit and Banking in a DSGE Model* [R]. Bank of Italy. Working Paper, No. 740, 2010 .

[63] Gertler, M. , Gilchrist, S. , Natalucci, F. M. , *External Constraints on Monetary Policy* [J]. Journal of Money, Credit, and Banking , 2007, 39 (2 -3): 295 -330.

[64] Gilchrist, S. and M. Saito, Expectations, *Asset Prices, and Monetary Policy: the Role of Learning* [R], NBER Working Paper, 2006, No. 12422.

[65] Glick, Reuven, and Kevin J. Lansing, U. S. *Household Deleveraging and Future Consumption Growth* [R]. FRBSF Economic Letter, No. 2010 - 1, 2010.

[66] Goldsmith, R. W. and R. E. Lipsey, *Studies in the National Balance Sheet of the United States* [M], 1963, Princeton University Press.

[67] Goldsmith, R. W. , *The Uses of National Balance Sheet* [J], Review of Income and Wealth, 1966, 12 (2): 95 -133.

[68] Goodhart C. A. E. , *The Regulatory Response to The Financial Crisis* [J]. Journal of Financial Stability, 2008, 4 (4): 351 -358.

[69] Goodhart, C. A. E. , *The Regulatory Response to The Financial Crisis* [J], Journal of Financial Stability, 2008, 4 (4): 351 -358.

[70] Grande, G. , *Asset prices and central bank policy : an Overview of Recent Research and Policy Analysis at the Bank of Italy* [J], Paper presented at the BIS Autumn Economists' Meeting, 30 -31 October, 2006.

[71] Gray, D. F. , R. C. Merton and Zvi Bodie, *New Framework for Measuring and Managing Macrofinancial Risk and Financial Stability* [R], NBER Working Paper, 2007, No. 13607.

[72] Guariglia, A. , *The Effects of Financial Constraints on Inventory Investment: Evidence from a Panel of UK Firms* [J], Economica, 1998, 66 (1): 43 -62.

[73] Guerrieri, Veronica, and Guido Lorenzoni, *Credit Crises, Precautionary Savings and the Liquidity Trap* [M]. Chicago: University of Chicago Press, 234 -245, 2011.

[74] Hadri, K. , *Testing for Stationary in Heterogeneous Panel Data* [J], Econometrics Journal, 2000, 3 (2): 148 -1611.

[75] Haim, Y. and Roee Levy, *Using the Balance Sheet Approach in Financial Stability Surveillance: Analyzing the Israeli Economy's Resilience to Exchange Rate Risk* [R], No. 1 /07, 2007, Bank of Israel.

[76] Hamburg, B., M. Hoffmann and J. Keller, *Consumption, wealth and business cycles in Germany.* Empirical Economics, 2008, 34 (3): 451 -476.

[77] Hsiao, F. S. T. and MeiChu W. Hsiao, *FDI, Exports and GDP in East and Southeast Asia: Panel Data Versus Time series Causality Analysis* [J], *Journal of Asian Economics*, 2006 (17): 1082 -1106.

[78] Iacoviello Matteo, Raoul Minetti., *The Credit Channel of Monetary Policy: Evidence from the Housing Market* [J]. Journal of Macroeconomics, 2008, 30 (1): 69 -96.

[79] Iacoviello, M. and Neri S., *Housing Market Spillovers: Evidence from an Estimated DSGE Model* [J]. American Economic Journal Macroeconomics, 2010, 2 (2): 125 -164.

[80] Ireland, P. N., *Technology Shocks in the New Keynesian Model* [R], NBER Working Paper, 2004, No. 10309.

[81] Kashyap, A. K., O. A. Lamont and J. C. Stein, Credit Conditions and the Cyclical Behavior of Inventories [J], *The Quarterly Journal of Economics*, 1994, 109 (3): 565 -592.

[82] Kashyap, A. K. and J. C. Stein, *Monetary Policy and Bank lending* [R], NBER Working Paper, 1994: 221 -62.

[83] Kashyap, A. K. and J. C. Stein, *What do a million observations of banks say about the transmission of monetary policy?* [J], American Economic Review, 2000, 90 (3): 407 -428.

[84] Kashyap, A. K., J. C. Stein and D. W. Wilcox, *Monetary policy and credit conditions: Evidence from the composition of external finance* [J], The American Economic Review 1993, 83 (1): 78 -98.

[85] King, S., Monetary Transmission: Through Bank Loans or Bank Liabilities? [J], *Journal of Money, Credit and Banking*, 1986, 18 (8): 290 -303.

[86] Kishan, R. P. and T. P. Opiela, *Bank size, bank capital and the bank lending channel* [J], Journal of Money, Credit and Banking, 2000, 32 (1): 121 -141.

[87] Koo, R., *The Holy Grail of Macroeconomics: Lessons from Japan's Great*

Recession [M], Published by John Wiley & Sons, 2008: 28 -29.

[88] Kopecky, K. and D. VanHoose, *A model of the monetary sector with and without binding capital requirements* [J], Journal of Banking and Finance, 2004b, 28 (3): 633 -646.

[89] Kopecky, K. and D. VanHoose, *Bank capital requirements and the monetary transmission mechanism* [J], Journal of Macroeconomics 2004a. 26 (3): 443 -464.

[90] Krishnamurthy, A. , *Amplification Mechanisms in Liquidity Crises* [J], American Economic Journal: Macroeconomics, 2010, 2 (3): 1 - 30.

[91] Krugman, P. R. , K. M. Domiquez and K. Gogoff, *It's back: Japan's Slump and the Return of the Liquidity Trap* [R]. Brookings Paper on Economic Activity, 1998 (2).

[92] Krugman, P. , B. P. Bosworth and R. N. Coope, *Domestic Policies in a Global Economy with Comments and Discussion* [R], Brookings Trade Forum, 1999: 73 -103.

[93] Krugman, P. , *Balance Sheets, The Transfer Problem and Financial Crises* [J], International Tax and Public Finance, 1999 (6): 459 -472.

[94] Krugman, Paul, *Debt Is (Mostly) Money We Owe to Ourselves* [EB/OL], http: //krugman. blogs. nytimes. com/2011/12/28/debt - is - mostly - money - we - owe - to - ourselves, 2011.

[95] Kydland, F. E. and E. C. Prescott, 1982, *Time to Build and Aggregate Fluctuations* [J], Econometrica, 50 (6): 1345 -1370.

[96] Leland, H. E. , *Saving and Uncertainty: The Precautionary Demand for Saving* [J]. Quanterly Journal of Economics, 1968, 82 (3): 465 -473.

[97] Lettau, M, S. Ludvigston and C. Steindel, *Monetary Policy Transmission through the Consumption - Wealth Channel* [J], FRBNY Economic Policy Review, 2002 , 35 (3): 117 -133.

[98] Lima, J. M. , E. Montes, C. Varela and J. Wiegand, *Sectoral Balance Sheet Mismatches and Macroeconomic Vulnerabilities in Colombia* 1996 - 2003 [R], IMF Working Paper, 2006, WP/06 /5.

[99] Ling, T. He and J. Mcgarrity, *A Reexamination of the Wealth Effect and Uncertainty Effect* [J], International Advances in Economics Research, 2005, 11 (4): 379 -398.

[100] Liu Guangling, Nkhahle E. Seeiso. *Basel II Procyclicality: The case of*

South Africa [J]. Economic Modelling, 2012, 29 (3): 848 - 857.

[101] Liu, Z., Wang, P., Zha, T. *Do Credit Constraints Amplify Macroeconomic Fluctuations?* [R]. Federal Reserve Bank of Atlanta. Working Paper, 2010, No. 2010/01.

[102] Lorenzoni, Guido, *Inefficient Credit Booms* [J]. Review of Economic Studies, 2008, 75 (3): 809 - 833.

[103] Love, I. and L. Zicchino, *Financial Development and Dynamic Investment Behaviour: Evidence from Panel VAR* [J], The Quarterly Review of Economics and Finance, 2006 (46): 190 - 210.

[104] Malkiel, B. G., *Bubbles in Asset Prices.* CEPS working paper, No. 200, January 2010.

[105] Martins, N. C. and Ernesto Villanueva. *The impact of interest rate subsidies on long - term household debt: Evidence from a large program* [R]. Banco de Portugal Working Papers, 2003.

[106] Mathisen, J. and A. Pellechio, *Using the Balance Sheet Approach in Surveillance: Framework, Data Sources, and Data Availability* [R], IMF Working Paper, 2006, WP/06 /100.

[107] McKinnon, R., *China's exchange rate policy and fiscal expansion* [R], SIEPR Policy Brief March 2009 and Wall Street Journal, 2009.

[108] McKinsey Global Institute (McKinsey), *Debt and Deleveraging: The Global Credit Bubble and Its Economic Consequences* [R]. Seoul, San Francisco, London, and Washington, 2010.

[109] McKinsey Global Institute (McKinsey), *Debt and Deleveraging: Uneven Progress on the Path to Growth* [R]. Seoul, San Francisco, London, and Washington, 2012.

[110] Meh, C., Moran, K., *The Role of Bank Capital in Propagation of Shocks* [R]. Bank of Canada. Working Paper, No. 2008/36, 2008.

[111] Mian, Atif, and Amir Sufi, *What Explains High Unemployment? The Aggregate Demand Channel* [R], NBER Working Paper No. 17830, 2012.

[112] Miron, J. A., C. D. Romer and D. N. Weil, *Historical Perspectives on the Monetary Transmission Mechanism* [R], NO. 4326, 1995, NBER Working Papers.

[113] Mundell, R. A., *Capital Mobility and Stabilization Policy under Fixed and Flexible Exchange Rates* [J], Canadian Journal of Economics, 1963,

29 (4): 475 -485.

[114] Oliner, S. D. and G. D. Rudebusch, *Monetary policy and credit conditions: Evidence from the composition of external finance* [J], The American Economic Review, 1996, 86 (1): 300 -309.

[115] Olivero, M. P. , Y. Li and B. N. Jeon, *Competition in Banking and the Lending channel: Evidence from Bank Level Data in Asia and Latin America* [J], Journal of Banking and Finance, 2011, 35 (8): 160 -571.

[116] Peek, J. and E. S. Rosengren, *The Capital Crunch: Neither a Borrower Nor a Lender Be* [J], Journal of Money, Credit and Banking, 1995, 27 (3): 625 -638.

[117] Peek, J. , E. Rosengren, *Bank Regulation and the Credit Crunch* [J], Journal of Banking and Finance, 1995, 19 (1): 679 -692.

[118] Persyn, D. and J. Westerlund. *Error Correction Based Cointegration Tests for Panel Data* [J], Stata Journal forthcoming, 2008, 8 (2): 232 -241.

[119] Petersen, M. A. and R. Rajan, . *The effect of credit market competition on lending relationships* [J], Quarterly Journal of Economics, 1995, 110 (2): 407 -443.

[120] Pindyck, R. S. , *Irreversibility, Uncertainty and Investment* [J], Journal of Economic Literature, 1991, 29 (3): 1110 -1148.

[121] Potter, S. , *Consumption and Wealth, Paper Presented at the BIS Autumn Economists' Meeting* [R], 2006, Basel. .

[122] Rafael Repullo, Javier Suarez. *The Procyclical Effects of Basel II* [R]. CEPR Discussion Paper No. DP6862, 2008.

[123] Rafael Repullo, Jesús Saurina, Carlos Trucharte. *Mitigating the Pro - cyclicality of Basel II* [J]. Economic Policy, 2010, 25 (64): 659 -702.

[124] Rajan, R. G. , Insiders and Outsiders: *The Choice between Informed and Arm's - Length Debt* [J], Journal of Finance, 1992, 47 (4): 1367 -1400.

[125] Rajan, R. , G. Dell'Ariccia, E. Detragiache, *The real effect of banking crises* [R], IMF Working Paper, 2005, No. 05 -63.

[126] Ralph Chami, Thomas F. , Cosimano. *Monetary Policy with a Touch of Basel* [J]. Journal of Economics and Business 2010, 62 (3): 161 -175

[127] Ramey, V. A., *How Important is the Transmission of Monetary Policy* [R], NBER Working Paper, 1993, No. 4285.

[128] Reinhart, C. M. and M. B. Sbrancia, *The Liquidation of Government Debt* [R], NBER Working Papers, 2011, No. 16893.

[129] Reinhart, C. M., K. S. Rogoff, *Is the* 2007 *US Sub – Prime Financial Crisis So Different? An International Historical Comparison* [J], American Economic Review, 2008, 98 (2): .339 – 344.

[130] Revell, J., *The National Balance Sheet of the United Kingdom* [J], Review of Income and wealth, 1966, 12 (4): 281 – 310.

[131] Romer, C. D. and D. H. Romer, *Credit Channel or Credit Actions? An Interpretation of the Postwar Transmission Mechanism* [R]. NBER Working Paper, 1993, No. 4485.

[132] Romer, C. D. and D. H. Romer, *Federal Reserve Information & the Behavior of Interest Rates* [J], The American Economic Review, 2000 (7): 429 – 457.

[133] Romer, C., *The Great Crash and the Onset of the Great Depression* [J], Quarterly Journal of Economics, 1990, 105 (3): 597 – 624.

[134] Romer, C. D. and D. H. Romer, *Does monetary policy matter? A new test in the spirit of Friedman and Schwartz* [M], NBER Macroeconomics Annual, O. J. Blanchard and S. Fischer (ed), MIT Press, 1989: 121 – 127.

[135] Romer, C. D. and D. H. Romer, *New evidence on the monetary transmission mechanism* [J], Brooking papers on economic activity, 1990, 21 (1): 149 – 213.

[136] Rotemberg, J. J., *Stick Prices in the United State*, *Journal of Political Economy* [J], 1982, 90 (6): 1187 – 1211.

[137] Schwert, W. G., *Stock Returns and Real Activity: a Century of Evidence* [J], Journal of Finance, 1990, (45): 1237 – 1257.

[138] Sharpe, S., *Asymmetric Information, Bank Lending and Implicit Contracts: A Stylized Model of Customer Relations* [J], Journal of Finance, 1990, 45 (4): 1069 – 1087.

[139] Sims, C. A, J. H Stock, M. W Watson, *Inference in linear time – series models with some unit roots*, Econometrica, 1990, 58 (1): 113 – 144.

[140] Sims, C. A. and T. Zha, *Error bands for impulse respinses* [J], Econo-

metrica, 1999, 67 (5): 1113 - 1116.

[141] Sims, C. A., *Comparison of Interwar and Postwar Business Cycles* [J], American Economic Review, 1980, 70 (6): 250 - 257.

[142] Sims, C. A., *Money, Income and Causality* [J], American Economic Review, 1972, 64 (8): 540 - 542.

[143] Sims, C. A. and T. Error Zha. *Bands for Impulse Respinses* [J], *Econometrica*, 1999, 67 (5): 1113 - 1116.

[144] Srejber, E., *What Role Do Asset Prices and Credit Play in Monetary Policy* [R]. Speech by Ms Eva Srejber, Thun, Switzerland, 30 June 2004.

[145] Stein, J. C. and A. K. Kashyap, *What do a million observations of banks say about the transmission of monetary policy*? [J], American Economic Review, 2000, 90 (3): 407 - 428.

[146] Stiglitz, J. and A. Weiss, *Credit rationing in markets with imperfect information* [J], The American Economic Review, 1981, 71 (3): 393 - 410.

[147] Van den Heuvel, S., *Does bank capital matter for monetary transmission*? [J], Federal Reserve Bank of New York Economic Policy Review, 2002, 8: 259 - 65.

[148] Van den Heuvel, S., *The bank capital channel of monetary policy* [R], Working Paper, University of Pennsylvania, September, 2003.

[149] Van den Heuvel, S., *The Welfare Cost of Banking Capital Requirements* [J]. Journal of Monetary Economics, 2008, 55 (2): 298 - 320.

[150] Westerlund, J., *Testing for error correction in panel data* [J], Oxford Bulletinof Economics and Statistics, 2007 (6): 709 - 748.

[151] 白鹤翔．中国货币政策传导微观机制研究［M］．中国金融出版社，2010.

[152] 白钦先，李安勇．试论西方货币政策传导机制理论［J］．国际金融研究，2003，6：4 - 8.

[153] 蔡跃洲，郭梅军．金融结构与货币传导机制——我国转型时期的分析与实证检验［J］．经济科学，2004，6：15 - 26.

[154] 蔡跃洲，郭梅军．我国上市商业银行全要素生产率的实证分析［J］．经济研究，2009，9：52 - 65.

[155] 陈静．量化宽松货币政策的传导机制与政策效果研究——基于央行资产负债表的跨国分析［J］．国际金融研究，2013，2：12 - 25.

[156] 陈守东，王淼. 我国银行体系的稳健性研究——基于面板 VAR 的实证分析 [J]. 数量经济技术经济研究，2011，10：64－77.
[157] 陈学彬，杨凌，方松. 货币政策效应的微观基础研究——我国居民消费储蓄行为的实证分析 [J]. 复旦大学学报（社会科学版），2005，10：42－54.
[158] 崔光灿. 资产价格、金融加速器与经济稳定 [J]. 世界经济，2006，11：59－71.
[159] 樊明太. 金融结构及其对货币传导机制的影响 [J]. 经济研究，2004，7：27－37.
[160] 范从来，盛天翔，王宇伟. 信贷量经济效应的期限结构研究 [J]. 经济研究，2012，1：80－91.
[161] 耿强，江飞涛，傅坦. 政策性补贴、产能过剩与中国的经济波动 [J]. 中国工业经济，2011，5：27－36.
[162] 侯杰. 国家资本结构与新兴市场国家金融危机，中国人民大学，博士学位论文，2006.
[163] 胡莹，仲伟周. 资本充足率、存款准备金率与货币政策银行信贷传导——基于银行业市场结构的分析 [J]. 南开经济研究，2010，1：128－139.
[164] 冀志斌，宋清华. 银行高管薪酬与货币政策信贷传导效率——基于中国数据的分析 [J]. 国际金融研究，2013，4：41－51.
[165] 贾康，孟艳. 关于财政政策与货币政策协调配合的简要认识 [J]. 财经研究，2008，6：23－27.
[166] 简志宏，李霜，卢娟. 货币供应机制与财政支出的乘数效应 [J]. 中国管理科学，2011，2：30－39.
[167] 蒋瑛琨，刘艳武，赵振全. 货币渠道与信贷渠道传导机制有效性的实证分析 [J]. 金融研究，2005，9：35－42.
[168] 李春吉，孟晓宏. 中国经济波动——基于新凯恩斯主义垄断竞争模型的分析 [J]. 经济研究，2006，10：72－82.
[169] 李浩，胡永刚，马知遥. 国际贸易与中国的实际经济周期 [J]. 经济研究，2007，5：17－41.
[170] 李琼，王志伟. 中国货币政策传导机制：实证检验的再考察 [J]. 南方金融，2007，4：42－51.
[171] 李晓文. 资本充足率对信贷和经济的影响研究，西南财经大学博士学位论文 2009，34－56.

[172] 李扬，张晓晶，常欣，汤铎铎，李成．中国政府资产负债表2013[M]．中国社会科学出版社，2013.
[173] 李扬，张晓晶，常欣，汤铎铎，李成．中国政府资产负债表及其风险评估（上）[J]．经济研究，2012，6：4－19.
[174] 李扬，张晓晶，常欣，汤铎铎，李成．中国政府资产负债表及其风险评估（下）[J]．经济研究，2012，7：4－21.
[175] 李扬．要从资产负债表来控制资产泡沫，2009年夏季达沃斯论坛发言，http：//money.163.com/09/0910/15/5IS2VHQJ00253NDC.html，2009.
[176] 刘斌．稳健的最优简单货币政策规则在我国的应用[J]．金融研究，2006，4：12－23.
[177] 刘斌．中国DSGE模型的开发及其在货币政策分析中的应用[J]．金融研究，2008，10：1－21.
[178] 刘尚希，赵全厚．政府债务：风险状况的初步分析[J]．管理世界，2002，5：22－32.
[179] 刘向耘，牛慕鸿，杨娉．中国居民资产负债表分析[J]．金融研究，2009，10：107－117.
[180] 刘尧成，徐晓萍．消费替代弹性、经济开放与中国经济外部失衡[J]．统计研究，2010，4：19－27.
[181] 刘谊，刘星，马千真，陈元春．地方财政风险监控体系的建立及实证分析[J]．中央财经大学学报，2004，7：1－5.
[182] 罗刚，陈黎明．从我国的货币政策传导机制看当前的货币政策选择[J]．西北大学学报（哲学社会科学版），2012，7：34－55.
[183] 骆祚炎．财富效应理论研究新进展[J]．经济学动态，2007，6：105－109.
[184] 骆祚炎．资产价格波动、财富效应稳定性与货币政策调控分析[J]．上海金融，2012，9：42－47.
[185] 彭方平，王少平．我国货币政策的微观效应[J]．金融研究，2007，9：31－40.
[186] 戚自科．货币政策传导机制理论最新前沿[J]．经济学动态，2004，12：17－23.
[187] 饶品贵，姜国华．货币政策波动、银行信贷与会计稳健性[J]．金融研究，2011，3：51－70.
[188] 盛松成，吴培新．中国货币政策的二元传导机制——“两中介目标，两调控对象”模式研究[J]．经济研究，2008，10：37－51.

[189] 盛天翔，范从来．信贷调控数量型工具还是价格型工具［J］．国际金融研究，2012，5：26 – 33.

[190] 宋玉华，李泽祥．麦克勒姆规则有效性在中国的检验［J］．金融研究，2007，5：49 – 61.

[191] 索彦峰，陈继明．资产规模、资本状况与商业银行资产组合行为——基于中国银行业面板数据的实证分析［J］．金融研究，2008，6：21 – 36.

[192] 索彦峰，范从来．货币政策能够影响贷款供给吗？［J］．经济科学，2007，6 ：57 – 65.

[193] 王立勇，张代强，刘文革．开放经济下我国非线性货币政策的非对称效应研究［J］．经济研究，2010，9 期：4 – 16.

[194] 王擎，吴玮．资本监管与银行信贷扩张——基于中国银行业的实证研究［J］．经济学动态，2012，3：63 – 66.

[195] 王振山，王志强．中国货币政策传导途径的实证研究［J］．财经问题研究，2000，12：60 – 63.

[196] 吴玮．资本约束对商业银行资产配置行为的影响——基于 175 家商业银行数据的经验研究［J］．金融研究，2011，4：41 – 53.

[197] 吴晓莹．家庭债务的宏观经济效应分析［J］．世界经济情况，2008，1：54 – 59.

[198] 徐晓伟，王伟．应对突发冲击的货币政策工具选择——基于动态随机一般均衡模型的分析［J］．上海金融，39 – 45.

[199] 杨长滨．发展消费信贷与货币政策的有效性分析［J］．当代财经，2002，6：39 – 41.

[200] 易纲．中国能够经受住金融危机的考验［J］．求是，2008，22：34 – 35.

[201] 余永定．财政稳定问题研究的一个理论框架［J］．世界经济，2000，6：3 – 12.

[202] 袁申国，陈平．资产负债表、金融加速器与企业投资［J］．经济学家，2010，4：61 – 68.

[203] 袁志刚，宋铮．城镇居民消费行为变异与我国经济增长［J］．经济研究，1999，11：20 – 28.

[204] 约翰·梅纳德·凯恩斯（英）．就业利息和货币通论［M］．商务印书馆，1999.

[205] 约翰·伊特韦尔等．新帕尔格雷夫经济学大词典（中文）［M］．经

济科学出版社，1992.

[206] 臧旭恒，刘大可．利率杠杆与居民消费—储蓄替代关系分析［J］．南开经济研究，2003，6：3－8.

[207] 张国生．改进我国政府资产负债表的思考［J］．财经论丛，2006，3：74－78.

[208] 张旭涛，胡莹．中国银行业结构特征对银行信贷渠道的影响［J］．统计与信息论坛，2011，11：65－70.

[209] 赵进文，黄彦．中国货币政策与通货膨胀关系的模型实证研究［J］．中国社会科学，2006，2：46－54.

[210] 赵振全，余震，刘淼．金融加速器效应在中国存在吗［J］．经济研究，2007，6：27－39.

[211] 郑忠华，邸俊鹏．房地产借贷，金融加速器和经济波动——一个贝叶斯估计的 DSGE 模拟研究［J］．经济评论，2012，6：25－35.

[212] 中国人民银行国际司课题组．中央银行资产负债表及其危机应对能力研究（三）——央行应对危机措施对其资产负债表的影响［J］．金融发展评论，2010，11：115－124.

[213] 朱孟楠，刘林，倪玉娟．人民币汇率与我国房地产价格——基于 Markov 区制转换 VAR 模型的实证研究［J］．金融研究，2011，5：58－71.

[214] 周小川．“十一五”时期中国金融业改革发展的成就［J］．中国金融，2010，24：10－14.

附录1 第一章中使用的 Stata 程序

1. 第一章用到的主要程序，使用 Stata12 软件，面板 VAR 的程序文件来自于：

Love，I. and L. Zicchino，2006，“*Financial Development and Dynamic Investment Behaviour*：Evidence from Panel VAR”，The Quarterly Review of Economics and Finance，46，pp. 190～210.

2. 感谢张仓耀老师提供的面板格兰杰 Stata12 的 do 文件。

第二章、第三章使用 Eviews7.2 和 Stata12 中的部分功能完成，数据不再列示。

```
clear
cd c: \ data \ dataset
insheet using whole. csv
reshape long invest cash m2, i (code) j (year)
rename code id//改变数据格式
clear
cd c: \ data \ panel
insheet using rightsocial. csv
xtset id year
helm invest cash m2
pvar invest cash m2, lag (3) gmm monte 500 "  decomp 30" //面板 VAR
xtwest m2 cash, constant lags (0 0) leads (0 0) lrwindow (0) //面板协整检验
clear
cd c: \ data \ panel
insheet using rightwhole. csv
xtset id year
xtabond invest cash m2
estout, cells (p (star fmt (3)) t) style (fixed)
```

```
outreg using auto, varlabels replace
xtwest m2 cash, constant lags (1 3) leads (0 3) lrwindow (3)
xtunitroot llc invest
xtunitroot ips invest
xtunitroot llc cash
xtunitroot ips cash//面板单位根检验
logout, save (mytable) word replace: xtunitroot llc invest
logout, save (mytable) word replace: tabstat cash invest, stats (mean sd min p50 max Variance Skewness) c (s) f (%6.2f) //输出统计量回归结果
tabstat cash invest, stats (mean sd min p50 max Variance Skewness) c (s) f (%6.2f) //输出动态面板回归结果
estout, cells (b (star fmt (3)) t (par fmt (2))) style (fixed) //动态面板结果输出
summarize invest, d
summarize cash, d//数据统计性描述
helm cash invest m2
xtunitroot llc invest
xtunitroot ips invest
xtunitroot llc m2
xtabond invest cash m2
xttest1 invest cash
xttest1 invest m2
xttest1 m2 cash
//改变数据格式
```

附录 2　第六章模型参数贝叶斯估计的 DSGE 程序

```
var y c k i g t r n m pi w r_k q z b d a mu_p theta lambda ; //内生变量
varexo e_z e_d e_a e_theta e_g e_mu_p; //外生冲击
Parameters beta sigma gamma phi delta alpha psi m_y b_y phi_b phi_g c_y
g_y epsilon_p rho_z rho_a rho_d rho_mu_p rho_g rho_theta sigma_z sigma_g sig-
ma_d sigma_a sigma_mu_p sigma_theta;
sigma =0.36;
gamma =0.6;
alpha =0.5;
beta =0.994;
delta =0.025;
phi =1;
psi =4;
b_y =0.1703;
m_y =0.4655;
phi_b =0.1;
phi_g =0.1;
c_y =0.3711;
g_y =0.2047;
epsilon_p =0.75;
rho_z =0.85;
rho_a =0.85;
rho_g =0.85;
rho_mu_p =0.85;
rho_d =0.85;
rho_theta =0.85;
sigma_z =0.1;
```

sigma_d =0. 1;

sigma_a =0. 1;

sigma_mu_p =0. 1;

sigma_g =0. 1;

sigma_theta =0. 1;

model (linear);

lambda = d - c/sigma; //消费一阶条件的对数线性化

k = (1 - delta) * k (-1) + delta * i (-1); //资本演进方程

- (1/gamma) * m = lambda + (beta/ (1 - beta)) * r; //货币需求方程

n/phi = w + lambda; //实际工资决定方程

lambda (+1) - lambda - pi (+1) = - r; //债券需求一阶条件的对数线性化形式

q = beta * (1 - delta) * q (+1) + (1 - beta * (1 - delta)) * r_k (+1) + lambda (+1) - lambda; //资本投资价值方程

i = i (-1) / (1 + beta) + beta * i (+1) / (1 + beta) + q/ (psi * (1 + beta)) - (1 - beta * rho_z) * z/ (1 + beta); //投资方程

y = a + alpha * k + (1 - alpha) * n; //生产函数方程

n = k - w + r_k; //劳动需求方程

pi = (1/ (1 + beta)) * (pi (-1) + beta * pi (+1) + (1 - beta * epsilon_p) * (1 - epsilon_p) * (alpha * r_k + (1 - alpha) * w - a + mu_p) /epsilon_p); //通货膨胀方程

beta * (b - r) = (b (-1) - pi) - (m_y/b_y) * (m - m (-1) + pi) + (g_y/b_y) * g - (g_y/b_y + (1 - beta) * b_y) * t; //财政预算约束

t = phi_b * b (-1) + phi_g * g; //税收方程

theta = m - m (-1) + pi; //货币增长率

y = c_y * c + (1 - c_y - g_y) * i + g_y * g; //产品市场均衡条件

theta = rho_theta * theta (-1) + sigma_theta * e_theta;

z = rho_z * z (-1) + sigma_z * e_z;

g = rho_g * g (-1) + sigma_g * e_g;

a = rho_a * a (-1) + sigma_a * e_a;

mu_p = rho_mu_p * mu_p (-1) + sigma_mu_p * e_mu_p;

```
d = rho_d * d (-1) + sigma_d * e_d;
end;
shocks;
var e_z;
stderr 1;
var e_a;
stderr 1;
var e_g;
stderr 1;
var e_theta;
stderr 1;
var e_mu_p;
stderr 1;
var e_d;
stderr 1;
end;
check;
estimated_params;
sigma_a, inv_gamma_pdf, 0.1, 2;
sigma_d, inv_gamma_pdf, 0.1, 2;
sigma_z, inv_gamma_pdf, 0.1, 2;
sigma_theta, inv_gamma_pdf, 0.1, 2;
sigma_mu_p, inv_gamma_pdf, 0.1, 2;
sigma_g, inv_gamma_pdf, 0.1, 2;
rho_a, beta_pdf, 0.85, 0.1;
rho_z, beta_pdf, 0.85, 0.1;
rho_g, beta_pdf, 0.85, 0.1;
rho_theta, beta_pdf, 0.85, 0.1;
rho_mu_p, beta_pdf, 0.85, 0.1;
rho_d, beta_pdf, 0.85, 0.1;
psi, inv_gamma_pdf, 4, 1.5;
sigma, normal_pdf, 0.36, 0.03;
epsilon_p, beta_pdf, 0.75, 0.15;
gamma, normal_pdf, 0.6, 0.2;
```

```
phi_b, inv_gamma_pdf, 0.1, 2;
phi_g, inv_gamma_pdf, 0.1, 2;
end;
varobs y c pi g i m;
estimation (bayesian_irf, irf = 40, datafile = data_Est_lsh, first_obs = 1,
nobs = 41, mh_replic = 2000, mh_nblocks = 2, mh_jscale = 0.3);
```

附录3 第六章中参数的先验分布与贝叶斯估计结果

	先验分布	prior	mean	post.	mean	conf.
σ_a	sigma_a	0. 100	0. 0468	0. 0281	0. 0705	invg
σ_d	sigma_d	0. 100	0. 0432	0. 0364	0. 0498	invg
σ_z	sigma_z	0. 100	0. 0530	0. 0313	0. 0736	invg
σ_θ	sigma_theta	0. 100	0. 0133	0. 0118	0. 0145	invg
σ_{up}	sigma_mu_p	0. 100	0. 0981	0. 0321	0. 1485	invg
σ_g	sigma_g	0. 100	0. 0417	0. 0360	0. 0478	invg
ρ_a	rho_a	0. 850	0. 8083	0. 6989	0. 9040	beta
ρ_z	rho_z	0. 850	0. 8549	0. 7466	0. 9559	beta
ρ_g	rho_g	0. 850	0. 8760	0. 8032	0. 9463	beta
ρ_θ	rho_theta	0. 850	0. 5775	0. 4107	0. 7321	beta
ρ_{up}	rho_mu_p	0. 850	0. 8691	0. 7814	0. 9535	beta
ρ_d	rho_d	0. 850	0. 8755	0. 7976	0. 9471	beta
ψ	psi	4. 000	6. 1423	2. 5683	9. 2877	invg
σ	sigma	0. 360	0. 3580	0. 3191	0. 4017	norm
ξ_p	epsilon_p	0. 750	0. 9373	0. 9235	0. 9541	beta
γ	gamma	0. 600	0. 5136	0. 2304	0. 7702	norm
φ_b	phi_b	0. 100	0. 0586	0. 0318	0. 0864	invg
φ_g	phi_g	0. 100	0. 0602	0. 0254	0. 0931	invg

资料来源：作者根据贝叶斯估计得出。

附录 4　第六章中六种冲击的光滑性估计

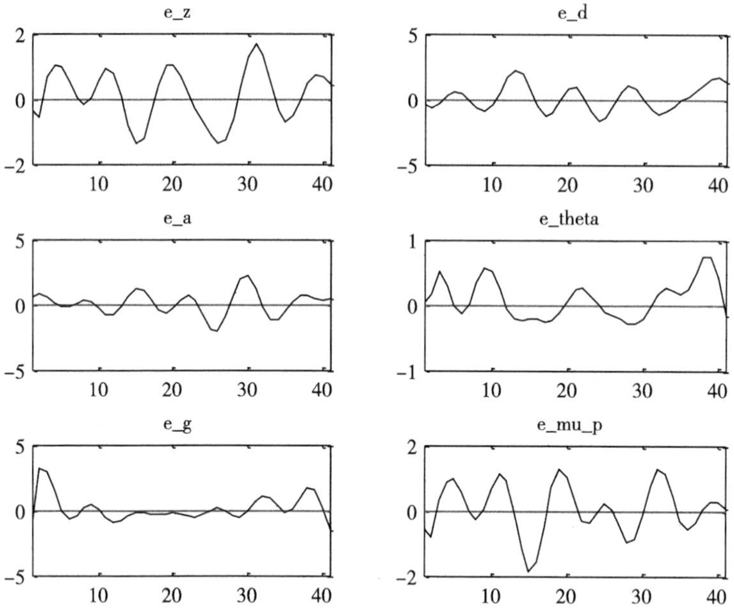

资料来源：笔者在 MATLAB 中利用 DYNARE 工具箱计算得到。

附录 5　第六章中参数估计收敛性检验的单变量诊断统计量

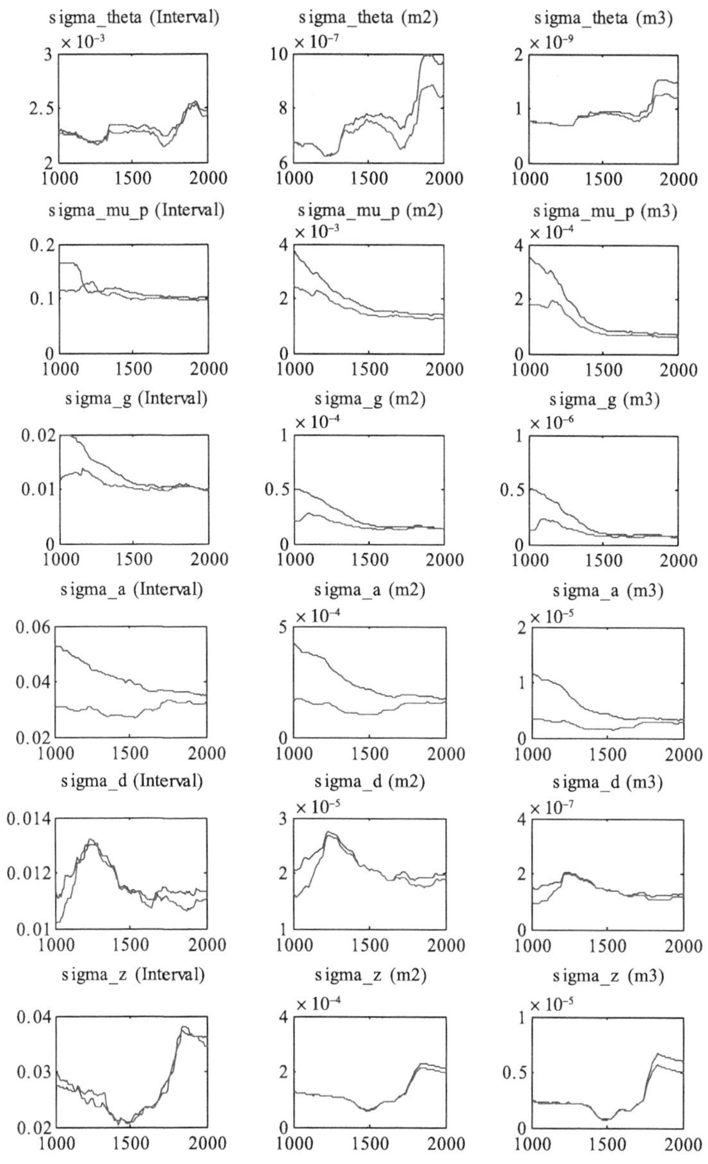

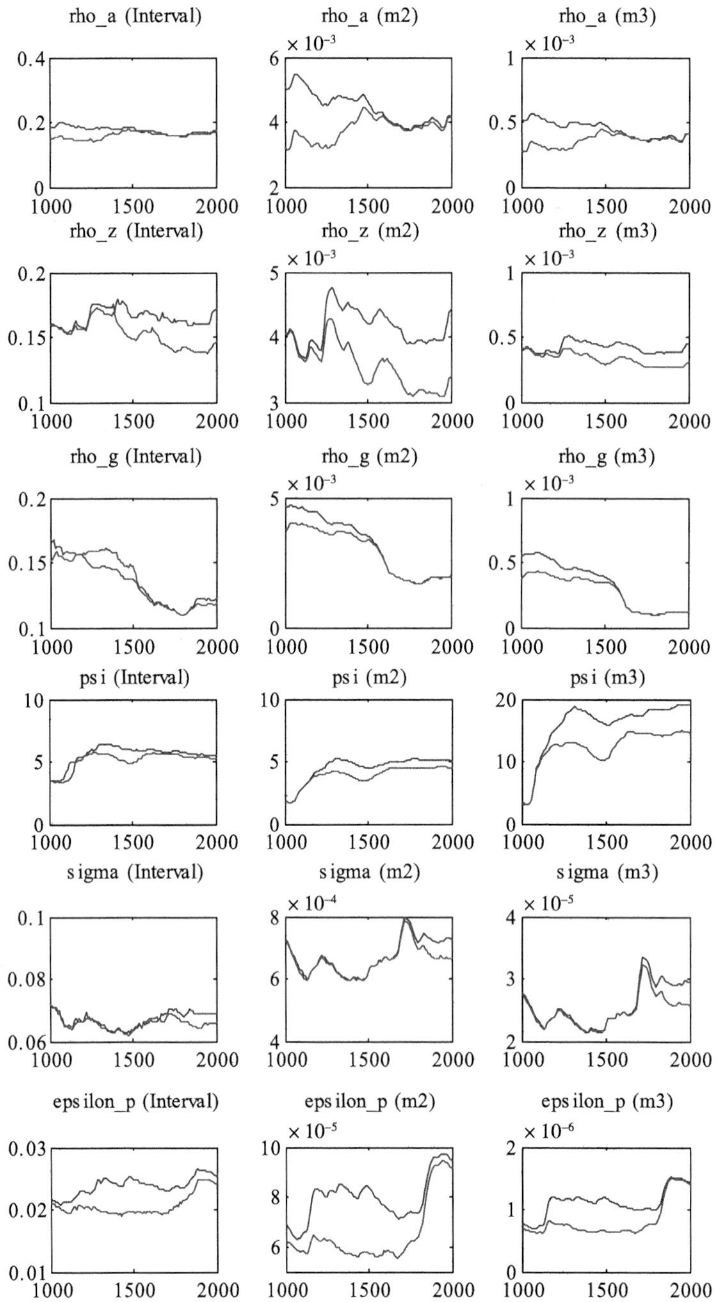
rho_a (Interval)
rho_a (m2)
× 10⁻³
rho_a (m3)
× 10⁻³
rho_z (Interval)
rho_z (m2)
× 10⁻³
rho_z (m3)
× 10⁻³
rho_g (Interval)
rho_g (m2)
× 10⁻³
rho_g (m3)
× 10⁻³
psi (Interval)
psi (m2)
psi (m3)
sigma (Interval)
sigma (m2)
× 10⁻⁴
sigma (m3)
× 10⁻⁵
epsilon_p (Interval)
epsilon_p (m2)
× 10⁻⁵
epsilon_p (m3)
× 10⁻⁶
1000
1500
2000

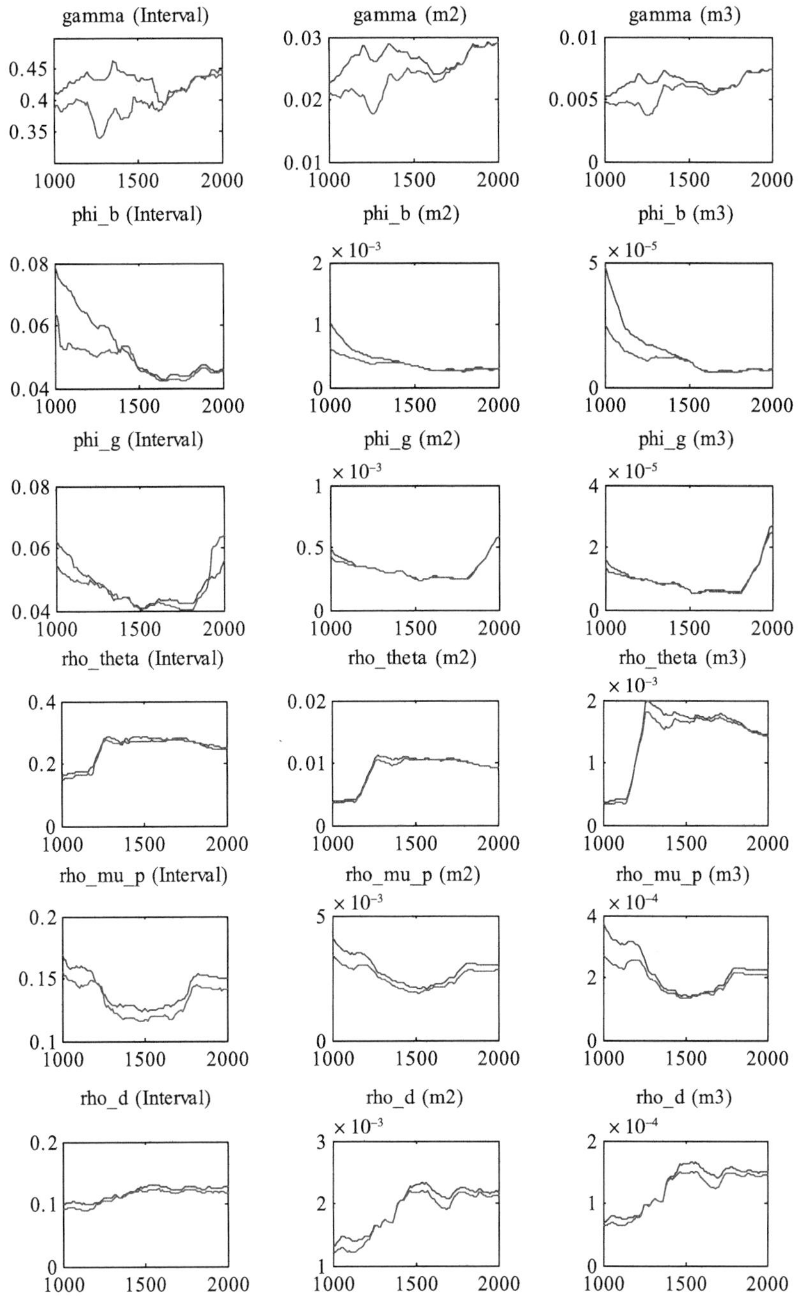

注：图为第六模型贝叶斯估计的单变量收敛性检验，所有参数都通过了 MCMC 收敛性检验，此图由作者模拟得到。

附录 6　本书所用到的中国 1996—2013 年部分季度宏观数据

季度	CPI 定基	CPI 环比	GDP 当期值（亿元）	固定资产投资（亿元）	消费品零售总额（亿元）	M1（亿元）	7 天同业拆借利率（%）	财政支出完成额（亿元）
1996－1	100.00	104.50	14261.20	1298.71	5680.40	23909.00	12.56	1178.64
1996－2	102.67	100.98	16600.60	3367.77	5719.10	24600.00	12.03	1723.05
1996－3	102.10	99.45	17671.30	3602.97	5888.60	26230.00	11.84	1858.39
1996－4	103.59	101.46	22643.50	9297.75	7287.00	28514.80	11.44	3177.47
1997－1	106.30	102.61	16256.70	1478.17	6632.90	29058.00	11.45	1394.91
1997－2	104.77	98.56	18697.60	3813.25	6373.40	31074.00	11.16	2117.69
1997－3	103.01	98.32	19148.10	3790.14	6446.50	32245.00	10.91	2100.05
1997－4	103.58	100.55	24870.60	10112.64	7684.60	34826.30	9.60	3620.91
1998－1	105.98	102.32	17501.30	1618.16	7135.60	33110.00	8.41	1566.50
1998－2	106.03	100.04	19721.40	4209.70	6843.90	33776.00	6.68	2442.29
1998－3	103.97	98.06	20372.50	5035.75	7043.80	36501.00	5.33	2584.72
1998－4	104.89	100.89	26807.10	11627.79	8319.60	38953.70	4.67	4204.67
1999－1	105.76	100.83	18789.70	2022.83	7603.60	38054.00	4.59	1840.24
1999－2	103.07	97.45	20765.20	4663.74	7149.60	38822.00	4.47	2804.29
1999－3	101.81	98.78	21859.30	5077.60	7395.50	41914.00	3.03	3073.22
1999－4	103.08	101.25	28262.90	11967.83	8560.80	45837.30	2.73	5469.92
2000－1	104.55	101.43	20647.00	2235.36	8394.40	45158.45	2.51	2373.42
2000－2	101.95	97.51	23101.20	5302.25	7853.60	48024.40	2.38	3461.91
2000－3	100.98	99.05	24339.30	5932.87	8087.50	50616.89	2.36	3614.48
2000－4	102.80	101.80	31127.10	12751.32	9817.10	53147.15	2.39	6436.69
2001－1	103.89	101.07	23299.50	2560.19	9256.00	53033.36	2.61	2832.98
2001－2	102.96	99.10	25651.40	6367.84	8659.20	55187.36	2.50	4211.67
2001－3	101.82	98.90	26867.30	6991.41	8877.70	56824.00	2.43	4434.98

续表

季度	CPI定基	CPI环比	GDP当期值（亿元）	固定资产投资（亿元）	消费品零售总额（亿元）	M1（亿元）	7天同业拆借利率（%）	财政支出完成额（亿元）
2001－4	102.67	100.83	33837.00	11907.18	10802.30	59871.59	2.35	7422.95
2002－1	103.28	100.60	25375.70	3263.69	10035.30	59474.83	2.30	3511.35
2002－2	101.94	98.70	27965.30	7839.83	9413.10	63144.00	2.10	4786.01
2002－3	101.05	99.13	29715.70	8684.61	9662.70	66799.76	2.03	5200.19
2002－4	102.06	101.00	37276.00	13153.63	11799.40	70881.79	2.14	8555.60
2003－1	103.77	101.67	28861.80	4478.58	11108.60	71438.82	2.12	3892.38
2003－2	102.56	98.84	31007.10	10594.06	10447.10	75923.23	2.03	5773.46
2003－3	101.87	99.32	33460.40	11439.94	11143.50	79163.88	2.34	5599.03
2003－4	104.75	102.82	42493.50	16130.84	13142.80	84118.57	2.55	9385.08
2004－1	106.64	101.80	33420.60	7058.48	12830.60	85815.57	2.24	4502.01
2004－2	106.99	100.33	36985.30	14785.49	12418.60	88627.14	2.32	6300.85
2004－3	107.13	100.13	39561.70	16184.37	13189.60	90439.05	2.31	6341.72
2004－4	107.98	100.80	49910.70	20591.94	15511.30	95970.82	2.17	11342.31
2005－1	109.56	101.47	39117.40	9036.68	15112.20	94743.19	2.10	5209.35
2005－2	108.79	99.29	42795.20	18930.32	14497.50	98601.25	1.67	7212.03
2005－3	108.53	99.76	44744.40	20774.49	15470.90	100964.00	1.55	7528.56
2005－4	109.47	100.87	58280.40	26354.99	18606.00	107278.76	1.60	13980.34
2006－1	111.11	101.50	45315.80	11608.40	18440.20	106737.08	1.47	6291.65
2006－2	110.59	99.53	50112.70	24759.95	18008.00	112342.36	1.76	8309.44
2006－3	110.26	99.70	51912.80	25511.77	18643.20	116814.10	2.29	8555.86
2006－4	111.59	101.20	68973.10	31592.24	21318.60	126035.13	2.58	17265.38
2007－1	114.17	102.31	54755.90	14543.61	21187.80	127881.31	2.35	7288.75
2007－2	114.58	100.36	61243.00	31534.21	20856.00	135847.41	2.93	10631.24
2007－3	117.08	102.18	64102.20	32168.96	21783.20	142591.57	3.41	11096.34
2007－4	119.08	101.71	85709.20	39167.13	25383.00	152560.08	3.48	20765.02
2008－1	123.41	103.63	66283.80	18316.94	25555.20	150867.47	3.09	9506.74
2008－2	123.59	100.15	74194.00	40119.04	25487.50	154820.15	3.34	13375.28
2008－3	123.30	99.77	76548.30	41434.73	26843.00	155748.97	3.15	13546.12
2008－4	122.16	99.07	97019.30	48296.54	30602.00	166217.13	2.44	25998.89
2009－1	122.64	100.39	69816.90	23562.00	29398.00	176541.13	1.01	12810.92

续表

季度	CPI 定基	CPI 环比	GDP 当期值（亿元）	固定资产投资（亿元）	消费品零售总额（亿元）	M1（亿元）	7 天同业拆借利率（%）	财政支出完成额（亿元）
2009 - 2	121.70	99.24	78386.70	54536.35	29313.20	193138.15	1.02	16091.64
2009 - 3	121.74	100.03	83099.70	55078.25	30964.90	201708.14	1.56	16300.22
2009 - 4	122.84	100.90	109599.70	60962.02	35666.60	220001.51	1.51	30671.19
2010 - 1	125.30	102.01	81887.00	29792.68	36374.00	229397.93	1.66	14329.96
2010 - 2	125.13	99.86	91728.20	68254.70	36295.40	240580.00	2.10	19481.40
2010 - 3	125.84	100.57	96619.00	67822.20	38359.10	243821.90	2.17	20693.60
2010 - 4	128.62	102.22	130967.80	75545.35	43525.20	266621.54	2.89	35069.94
2011 - 1	131.78	102.45	96311.30	39464.91	42606.10	266255.58	3.69	18053.57
2011 - 2	132.47	100.53	108147.70	85101.77	42909.90	274662.68	4.23	26381.57
2011 - 3	133.94	101.10	116233.00	87707.31	44978.10	267193.20	4.36	25045.43
2011 - 4	134.98	102.30	123233.10	89702.32	46254.01	286442.10	3.21	26054.41
2012 - 1	136.21	102.80	108472.21	86265.39	42191.41	261434.39	4.76	23806.35
2012 - 2	1.7.32	103.89	119531.1	85940.79	43781.11	269766.33	4.05	27409.00
2012 - 3	138.21	102.96	125738.4	95065.61	49712.51	277679.27	3.52	28062.89
2012 - 4	139.31	102.18	165728.6	89761.39	56380.56	277109.30	3.47	29463.98
2013 - 1	140.21	101.71	118862.1	83534.84	49702.23	287136.19	3.30	31069.55
2013 - 2	141.32	103.63	129162.4	73714.75	56978.12	279432.67	3.43	30138.28
2013 - 3	142.28	102.01	139075.8	82124.24	59565.23	306397.67	4.76	30311.06
2013 - 4	143.58	99.54	181744.9	94247.12	56334.43	308407.22	3.53	33072.10

资料来源：作者根据 CEIC 数据库、中经网统计数据库和中国人民银行网站的数据整理所得。其中季度 CPI 定基比和环比数据的计算方法是：首先由月度环比 CPI 得到定基 CPI（以 1996 年 1 月为基期），再将月度定基 CPI 求平均值得到季度定基 CPI（将 1996 年第 1 季度的 CPI 定为 100），最后由季度定基 CPI 得到季度环比 CPI。

后 记

三年援疆伊师路，一生一世援疆情。
初心不改担使命，共赴边垂报国恩！

这是我的临别感言，感谢组织安排我来祖国西部工作。这也是在疆工作期满即将返程时我对新疆伊犁师范大学表达的心里话。也表达我作为一名中国知识分子支援西部的依别之情。援疆 3 年，的确有很多值得回忆的过往。

2018 年初，我怀着无比激动和忐忑的心情抵达伟大祖国最西部的一个州，新疆维吾尔自治区伊犁哈萨克自治州，当年左宗堂将军曾在此镇守边关。就在州府所在地伊宁市里的一所唯一的大学——伊犁师范学院，当时由中组部、团中央安排，我作为第十八批博士服务团成员，经新疆维吾尔自治区党委组织部指导，伊犁师范学院任命，我担任法学院副院长。这在北华航天工业学院历史上也是第一次派出博士教师到伊犁，我对华航尤为感激。我们这一批博士团团友分布在新疆南北疆各大地州，也包括南疆最贫困的三地州。初来报到时，我有很多想法。比如怎样帮助学院提升科学研究能力，提高学科及教学水平，维护民族团结，帮扶贫困户。在校有三进两联一交友活动，在县乡村有住村结对子义务。

2018 年也是聚焦总目标任务较多的一年。民族团结、维护稳定、申报学校更名、扶贫攻坚、科研教学、本科评估、培养学生，等等，样样不少。特别让我难忘的一件事，就是一次在农牧民家里谈话时，听到牧民谈起，虽然在农村不愁吃不缺食，但要是买一件像样的衣服，还是要左掂量右掂量，总是觉得有些手紧。进入 10 月，巩留县里的昼夜温差较大，早晨气温特别低，但一些生活困难的村民还穿着单薄的秋衣，忙着在田间地头收购玉米。当我听到看到这些以后，便联系新疆北大校友会，说明所帮扶的村民家庭情况，后经多次努力，当年争取到香港霍宗杰先生一部分援助，首批为巩留县塔斯托别村百姓捐赠冬衣 100 余件。村民代表阿斯艳·那瓦尔丁感动的说，穿上冬衣，天气再寒冷，我们的心里也感到很温暖，我们的心和你们紧相连！

这一年伊犁师范学院成功更名为伊犁师范大学。

2019 年，由于一年来的工作获得伊犁师范大学的认可，结合自己的意愿，我继续留在伊师开展第二年的各项工作。围绕热爱祖国、无私奉献、艰苦奋斗、开拓进取的兵团精神，结合用胡杨精神育人，为新疆固边服务的教育精神，扎根新疆，服务边疆，贯彻执行党的治疆方略。在上一年度成功举办“‘一带一路’建设江苏对口支援伊犁州十百千人才队伍培训班”暨知识产权系列讲座的基础上，又开展法经学术大讲堂活动，继续邀请博士团成员来到学校举行讲座。这也活跃了校园的科研氛围，学院的各项学术活动大大地激发了青年教师的科研热情，积极申报项目。这一年学院由此获得三项国家社科基金项目。

2020 年度是最不平凡的一年。这一年，全国上下共同抗击新冠疫情。然而，即使在这样百年不遇的国际国内错综复杂的环境下，我们仍旧毫不放松，一切可能的机会我们都紧紧抓住。从面对面到屏对屏，从线下到线上，利用钉钉会议、亮眼课堂、QQ 群课堂、微信等平台开展教学以及督导活动。同时加强学生管理，培养学生良好的学风，树立育人意识、法制意识、服务意识、创新意识。做好专业规划，为十四五建言献策。环境越是复杂，越是考验我们的关键时刻。最终努力成功申请到法律专业硕士学位点和法学国家一流专业。

这一年，学院科研成果业绩荣获全校第一名！

正是在这一年，我们把相关的学术成果汇集成册，除公开发表外，还编写成专业著作。这本书正是我和李虹含博士所做成果的一部分。当然有博士团团长任长义博士以及各位团友的激励，特别是李名梁教授，李合龙教授，李向辉副研究员，缪文升教授，张莹博士，周臻博士以及武晶博士等给予的大力支持和帮助。

聚是一团火，散是满天星。作为第 18 批，第 19 批以及第 20 批博士团的一员，谨以此书的出版作为一个新的契机，不断汇聚博士团的成果，对于中国知识分子运用智力援疆，激发爱国奉献精神，挖掘博士潜能，实现人生价值，在西部建功立业，奋进新时代，将会起到一定的积极影响。

第 18 批，第 19 批，第 20 批博士服务团成员 汪存华博士

2021 年 3 月 于北京西城